L'art du leadership

Troisième édition

DAG HEWARD-MILLS

Parchment House

Sauf indication contraire, toutes les citations bibliques sont tirées de la version
Louis Segond de la Bible

Copyright © 2009, 2011, 2014 Dag Heward-Mills

Les extraits cités au chapitre 10 sont tirés du Foxe's Book of Martyrs (Le livre des martyrs de John Foxe), tombé dans le domaine public.

Titre original : *The Art of Leadership*
Publié pour la première fois en 2003
par Lux Verbi.BM (Pty) Ltd.
P O Box 5, Wellington 7654, South Africa

Traduit par : Arlette Mbarga-Larisse
Version française publié pour la première fois en 2009
par Lux Verbi.BM (Pty) Ltd.
ISBN-978-0-7963-1008-8

Deuxième édition
Version française publiée pour la première fois en 2011
ISBN : 978-9988-8502-3-4

Troisème édition
Traduit par : Professional Translations, Inc.
Version française publiée pour la quatrième fois en 2015

Pour savoir plus sur Dag Heward-Mills

Campagne Jésus qui guérit
Écrivez à : evangelist@daghewardmills.org
Site web : www.daghewardmills.org
Facebook : Dag Heward-Mills
Twitter : @EvangelistDag

Dédicace

Je dédie ce livre à la mémoire de mon père, *Nathaniel Nii Lanquaye Heward-Mills*
Merci d'avoir rendu les choses possibles pour nous. Je suis reconnaissant d'avoir eu un père comme toi.

ISBN : 978-9988-8569-9-1

Tous droits de traduction, de reproduction et d'adaptation réservés pour tous pays.
À l'exception des analyses et citations courtes, toute exploitation ou reproduction même partielle de cet ouvrage est interdite sans l'autorisation écrite de l'auteur.

Table des matières

Avant-propos   x

1. Tout dépend du leadership 1
2. Décidez de devenir l'un des quelques bons leaders de ce monde 6
3. Quarante noms français de leaders 11
4. Comment parle-t-on du leadership dans la Bible 14
5. Le type de leadership que vous devez éviter 17
6. Le leadership d'un enfant 19
7. Le leadership d'une femme 37
8. Devenez un maitre des étapes stratégiques 45
9. Échangez avec les petits et les grands 51
10. Protégez votre intégrité 55
11. Donnez de l'espoir aux gens 56
12. Ne vous servez jamais de la puissance sans la sagesse, ni de la sagesse sans la puissance ! 58
13. Soyez un homme de conviction ! 60
14. Attendez votre saison 63
15. Servez-vous du secret de la concentration 69
16. Aidez les gens autour de vous à accomplir de grandes choses dans leur vie 75
17. Faites en sorte que les gens vous obéissent avec joie 79
18. Contemplez, pensez, réfléchissez, et considérez ce que vous voyez autour de vous 83

19. Aspirez à l'excellence 87
20. Ralliez les gens autour de vous 91
21. Choisissez ce qui est dur et difficile au lieu de ce qui est agréable et facile 96
22. Soyez prêt à embrasser de nouvelles idées 99
23. Accordez de la valeur aux gens 102
24. Si vous ne pouvez pas lire, vous ne pouvez pas diriger 105
25. Voyez loin ! Préparez-vous pour l'avenir ! 109
26. Apprenez toujours de nouvelles choses 112
27. Connaissez vos forces et suivez leur flot ! 115
28. Préparez-vous à un long combat ! 118
29. Frugalité ! Comptez vos sous ! 120
30. Dites la vérité 122
31. Reconnaissez les petits commencements d'une grande carrière 124
32. Traitez les gens comme des égaux, tout en établissant clairement les différences 127
33. Prédisez l'avenir d'une manière générale 131
34. Ne vous laissez pas empoisonner par l'amertume 133
35. Changer la manière de penser des gens 136
36. Ayez une petite idée de tout ce qui se passe 140
37. Leader, manifestez de l'émotion 142
38. Prenez vos privilèges au bon moment et pour la bonne raison 145

39. Échangez avec les individus et échangez avec la foule 150

40. Surmontez les inconvénients de la jeunesse et de l'inexpérience en étudiant l'histoire 153

41. Assumez la responsabilité et rendez des comptes 156

42. Ne renoncez pas à la source de votre pouvoir ! 157

43. Soyez résolu ! C'est le plus grand attribut d'un leader 160

44. Connaissez la puissance des habitudes et développez de bonnes habitudes 169

45. Sachez où vous êtes ! Sachez où vous n'êtes pas ! Et vous saurez où aller 175

46. Motivez-vous vous-même. N'attendez pas à recevoir des orientations ou des encouragements de l'extérieur 176

47. Soyez flexible, la rigidité coûte cher ! 181

48. Commandez vos troupes ! 183

49. Équilibrez vos priorités 185

50. Suivez les lois logiques du travail d'équipe 188

51. Mettez-vous parfois en colère 191

52. Contrôlez les gens que vous dirigez par le pouvoir de l'enseignement 193

53. Soyez un grand leader, faites un mille de plus 195

54. À quoi avez-vous survécu ? 196

55. Reconnaissez les dons des autres 205

56. Soyez créatifs 206

57. Respectez les principes et vous bâtirez une grande organisation 208

58. Ne pensez pas à l'argent que vous pouvez obtenir des gens que vous dirigez. Pensez à l'aide que vous pouvez leur offrir 212

59. Développez votre influence ! 214

60. Développez des proverbes personnels et des énigmes 218

61. Négociez avec les autorités au nom de vos fidèles 220

62. Convainquez les gens de faire de grands sacrifices 223

63. Emmenez tout le monde au sommet avec vous 225

64. Construisez quelque chose si vous êtes un leader ! 228

65. Soyez constamment conscient de votre vision et de votre but 234

66. Ayez toujours une longueur d'avance 238

67. Évitez les distractions 240

68. Faites que les gens vous obéissent quand vous êtes absent 244

69. Cachez-vous et prospérez comme un serpent 247

70. Surmontez l'effet des rumeurs, des questions et des controverses sur votre personne 250

71. Prenez cette décision ! De toute façon, la plupart des décisions exigeront de choisir entre deux mauvaises options ! 253

72. Ne détruisez pas votre ministère en disant les mauvaises choses en public 257

73. Évitez le leadership artificiel 259
74. Méfiez-vous de la fatigue et de la lassitude 263
75. Prenez votre vie domestique en main 266
76. Soyez sincère, ne soyez pas hypocrite 268
77. Reconnaissez votre besoin d'aide 275
78. Soyez audacieux ! Soyez courageux ! 279
79. Amenez les gens à vous suivre quelque part 282
80. Ajoutez à la vérité la grâce pour obtenir plus
    de fidèles 284
81. Les huit plus grandes décisions d'un leader 289
82. Choisissez soigneusement vos mentors 291
83. Inspirez les gens 294
84. Trouvez des solutions et résolvez les problèmes 296
85. Soyez un penseur 302
86. Reproduisez-vous dans les autres 306
87. Soyez un leader qui peut 308
88. Acceptez la réalité de la solitude 313
89. N'oubliez pas ceux qui vous ont aidé 317
90. Traduisez vos visions en réalité 319
91. Allez-y en premier, et les gens vous suivront
    n'importe où 321
92. Faites que vos fidèles vous aiment. Assurez-vous
    qu'ils ne vous en veulent pas 323
93. Guettez le mécontentement et traitez-le
    de manière décisive 325

94. Ne perdez pas votre temps avec ceux qui critiquent 330
95. La familiarité est une urgence pour le leadership. Faites-y face de toute urgence 334
96. Ne menez que les combats que vous pouvez gagner 340
97. Servez-vous des symptômes et des signes pour vous guider 342
98. Soyez un leader loyal 345
99. Surmontez la haine et l'opposition 348
100. Fréquentez toutes sortes de personnes, y compris ceux qui ne sont pas de votre « genre » 351
101. Ne soyez pas surpris par l'ingratitude 353
102. Laissez les gens vous connaître, pour qu'ils puissent vous faire confiance et vous suivre 355
103. Influencez les gens en montrant l'exemple 357
104. Reconnaissez votre désir comme un symptôme de votre appel au leadership 359
105. Ne courrez pas d'une urgence à l'autre 362
106. Rappelez vous toujours : « Personne n'est gagnant tant que tout le monde n'est pas gagnant ! » 366
107. Connaissez le nom de beaucoup de personnes 369
108. Investissez en vous-même 371
109. Appréciez et gérez le temps 373
110. Les grandes réalisations exigent une grande discipline 376
111. Appréciez chaque moment en présence d'un grand leader 378

112. Prenez les choses en main 381
113. Maîtrisez l'art de collecter des fonds 383
114. Soyez miséricordieux 386
115. Refusez les amitiés perfides 389
116. Travaillez plus dur que tous ceux qui vous entourent 393
117. Commencez humble et finissez humble 395
118. Convainquez les gens de croire en vous 399
119. Parlez beaucoup ou ne dites rien, selon à qui vous vous adressez 403
120. Acceptez le principe de la hiérarchisation 407
121. Transformez ceux qui vous entourent en des personnes meilleures 410
122. Déménagez au bon lieu géographique 413
123. Contrôlez vos instincts charnels 417
124. Comprenez la différence entre l'idéal et la réalité 420
125. Identifiez les différents types d'employés dans votre organisation 424
126. Développez l'art de garder les gens ensemble 427
127. Pensez constamment au jour où vous devrez rendre compte 432

Avant-propos

Je tiens à vous présenter avec beaucoup d'enthousiasme le nouveau livre de Dr. Dag Heward-Mills intitulé *L'art du leadership* et je vous le recommande fortement.

Dag Heward-Mills est un homme de Dieu brillant, et c'est un exemple vivant de ce qu'il enseigne dans ce très bon livre. Il vit selon ces normes, et il peut conduire d'innombrables personnes sur cette grande voie de l'excellence dans le leadership. Nous ne pouvons conduire les autres là où nous ne nous sommes pas allés, et ce livre dépeint donc la voie de tous les grands leaders de l'histoire de l'Église.

Il révèle les conditions préalables au leadership et les objectifs de chaque leader potentiel. Ce livre est fondé sur la Bible et il traite des défis que l'on trouve seulement dans la Parole de Dieu.

Dr. Heward-Mills a appris tellement de grandes vérités au long de ses nombreuses années de service. Il a conduit d'autres leaders, et il a été le pionnier de nombreuses Lighthouse Chapel dans le monde entier. C'est un auteur prolifique et un conférencier très demandé.

Il est une véritable source d'inspiration pour nous tous dans le ministère de la Church Growth International, et c'est l'un des membres honorés de notre Conseil.

Sa sagesse, sa perspicacité et son expérience peuvent vous inspirer, alors que vous le suivez comme lui-même a suivi le Christ. Ce qui intéresse Dr. Heward-Mills, c'est de faire des disciples de Jésus Christ qui deviendront les futurs leaders de l'église.

L'art du leadership vous montrera la voie et vous servira de guide pour découvrir les secrets du vrai leader. C'est un art et, en tant que tel, on doit l'apprendre. Ce livre vous enseignera tout ce que vous devez ou désirez apprendre sur l'art important du leadership dans l'église d'aujourd'hui et dans l'église du nouveau millénaire.

2 Novembre 2001

Dr. David Yonggi Cho
Senior Pastor
Yoido Full Gospel Church
Séoul, Corée du Sud

Chapitre 1

Tout dépend du leadership

Le Seigneur, l'Éternel des armées, va ôter de Jérusalem et de Juda tout appui et toute ressource, toute ressource de pain et toute ressource d'eau, le héros et l'homme de guerre, le juge et le prophète, le devin et l'ancien, le chef de cinquante et le magistrat, le conseiller, l'artisan distingué et l'habile enchanteur.

Je leur donnerai des jeunes gens pour chefs, et des enfants domineront sur eux. Il y aura réciprocité d'oppression parmi le peuple ; l'un opprimera l'autre, chacun son prochain ; le jeune homme attaquera le vieillard, et l'homme de rien celui qui est honoré. On ira jusqu'à saisir son frère dans la maison paternelle : Tu as un habit, sois notre chef ! Prends ces ruines sous ta main !

Ce jour-là même il répondra : Je ne saurais être un médecin, et dans ma maison il n'y a ni pain ni vêtement ; ne m'établissez pas chef du peuple !

Mon peuple a pour oppresseurs des enfants, et des femmes dominent sur lui ; mon peuple, ceux qui te conduisent t'égarent, et ils corrompent la voie dans laquelle tu marches.

Ésaïe 3:1-7,12

Qui dépend du leadership ?

1. **L'église dépend de son leadership.**

Dans l'Église, l'absence de véritable leadership donne lieu à la prolifération du péché et des méchants, ainsi que des faux leaders de l'église. L'absence de véritables leaders dans une église amène beaucoup de gens à perdre leur âme, à mourir et à aller en Enfer. Comment cela ? Un véritable leader de l'église dirige la congrégation pour gagner des âmes et faire un travail missionnaire. Dès que le leadership de l'église cesse de se préoccuper des âmes perdues et mourantes, de fausses religions et des confessions nouvelles s'immiscent et prennent le dessus.

Un corps sans tête n'est pas un corps. Une église sans vrai leader est vraiment pitoyable ! Une nation sans vrai leader est maudite ! En vérité, chaque nation s'élève et tombe en fonction de ses leaders.

Presque chaque mauvaise situation au sein de l'église peut être attribuée à l'absence d'un bon leader. Les scissions et scandales de l'Église sont souvent le résultat d'un manque de leadership fort. Le passage de l'Écriture ci-dessus nous dit comment Dieu allait maudire la terre en enlevant les leaders. Les églises s'élèvent et tombent en fonction du leadership. Avec un bon leader fort, une église deviendra une méga-église. Avec un mauvais leadership, les églises ne vont nulle part, même si le pasteur est très oint. Vous voyez parfois un ministre oint qui a de mauvaises qualités de leadership. Son ministère tombe habituellement dans le chaos à cause des mauvaises qualités de son leadership.

Le leadership est un art. C'est un sujet séculier que les ministres de l'Évangile doivent comprendre. La capacité de lire et d'écrire n'est pas une chose spirituelle ; c'est une compétence séculière qu'il faut acquérir. Sans cette capacité, vous n'allez nulle part dans ce monde. C'est la même chose pour le leadership ! Sans les connaissances et les compétences du leadership, votre ministère ne va nulle part.

2. Toute nation dépend de son leadership.

Dans ce passage de l'Écriture, Dieu prédit un jugement puissant sur Jérusalem et sur Juda. Dieu avait décidé de punir et de détruire les nations. Comment allait-il faire ? Les Écritures sont très claires.

Il y a quelques années, j'ai demandé à un ami pour qui il allait voter aux élections à venir. Il hésita, alors je lui ai posé une question plus directe. Je lui ai demandé : « Est-ce que tu vas voter pour le président X ? »

À ce point, il me répondit en disant : « Si j'avais à choisir entre ton fils de quatre ans, David, et le président X, je préférerais certainement voter pour ton fils de quatre ans ».

Il poursuivit : « Je préfère voter pour qu'une chèvre soit notre président, plutôt que cette personne ».

Il est évident que ni mon fils ni une chèvre ne pourrait vraiment aider notre nation. Avoir le leadership d'enfants et de bébés, ou comme cette personne a dit, d'une chèvre, est certainement une malédiction.

Quel serait le résultat d'avoir de tels leaders inappropriés et serviles ? La Bible a les réponses.

« Il y aura réciprocité d'oppression parmi le peuple ; l'un opprimera l'autre, chacun son prochain ; le jeune homme attaquera le vieillard, et l'homme de rien celui qui est honoré » (Ésaïe 3:5).

N'avez-vous pas vu cette image quelque part : l'oppression, l'injustice, l'intimidation et la prolifération de toutes sortes de maux ? Qu'est-ce qui provoque la prolifération des rebelles en Afrique, et la culture de la drogue qui touche des milliers de jeunes en Europe et en Amérique ? Dans une nation où il y a peu ou pas de bon leadership, vous remarquerez la montée des putschistes, des rebelles et des fauteurs de guerre.

3. La communauté dépend de son leadership

Dieu allait éliminer tout type de leaders de la communauté. La communauté allait être laissée sans chef. Dieu Tout-Puissant connait très bien ce principe : Pas de leader, pas de progrès ! Pas de leader, pas de développement ! Pas de leader, pas de bénédiction ! Pas de leader, pas de délivrance ! Dieu savait que la communauté tomberait sous le jugement s'il éliminait ses leaders. C'est parce que tout s'élève et tombe selon le leadership.

Dieu Tout-Puissant déchaînait une des peines les plus terribles qu'aucune personne, aucune nation ou aucun groupe ne pourrait jamais avoir : celle de ne pas avoir de leaders. Si vous regardez attentivement ce passage de l'Écriture, vous verrez que Dieu prédisait l'élimination de tout type de leader de la communauté.

...**le Seigneur va ôter... le héros, l'homme de guerre, le juge, le prophète, le devin, l'ancien, le chef de cinquante, l'artisan distingué et l'habile enchanteur.**

Si vous étudiez cette liste de près, vous arriverez à la conclusion effrayante que la communauté est laissée sans personne qui puisse conduire les gens en aucun domaine. Les pasteurs étaient éliminés. Les politiciens étaient éliminés. Les personnes âgées étaient éliminées. Les sages étaient éliminés. Ils étaient tous éliminés de la communauté. C'est ce que j'appelle une société sans tête.

4. Chaque famille dépend du leadership.

Une famille devient riche ou pauvre selon le leadership du père. L'un des jugements les plus graves que Dieu pouvait donner à son peuple était l'élimination de tout type de leaders. Comme vous le savez, la nature a horreur du vide. Et au lieu de vrais leaders, l'Éternel a prédit la montée du leadership factice.

Je leur donnerai des jeunes gens pour chefs, et des enfants domineront sur eux...

Au lieu de pères qui assument leur rôle de leaders, les enfants et les bébés devraient montrer la voie. Ces enfants et ces bébés représentent les leaders incapables et inutiles. Il est évident que le bébé ne sait pas maitriser ses propres entrailles, encore moins diriger une nation.

5. Le continent dépend de son leadership.

Un débat que j'ai souvent avec des amis concerne l'état du continent africain. Je m'étonne souvent de l'absence de développement et du niveau de pauvreté en Afrique. Je me demande : « Qu'est-ce qui se passe ? Ne pouvons-nous pas construire nos propres routes ? Pourquoi avons-nous besoin d'une société étrangère pour nous construire des routes et des toilettes ? » Il serait très inhabituel d'aller dans un pays européen et de trouver des entreprises étrangères engagées dans la construction de routes ou de toilettes dans ce pays. Pourquoi y a-t-il tant de souffrance et de maladie dans les pays en voie de développement ?

De nombreuses théories ont essayé d'expliquer la condition des nations pauvres et instables. Certains disent qu'il y a une malédiction sur l'homme noir. D'autres prétendent que c'est le manque de démocratie. Et certains pensent même qu'il y a une malédiction sur le continent africain. Je crois que la raison principale du mauvais état des choses est le manque de bons leaders.

Chaque fois qu'il y a un bon leader, vous remarquerez beaucoup de développement et vous remarquerez la prospérité. On peut clairement voir l'absence de leaders dans deux mondes. Vous remarquerez l'absence de leaders dans le monde naturel ou séculier. Vous pouvez aussi remarquer l'absence de leaders dans le monde spirituel ou ecclésial. Quand il y a un manque de leadership dans le monde ecclésial, vous remarquerez les mêmes signes de manque de développement du ministère, la pauvreté, le manque d'enseignement, le manque de connaissances et la prolifération du péché.

Nous avons besoin de leaders dans tous les domaines de la vie. Nous avons besoin de véritables leaders dans le monde séculier. Il y a un réel besoin de leaders dans le monde ecclésial. C'est ma prière que Dieu fasse lever de véritables leaders, vous et beaucoup d'autres, pour votre génération ! Vraiment, tout dépend du leadership !

Chapitre 2

Décidez de devenir l'un des quelques bons leaders de ce monde

Si vous croyez être appelé au ministère, alors vous êtes appelés au leadership. C'est pourquoi ce livre est très important pour votre vie, pour que vous soyez un bon leader pour le Seigneur Jésus Christ. Paul écrit à Timothée et lui dit de faire certaines choses pour devenir un bon leader. Il y a de bons et de mauvais ministres. Décidez d'être un bon ministre !

... tu seras un bon ministre de Jésus Christ...

1 Timothée 4:6

Si vous voulez être efficace dans le ministère, vous devez étudier le leadership. À chaque fois que j'entre dans une librairie, je me sens attiré par la section sur le leadership. J'ai lu beaucoup de livres sur le leadership. J'ai étudié ce sujet de première importance. Je veux être un bon leader. Les bonnes choses ne vous tombent pas dessus comme des mangues mûres d'un arbre. Vous devez étudier et découvrir tout ce qu'il y a à apprendre.

Il est évident qu'il n'y a pas beaucoup de bons leaders. S'il y en avait, vous et moi pourrions les désigner sans trop de difficulté ! Je crois qu'il y a beaucoup de raisons pour lesquelles il existe peu de leaders exceptionnels, mais commençons d'abord par examiner pourquoi les gens ne veulent pas être leaders !

Surmontez les obstacles pour devenir lteader

1. Surmontez l'ignorance de votre appel au leadership

Ils ne savent pas, parce que personne ne le leur a dit ! Ils ne savent même pas qu'ils ont la capacité de diriger. Certains pensent que seules quelques personnes sont nées pour diriger. Je ne crois pas que seules quelques personnes soient nées pour diriger. Je crois que beaucoup de gens sont nés avec la capacité de diriger, mais ils ne sont pas prêts à payer le prix pour devenir des leaders.

Ainsi les derniers seront les premiers, et les premiers seront les derniers.

Matthieu 20:16

Car il y a beaucoup d'appelés, mais peu d'élus.

Matthieu 22:14

La Bible nous enseigne que beaucoup sont appelés au service. Quiconque se consacre au ministère du Seigneur Jésus Christ devient automatiquement leader. *Un ministre de l'Évangile doit tout le temps démontrer des qualités et des capacités de leadership.*

Si vous êtes appelé à Son service, alors vous êtes appelés à être leader. Vous ne pouvez pas l'éviter !

2. Surmontez les accusations qui vous empêchent de devenir leader.

Les leaders sont souvent accusés d'être ambitieux. Ils sont souvent accusés d'avoir de mauvaises motivations. Je fus très surpris d'entendre des gens m'accuser d'être dans le ministère pour l'argent. Mais Dieu me parla et me dit qu'il est inévitable d'être accusé. Tout bon leader a beaucoup d'ennemis. La nature d'un bon leadership est qu'il trace une voie et maintient la direction. Cela veut dire que vous pouvez contrarier et blesser certaines personnes.

Et quiconque ne porte pas sa croix, et ne me suis pas, ne peut être mon disciple.

Luc 14:27

Il y a de nombreuses années, je dis à un frère que je ne voulais pas être leader dans une certaine fraternité. Je lui dis que j'étais quelqu'un de calme et que j'appréciais ma vie privée. Je lui dis que je ne voulais pas prêcher ou diriger. Mais Dieu avait un autre plan sur moi et aujourd'hui, je suis leader dans la maison de Dieu. Devenir leader, vous coutera votre vie que vous valorisez. Il me reste très peu de vie privée. La plupart des gens savent beaucoup de choses sur moi. Ils parlent de moi chez eux et dans leurs voitures. Comme tous les leaders, je suis loué par les uns et critiqué par les autres. C'est le lot d'un leader. C'est pourquoi certains évitent le leadership. Mais Jésus a dit que vous devriez prendre la croix et le suivre. Le christianisme implique le sacrifice. Cela vaut la peine de devenir leader dans l'église.

3. Surmontez la peur de la disgrâce.

Beaucoup de leaders ont fini dans la disgrâce après avoir pris la charge du leadership. D'autres ont connu de terribles blessures et sont passés par des expériences amères. Certains ont été crucifiés par les gens qu'ils dirigeaient.

J'ai personnellement observé comment les leaders étaient récompensés par le mal, après de nombreuses années de service. J'ai vu plusieurs (et je dis bien plusieurs) églises expulser leur pasteur après qu'il les ait dirigées de nombreuses années. J'ai vu des pasteurs ridiculisés et humiliés par des membres qu'ils avaient servi des années et à grands frais. J'ai vu des pasteurs rejetés pour des questions comme les voitures et les maisons. Quelle tristesse ! Nous savons tous comment Jésus fut crucifié après trois ans et demi de ministère. Ce fut sa récompense pour être une lumière qui brille pour Son peuple.

Dans mon pays, j'ai vu plusieurs chefs d'État frappés d'une mort non naturelle après avoir dirigé la nation plusieurs années. Nous avons vu des juges assassinés de sang-froid après avoir prononcé des jugements qu'ils croyaient justes. Qui alors voudrait être leader dans un tel environnement ? Quand vous étudiez le sort des leaders, il est naturel que les gens évitent le leadership et choisissent une vie tranquille, dans la paix et l'anonymat. Je peux comprendre pourquoi quelqu'un voudrait rester à l'écart du monde des politiciens qui mentent et du leadership corrompu.

Dans ce livre, je vous invite à prendre le flambeau du leadership chrétien. Je vous invite à répondre à l'appel au leadership dans l'église. Il en vaut la peine ! Les défis sont très semblables au leadership séculier. Les accusations sont souvent les mêmes. Mais cela en vaut la peine !

Les leaders séculiers travaillent pour des récompenses humaines comme l'argent et la gloire. Mais ce sont des récompenses périssables. Quand vous travaillez pour Jésus, vous recevez une récompense éternelle.

...et ils le font pour obtenir une couronne corruptible ; mais nous, faisons-le pour une couronne incorruptible.

1 Corinthiens 9:25

J'ai souvent connu la souffrance parce que je suis dans le leadership. Mais quand je pense aux récompenses qui attendent ceux qui font fidèlement la volonté de Dieu, cela m'encourage. Je sais qu'un jour je serai heureux à tous égards.

Ayant les regards sur Jésus, le chef et le consommateur de la foi, qui, en vue de la joie qui lui était réservée, a souffert la croix, méprisé l'ignominie, et s'est assis à la droite du trône de Dieu. Considérez, en effet, celui qui a supporté contre sa personne une telle opposition de la part des pécheurs, afin que vous ne vous lassiez point, l'âme découragée.

Hébreux 12:2-3

4. Surmontez votre complexe d'infériorité.

Certains pensent qu'ils n'ont pas un niveau moral adéquat pour le leadership. D'autres pensent qu'ils n'ont pas de qualités de leadership. D'autres pensent qu'ils ont trop de problèmes personnels pour devenir leaders. Ils ne peuvent pas imaginer être aux prises avec les problèmes des autres.

J'ai de bonnes nouvelles pour vous aujourd'hui ! *Dieu ne travaille pas avec des gens parfaits. Il travaille avec des gens de bonne volonté.* Il considère le cœur et il connaît votre faiblesse humaine. Si Jésus avait recherché la perfection, je peux vous assurer qu'aucun des disciples n'aurait été qualifié pour les postes de leadership dans l'église. Prenez Pierre par exemple ; il a trahi le Seigneur Jésus trois fois quelques semaines avant d'être ordonné. Il a juré et prononcé des malédictions comme s'il n'avait pas reçu d'enseignement. Pourtant, le Seigneur se servit de lui. Prenez les autres disciples, qui se disputaient sur leurs positions au Ciel. « Qui serait le plus grand ? », demandèrent-ils.

Il s'éleva aussi parmi les apôtres une contestation : lequel d'entre eux devait être estimé le plus grand ?
Luc 22:24

Après s'être disputés pour savoir qui serait le plus grand, ils ont tous abandonné le Christ quand il avait le plus besoin d'eux. Feriez-vous confiance à de telles personnes ? Vous serviriez-vous d'elles ? Pourtant, le Seigneur l'a fait ! Vous n'avez pas besoin d'être parfait pour devenir leader. Si c'était le cas, alors il n'y aurait pas de leaders dans le monde ou dans l'église. Cela ne veut pas dire qu'il n'y a pas de normes. Dieu s'attend aux plus hautes normes de caractère et de morale. Et pourtant, il travaille avec des gens imparfaits.

Dieu considère le cœur. Assurez-vous que votre cœur est droit et Dieu pourra se servir de vous.

... L'Éternel ne considère pas ce que l'homme considère ; l'homme regarde à ce qui frappe les yeux, mais l'Éternel regarde au cœur.
1 Samuel 16:7

5. Surmontez l'égoïsme.

Ces gens ne se soucient que d'eux-mêmes. Ils sont heureux d'avoir le salut. Ils sont heureux d'avoir l'Esprit Saint. Ils sont heureux d'avoir la prospérité. Mais ils se fichent de tous les autres. « Tant que je vais bien », pensent-ils, « tout va bien ». C'est un esprit d'égoïsme.

Un égoïste ne s'embarrasse pas de passer par une formation ou le sacrifice pour devenir leader. Il ne veut pas dépenser d'énergie pour aider une autre âme. Si le Christ avait décidé de rester dans le confort du Ciel, où seriez-vous aujourd'hui ? Il est ressuscité du tombeau et vous ne pouvez même pas sortir du lit. Je réprimande cet esprit de paresse et d'égoïsme ! Remerciez Dieu pour les missionnaires. Remerciez Dieu pour ceux qui ont voyagé loin de leurs maisons dans des cultures étrangères juste parce qu'ils voulaient aider quelqu'un.

Chapitre 3

Quarante noms français de leaders

Il détruira le héros et l'homme de guerre, le juge et le prophète, le devin et l'ancien, le chef de cinquante et le magistrat, le conseiller, l'artisan distingué et l'habile enchanteur. **Je leur donnerai des jeunes gens pour chefs, et des enfants domineront sur eux.**

Ésaïe 3:2-4

Le français a plusieurs synonymes pour le mot « leader ». Ces différents noms révèlent les différents types de leaders qui existent dans le monde. Il y a des leaders dans tous les domaines d'activité et chaque domaine d'activité donne un autre nom au leader. Les leaders de navires s'appellent des capitaines, les leaders d'avions s'appellent des pilotes, tandis que les leaders de soldats s'appellent des généraux. Dans le monde politique, les leaders de nations s'appellent des présidents ou premiers ministres, tandis que les leaders d'universités s'appellent des chanceliers. Dans le monde religieux, les leaders d'églises s'appellent des pasteurs, tandis que les leaders de mosquées s'appellent des imams. Les leaders de villages arabes s'appellent des cheikhs et les leaders de villages ghanéens s'appellent des chefs.

Voici quelques noms et titres supplémentaires possibles pour les leaders. Ces noms et titres sont importants, parce que vous devez reconnaître le leadership même s'il est dans un domaine de vie en dehors de votre monde ordinaire. Habituellement, les leaders se reconnaissent, même quand ils sont dans d'autres domaines d'activité. Par exemple, mes capacités de leadership ont été une fois reconnues par un athée qui ne croyait pas en Jésus Christ ni en l'église. Pourtant, cet homme fut capable de me reconnaitre comme un leader qu'on doit écouter. Il ne reconnaissait pas mes doctrines religieuses ou spirituelles, mais il reconnaissait mes compétences de leadership et m'a demandé de partager ces compétences avec d'autres athées. Si vous êtes un leader religieux, vous reconnaitrez les autres leaders, même si ce sont des hommes d'affaires, des politiciens, des athées ou d'autres leaders religieux.

D'un autre côté, si vous n'êtes pas leader, vous ne reconnaîtrez pas un leader quand vous en verrez un. Par exemple, de nombreux hommes politiques à des postes gouvernementaux ne reconnaissent pas et n'apprécient pas les leaders dans d'autres domaines, parce que ce ne sont pas des leaders eux-mêmes. Être homme politique et dire des choses pour plaire à tout le monde et gagner leur faveur, est différent de diriger les gens dans la prospérité et le développement.

Dans le passage de l'Écriture ci-dessus, vous remarquerez les différents types de leaders présents dans la ville de Jérusalem. Le châtiment du Seigneur fut de supprimer tous les différents types de leaders de la communauté.

1. Les leaders s'appellent des capitaines
2. Les leaders s'appellent des chefs
3. Les leaders s'appellent des commandants
4. Les leaders s'appellent des présidents
5. Les leaders s'appellent des premiers ministres
6. Les leaders s'appellent des bergers
7. Les leaders s'appellent des généraux
8. Les leaders s'appellent des gouverneurs
9. Les leaders s'appellent des guides
10. Les leaders s'appellent des pasteurs
11. Les leaders s'appellent des patrons
12. Les leaders s'appellent la tête
13. Les leaders s'appellent des managers
14. Les leaders s'appellent des principaux
15. Les leaders s'appellent des souverains
16. Les leaders s'appellent des citoyens distingués

17. Les leaders s'appellent des conseillers
18. Les leaders s'appellent des pilotes
19. Les leaders s'appellent des superintendants
20. Les leaders s'appellent des supérieurs
21. Les leaders s'appellent des anciens
22. Les leaders s'appellent des meneurs
23. Les leaders s'appellent des superviseurs
24. Les leaders s'appellent des cadres supérieurs
25. Les leaders s'appellent des directeurs
26. Les leaders s'appellent des maitres
27. Les leaders s'appellent des seigneurs
28. Les leaders s'appellent des dictateurs
29. Les leaders s'appellent des rois
30. Les leaders s'appellent des pionniers
31. Les leaders s'appellent des aînés
32. Les leaders s'appellent des chanceliers
33. Les leaders s'appellent des cheikhs
34. Les leaders s'appellent des juges
35. Les leaders s'appellent des experts
36. Les leaders s'appellent des spécialistes
37. Les leaders s'appellent des héros
38. Les leaders s'appellent des secrétaires
39. Les leaders s'appellent des précurseurs
40. Les leaders s'appellent des nobles

Chapitre 4

Comment parle-t-on du leadership dans la Bible

Le leadership est un sujet important dans la Bible. La plupart des bibles n'utilisent pas le mot « *leader* » quand elles parlent de ce sujet. Pour cette raison, le sujet du leadership est laissé à des conférenciers motivateurs et à d'autres intérêts séculiers. Cependant, une compréhension des différents mots et termes utilisés à la place du mot « *leader* » est utile pour que vous reconnaissiez ce sujet dans la Bible. Les passages scripturaires suivants révèlent les diverses descriptions de leaders dans la Bible.

1. Le leadership est appelé *gouvernement* par l'apôtre Paul. Par son inclusion dans cette liste, le leadership est considéré comme une *grâce* de Dieu.

   Et Dieu a établi dans l'Église premièrement des apôtres, secondement des prophètes, troisièmement des docteurs, ensuite ceux qui ont le don des miracles, puis ceux qui ont les dons de guérir, de secourir, de GOUVERNER, de parler diverses langues.

   1 Corinthiens 12:28

2. Un leader est décrit comme un souverain par Paul. Par son inclusion dans cette liste, le leadership est considéré comme un don de Dieu.

   Et celui qui exhorte à l'exhortation. Que celui qui donne le fasse avec libéralité ; que CELUI QUI PRÉSIDE le fasse avec zèle ; que celui qui pratique la miséricorde le fasse avec joie.

   Romains 12:8

3. Le style biblique du leadership est différent du leadership tel qu'il est prescrit par le monde.

Qu'il n'en soit pas de même pour vous. Mais que le plus grand parmi vous soit comme le plus petit, et CELUI QUI GOUVERNE COMME CELUI QUI SERT.

Luc 22:26

4. Dans la Bible, quelqu'un est considéré comme étant qualifié pour diriger une église s'il est en mesure de diriger une femme. Par son inclusion dans cette liste, le leadership est considéré l'apanage de certaines personnes (et pas de tous les hommes).

(Car si quelqu'un ne sait pas diriger sa propre maison, comment prendra-t-il soin de l'Église de Dieu ?)

1 Timothée 3:5

5. À un moment, les leaders d'Israël étaient appelés des juges. À une autre époque, ils étaient appelés des rois. Leurs styles de leadership et leurs réalisations ont été décrits dans les livres des Juges et des Rois.

L'ÉTERNEL SUSCITA DES JUGES, afin qu'ils les délivrassent de la main de ceux qui les pillaient.

Mais ils n'écoutèrent pas même leurs juges, car ils se prostituèrent à d'autres dieux, se prosternèrent devant eux. Ils se détournèrent promptement de la voie qu'avaient suivie leurs pères, et ils n'obéirent point comme eux aux commandements de l'Éternel.

Lorsque l'Éternel leur suscitait des juges, l'Éternel était avec le juge, et il les délivrait de la main de leurs ennemis pendant toute la vie du juge ; car l'Éternel avait pitié de leurs gémissements contre ceux qui les opprimaient et les tourmentaient.

Mais, à la mort du juge, ils se corrompaient de nouveau plus que leurs pères, en allant après d'autres dieux pour les servir et se prosterner devant eux, et ils persévéraient dans la même conduite et le même endurcissement.

Juges 2:16-19

Que l'Éternel soit avec Salomon comme il a été avec mon seigneur le roi, et qu'il élève son trône au-dessus du trône de MON SEIGNEUR LE ROI DAVID !

1 Rois 1:37

Chapitre 5

Le type de leadership que vous devez éviter

Mon peuple a pour oppresseurs des enfants, et des femmes dominent sur lui ; mon peuple, ceux qui te conduisent t'égarent, et ils corrompent la voie dans laquelle tu marches.

Ésaïe 3:12

Dieu a déclaré que des femmes et des enfants conduiraient Son peuple. **Le ton de ce passage scripturaire nous amène à croire que c'est une malédiction ou une punition pour un groupe de personnes d'être dirigé par des femmes ou des enfants.** À première vue, cela peut sembler un peu dur, mais un peu de réflexion et de méditation sur le sens de ce passage vous aidera à développer vos capacités à diriger. En fait, ce sont deux malédictions que vous devez comprendre et éviter à tout prix.

Vous avez surement déjà entendu l'expression : « Comme vous êtes enfantin ! » Vous avez surement déjà entendu l'expression : « Vous vous comportez comme un enfant ! » Vous avez sans doute déjà dit : « Je ne suis pas un enfant ».

Ces déclarations sont faites parce que les adultes se comportent parfois comme des enfants. Malheureusement, les leaders haut placés se comportent souvent comme des enfants, ce qui affecte grandement tout le monde autour d'eux.

En outre, de nombreux leaders se comportent comme des femmes dans leurs décisions et leur style de leadership. Une femme qui n'est pas adoucie par la parole de Dieu et l'Esprit Saint peut être terrible pour ceux qui sont sous elle. D'une manière générale, les femmes ont besoin d'être adoucies et raisonnées pour devenir des leaders appropriées, adaptées et désirables.

1. Vous devez éviter de développer un style de leadership qui s'apparente au leadership d'un enfant.

2. Vous devez éviter de développer un style de leadership qui s'apparente au leadership d'une femme.

Chapitre 6

Le leadership d'un enfant

Mon peuple a pour oppresseurs des enfants, et des femmes dominent sur lui ; mon peuple, ceux qui te conduisent t'égarent, et ils corrompent la voie dans laquelle tu marches.

Ésaïe 3:12

1. LE LEADERSHIP D'UN ENFANT SE CARACTÉRISE PAR LE MANQUE D'ORGANISATION

Je leur donnerai des jeunes gens pour chefs, et des enfants domineront sur eux, et L'ANARCHIE PRÉVAUDRA.

Ésaïe 3:4

Si vous ne pouvez pas ranger votre chambre, vous devez être un enfant. Si vous ne pouvez pas nettoyer les endroits où vous vivez, vous devez être un enfant. Si vous ne pouvez pas nettoyer votre ville, vous devez être un enfant, même si tout le monde vous appelle maire ou ministre.

Vous devez étudier le leadership, comprendre le leadership et appliquer des principes appropriés de leadership, sinon vous dirigerez les gens avec l'esprit d'un enfant. Le leadership d'un enfant se traduit par l'anarchie et le désordre, comme la Bible le prédit. À chaque fois que vous voyez le désordre, le chaos, le manque d'organisation et la confusion, vous pouvez supposer que la direction d'un enfant est à l'œuvre.

2. LE LEADERSHIP D'UN ENFANT SE CARACTÉRISE PAR UN MANQUE DE COMPRÉHENSION DES PROBLÈMES GRAVES ET DES DANGERS IMMINENTS

Lorsque j'étais enfant, je parlais comme un enfant, JE PENSAIS COMME UN ENFANT, je raisonnais comme un enfant ; lorsque je suis devenu homme, j'ai fait disparaître ce qui était de l'enfant.

1 Corinthiens 13:11

Vous devez étudier le leadership, comprendre le leadership et appliquer des principes appropriés de leadership, sinon vous dirigerez les gens avec l'esprit d'un enfant. L'esprit d'un enfant est dominé par un manque de compréhension des problèmes et des dangers graves auxquels il fait face.

Les gens sans leader ont généralement des lieux de restauration sales et des toilettes sales. Les petits enfants vivent dans la saleté et ne comprennent pas ce que cela veut dire. Si on laisse les enfants seuls, la crasse et la saleté prolifèrent. C'est pourquoi personne ne laisse les enfants seuls. Ils ne vont rien nettoyer, balayer ou essuyer.

C'est pourquoi les nations où les enfants sont les leaders ont des toilettes sales et d'énormes égouts remplis à ras bord de détritus dangereux. La principale caractéristique des villes dirigées par des enfants est les ordures et les déchets dangereux qu'on peut trouver partout. Les leaders enfantins ne sentent pas le lien qui existe entre ces pièges de mort et le bien-être de leur peuple. Même s'ils sentent qu'un lien existe, ils ne savent pas quoi faire. Tout ce qu'ils veulent, c'est que papa ou maman leur donne une solution.

Les nations sans leader ont détruit le système éducatif de leur pays sans connaitre les conséquences de ce qu'ils font.

3. **LE LEADERSHIP D'UN ENFANT SE CARACTERISE PAR LE MANQUE DE COMPREHENSION DE CE QUI EST UN PEU COMPLEXE**

Frères, NE SOYEZ PAS DES ENFANTS SOUS LE RAPPORT DU JUGEMENT… à l'égard du jugement, soyez des hommes faits.

1 Corinthiens 14:20

Vous devez étudier le leadership, comprendre le leadership et appliquer des principes appropriés de leadership, sinon vous dirigerez les gens avec l'esprit d'un enfant. Quand quelqu'un est dans une position de leadership et a l'esprit d'un enfant, il ne comprend pas ce qui est un peu complexe.

C'est évident quand quelqu'un sans instruction est à la tête des affaires. Il ne comprend pas les conséquences de ses déclarations. Un leader a hardiment déclaré qu'il ne rembourserait jamais les dettes de son pays. Un autre leader du même type a donné vingt-quatre heures à tout étranger pour quitter le pays avec un maximum de vingt-quatre kilos de bagages. Et un autre leader a imprimé des billets de milliards de dollars pour que son peuple achète une miche de pain avec. Sous son leadership, un pain pouvait coûter jusqu'à un milliard de dollars. De telles personnes ne lisent ni ne comprennent les implications de ce qu'ils disent et font.

Les leaders des pays pauvres ont adopté avec enthousiasme les concepts de mondialisation et de libre-échange avec leurs conséquences négatives de désindustrialisation, d'élimination de l'agriculture et de dépeuplement des villes. Les industries et les fermes ont été éliminées de nations qui ont accepté de tout cœur ces politiques, sans comprendre les implications complexes que cela aurait sur le reste de la nation. Des pays plus riches comme les États-Unis et l'Australie ont absolument rejeté l'idée de libre échange avec l'Angleterre au détriment du développement de leurs propres industries. Ils ont compris la nature complexe de la simple ouverture de leurs frontières aux importations à bas prix.

Ces complexités ne sont pas évidentes pour des leaders qui sont comme des enfants. Le fait que quelqu'un qui vend des iPads et des iPhones et iPods ait toujours un avantage sur quelqu'un qui vend des oranges et du cacao, n'est pas facilement compris par des leaders qui annoncent vouloir mettre leur accent sur l'agriculture.

Comment un enfant peut-il comprendre les implications pratiques de termes tels que les rendements décroissants, les activités à rendement croissant, les synergies, les innovations, les marchés parfaits, les marchés imparfaits et ainsi de suite ? Et pourtant, des populations entières sont dirigées par des gens qui ont étudié ces choses à l'école mais ne savent pas comment les appliquer dans leurs nations.

4. LE LEADERSHIP D'UN ENFANT SE CARACTÉRISE PAR L'AMUSEMENT ET LES CÉLÉBRATIONS.

A qui donc comparerai-je les hommes de cette génération, et à qui ressemblent-ils ? Ils ressemblent aux enfants assis dans la place publique, et qui, se parlant les uns aux autres, disent : NOUS VOUS AVONS JOUÉ de la flûte, et vous n'avez pas dansé ; nous vous avons chanté des complaintes, et vous n'avez pas pleuré.

Luc 7:31-32

Vous devez étudier le leadership, comprendre le leadership et appliquer des principes appropriés de leadership, sinon vous dirigerez les gens avec l'esprit d'un enfant. Un enfant aime jouer, jouer, et jouer ! Si vous ne développez pas des compétences de leadership, vous serez comme un enfant, seulement préoccupé par les célébrations, l'amusement, les anniversaires et les fêtes, au lieu du travail sérieux de leader.

Le leadership d'un enfant est dominé par un manque de compréhension des coûts financiers et de l'implication des choses. Vous devez comprendre le leadership, parce qu'en l'absence de bonnes capacités de leadership, vous avez des gens qu'on appelle des leaders, mais qui gâchent leurs ressources avec les cérémonies, les anniversaires et les vêtements plutôt qu'avec des choses permanentes.

Les enfants parlent de choses qu'ils ne peuvent ni ne veulent faire. Les enfants déclarent qu'ils vont devenir chanteurs, astronautes et médecins, mais ils ne le deviendront pas. Une personne à l'esprit de leadership d'un enfant aime assister à de nombreuses conférences dépourvues de sens, faire des déclarations sur des objectifs nobles, mais ils ne mettent aucune de ces choses en œuvre.

5. LE LEADERSHIP D'UN ENFANT SE CARACTÉRISE PAR LE DÉSIR D'ACQUÉRIR BEAUCOUP DE JOUETS

Malheur à toi, pays dont LE ROI EST UN ENFANT, et dont les princes mangent dès le matin !
Ecclésiaste 10:16

Vous devez étudier le leadership, comprendre le leadership et appliquer des principes appropriés de leadership, sinon vous dirigerez les gens avec l'esprit d'un enfant. Le style de leadership d'un enfant se caractérise par le désir d'acquérir beaucoup de jouets.

Un enfant veut plus de jouets que tout le monde et ne se soucie pas de savoir si personne d'autre n'a de jouet. Dans certaines nations, il semble que des enfants (les politiciens) se battent pour acquérir des jouets, qui sont les citoyens de la nation. Le leader enfantin aime avoir des jouets et des joujoux.

C'est pourquoi les premières choses que ces leaders achètent sont généralement des voitures, des avions présidentiels et des villas personnelles. Ils acquièrent avidement les choses qu'ils ont admirées dans leurs rêves d'enfant. Récemment, un nouveau gouvernement est arrivé au pouvoir dans un pays pauvre en développement. Croyez-le ou non, les nouvelles ont été dominées pendant des semaines par des discussions sur les voitures officielles qu'ils utilisaient. Comme des enfants qui avaient trouvé un nouveau jouet, leur principale préoccupation était les voitures que tout le monde utilisait. De tels leaders ont les yeux sur l'argent, les voitures, les femmes (les poupées) et les maisons. Vraiment, malheur au pays dont le roi, le leader, le président, le pasteur, le premier ministre, le commandant est un enfant.

6. LE LEADERSHIP D'UN ENFANT SE CARACTÉRISE PAR L'INCAPACITÉ À TROUVER DES SOLUTIONS PRATIQUES ET RÉALISTES AUX PROBLÈMES

Il s'y trouvait un homme pauvre et sage, qui SAUVA LA VILLE PAR SA SAGESSE. Et personne ne s'est souvenu de cet homme pauvre.

Ecclésiaste 9:15

Vous devez étudier le leadership, comprendre le leadership et appliquer des principes appropriés de leadership, sinon vous dirigerez les gens avec l'esprit d'un enfant, parce que le leadership d'un enfant se caractérise par l'incapacité à trouver des solutions et n'a qu'un seul recours : appeler papa ou maman. Plus vous êtes enfantin, plus vous croyez que votre père ou votre mère sait tout et qu'ils ont la solution à tous vos problèmes. Mes enfants m'ont demandé tout ce qui existe, croyant que je l'avais dans ma chambre. Des ciseaux, des tondeuses, du scotch, des piles, des chargeurs, du fil, des aiguilles, de l'argent - ils pensent que je dois en cacher quelque part. Un enfant manque de ce que la Bible appelle « *phronimos* ».

Quand une personne est dans le leadership et a l'esprit d'un enfant, il n'a qu'une seule solution pour tous les problèmes. Les enfants résolvent les problèmes en disant simplement : « Je vais le dire à mon papa. Mon papa va te battre ».

Quand un leader enfantin travaille, il ne pense qu'à obtenir de l'argent de quelqu'un quelque part. Quand il a un problème, il dit : « C'est un manque de ressources. S'il vous plaît, donnez-moi un peu de ce que vous avez ». Habituellement, de telles personnes pensent que l'argent est la seule solution à leur problème.

Par exemple, les enfants ne peuvent même pas tourner la clé d'une porte. Dans certains pays, il n'est pas permis d'avoir de clés aux portes de chambres, parce que les enfants peuvent s'y enfermer et seraient incapables de faire une chose aussi simple comme de tourner la clé pour déverrouiller la porte. Les enfants ne savent pas réparer, arranger, emballer et organiser les choses. On doit généralement le faire pour eux.

Beaucoup de nations ont démontré qu'elles ne peuvent pas trouver de solutions aux problèmes de leur peuple. Beaucoup d'anciennes colonies apportent un argument solide en faveur de la recolonisation, à cause de leur incompétence à trouver des solutions concrètes aux problèmes réels des gens.

Tout comme un parent est la seule solution aux problèmes de nombreux enfants, l'homme blanc et son argent sont souvent la seule solution à laquelle pense l'homme noir. Le pire des leaders est celui qui pense que tous ses problèmes seront résolus s'il reçoit de l'argent.

Toute ma vie, j'ai suggéré des solutions concrètes à des gens dans les pays du tiers monde. Elles leur ont souvent semblées idiotes. Ils se tournent vers moi en colère et rejettent farouchement mes suggestions pratiques pour résoudre les problèmes.

C'est un secret de polichinelle que de nombreux ministres de l'État reçoivent des commissions sur les contrats qu'ils gèrent. Ces fonds sont cachés dans des comptes étrangers pour qu'ils puissent s'en servir plus tard. Un jour à un forum, j'ai suggéré que ces ministres d'État reçoivent un pourcentage des énormes contrats qu'ils gèrent, impliquant d'énormes sommes d'argent, pour les rendre légitimement riches et imposables. Ce serait une forme de revenus supplémentaires auxquels ils auraient droit, en raison du travail de gouvernement qu'ils font. J'ai aussi dit que cela les aiderait à garder leur richesse dans le pays, puisqu'elle serait légitimement gagnée. De façon étonnante, les gens se sont tournés vers moi comme si j'étais fou. Quelqu'un a dit : «Ses mœurs et sa conscience ne lui permettraient pas de faire quelque chose comme ça». Les gens étaient tout simplement scandalisés par cette suggestion. Pourtant, parce que nous rejetons une solution aussi concrète à notre corruption endémique et à l'hypocrisie, nous continuons d'avoir des nations avec des ministres d'État qui sont secrètement des millionnaires, et qui gardent leur argent hors de notre vue. Un enfant a une approche théorique des choses, donc son style de leadership se caractérise par un manque de pratique et de réalisme.

Les leaders sans approche pratique et réaliste sont abstraits, détachés et idéalistes. La plupart des choses leur sont impossibles. Leurs façons de faire ne sont pas inapplicables dans les circonstances. Ces leaders-là sont dans une tour d'ivoire, parce qu'ils ne peuvent pas gérer les réalités sur le terrain. De nombreuses réunions et diverses spéculations sur la viabilité et la faisabilité de projets caractérisent ces leaders qui n'accomplissent rien. Malheur à un pays ou à une église qui a un théoricien pour leader. « Alors le royaume des cieux sera semblable à dix vierges qui, ayant pris leurs lampes, allèrent à la rencontre de l'époux. Cinq d'entre elles *étaient* folles, et cinq sages » (Matthieu 25,1).

« Sage » dans ce passage vient du mot « *phronimos* » qui signifie : pratiquement sage, judicieux, perspicace et prudent. Celles qui n'étaient pas pratiques et raisonnables n'arrivèrent pas à entrer au festin de noces. De même, ceux qui ne sont pas pratiques et raisonnables ne réussiront pas dans cette vie.

7. **LE LEADERSHIP D'UN ENFANT SE CARACTÉRISE PAR L'ABSENCE DE CONSTRUCTION**

Ils arrivèrent auprès de Jésus, et lui adressèrent d'instantes supplications, disant : Il mérite que tu lui accordes cela ; car il aime notre nation, et c'est LUI QUI A BÂTI notre synagogue.

Luc 7:4-5

Vous devez étudier le leadership, comprendre le leadership et appliquer des principes appropriés de leadership, sinon vous dirigerez les gens avec l'esprit d'un enfant, parce que le leadership d'un enfant se caractérise par le fait de se servir des choses sans rien construire. Malheur à votre nation si elle est dirigée par un enfant.

Un enfant n'est pas un constructeur. Un enfant joue à des jeux et apprécie ce qui est déjà construit. Si rien n'a été construit, il vit et demeure dans ce qui existe et l'apprécie, sans comprendre ce qu'il n'a pas.

Beaucoup de pays du tiers monde ont des villes et des villages non construits. Ces nations sont dominées par des gens souvent incapables d'acquérir des terres et de commencer des développements. La grande différence entre les villes et villages occidentaux et les villes et villages du tiers monde, est l'absence de bâtiments, de routes et autres infrastructures. Là où l'esprit d'un enfant gouverne, il n'y a pas de bâtiments, pas de développements, pas de maintenance et pas d'infrastructures.

8. LE LEADERSHIP D'UN ENFANT SE CARACTÉRISE PAR UN MANQUE DE CONCENTRATION

Afin que nous ne soyons plus des enfants, FLOTTANTS et emportés à tout vent de doctrine, par la tromperie des hommes, par leur ruse dans les moyens de séduction.

Éphésiens 4:14

Vous devez étudier le leadership, comprendre le leadership et appliquer des principes appropriés de leadership, sinon vous dirigerez les gens avec l'esprit d'un enfant, parce que le leadership d'un enfant se caractérise par un manque de concentration. Les enfants ont une capacité d'attention limitée. Quand un leader ne se concentre pas sur ses fonctions de base, il n'accomplit rien. L'une des clés principales de la guerre est de faire porter toutes vos forces sur un point précis afin de le vaincre. C'est pourquoi quand un pont est la cible d'une armée, toutes les forces aériennes, terrestres et maritimes se concentrent sur sa destruction. On doit faire en sorte que toutes les forces se portent sur cette cible.

Il n'est pas étonnant que les leaders du tiers monde soient incapables d'accomplir beaucoup de choses, parce qu'ils n'ont pas le temps ou la concentration nécessaire au travail pour lequel ils ont été élus. Au lieu de se concentrer sur les problèmes de la nation, ils reçoivent constamment dans leurs bureaux des délégations de visiteurs sans importance.

Dans de nombreux pays en développement, les bureaux du gouvernement sont inondés par des parents, des amis et des passants à la recherche de faveurs, d'emplois et d'aides de toutes sortes.

Ce n'est donc pas un spectacle étrange de voir un chef d'État accueillir d'innombrables délégations de toutes sortes - allant de leaders religieux à des chanteurs, des footballeurs, des annonceurs de funérailles, des leaders et chefs traditionnels, des directeurs d'ONG nouvellement créées et même de gens qui cherchent à avoir leur photo prise avec un président pour leur propre collection prestigieuse.

9. LE LEADERSHIP D'UN ENFANT SE CARACTÉRISE PAR LES DISPUTES POUR UNE POSITION

Pour moi, frères, ce n'est pas comme à des hommes spirituels que j'ai pu vous parler, mais comme à des hommes charnels, COMME À DES ENFANTS EN CHRIST.

Je vous ai donné du lait, non de la nourriture solide, car vous ne pouviez pas la supporter; et vous ne le pouvez pas même à présent, parce que vous êtes encore charnels.

1 Corinthiens 3:1-2

Vous devez étudier le leadership, comprendre le leadership et appliquer des principes appropriés de leadership, sinon vous dirigerez les gens avec l'esprit d'un enfant, parce que le leadership d'un enfant se caractérise par les disputes pour une position. Il est assez fréquent de voir un enfant très heureux pour rien. Les enfants sont heureux quand ils peuvent s'asseoir près de la portière de la voiture, avoir leur bain en premier ou en dernier. Ils apprécient des privilèges qui n'ont pas de sens pour les adultes.

Le leader typique d'un pays du tiers monde est en charge de villages poussiéreux remplis de pauvres. Il se bat pour la position de leader et pour être à la tête de quelque chose sans conséquence. Le leader veut le titre et le poste, mais il ne fera rien pour aider les gens.

10. LE LEADERSHIP D'UN ENFANT SE CARACTÉRISE PAR LE BESOIN DE MOTIVATIONS TELLES QUE DES BONBONS

Vous devez étudier le leadership, comprendre le leadership et appliquer des principes appropriés de leadership, sinon vous dirigerez les gens avec l'esprit d'un enfant.

Les enfants ont besoin des bonbons, des cadeaux et des incitations pour les faire faire ce qu'ils ont à faire.

Les mauvais leaders ont aussi besoin de commissions et de pots-de-vins pour les inciter à faire leur travail. Ce cancer se propage chez tout le monde au point ou rien ne se fait sans que des incitations soient payées.

11. LE LEADERSHIP D'UN ENFANT EST TEL QUE PERSONNE NE TRAVAILLERAIT SOUS SES ORDRES S'ILS AVAIENT LE CHOIX

Lorsque tout Israël vit que le roi ne l'écoutait pas, le peuple répondit au roi : Quelle part avons-nous avec David ? Nous n'avons point d'héritage avec le fils d'Isaïe ! À TES TENTES, ISRAËL ! Maintenant, pourvois à ta maison, David ! Et Israël s'en alla dans ses tentes.

1 Rois 12:16

Vous devez étudier le leadership, comprendre le leadership et appliquer des principes appropriés de leadership, sinon vous dirigerez les gens avec l'esprit d'un enfant. Le leadership d'un enfant est tel que personne ne resterait sous ses ordres s'ils avaient le choix. Ils savent tous qu'il ne comprend pas ce qu'il fait. Tel est l'état de la plupart des pays du tiers monde. Personne ne resterait dans ces pays s'ils avaient le choix. Comme dans le cas de Roboam, onze personnes sur douze s'en iraient et seuls leurs parents et bénéficiaires directs resteraient.

Il y a quelques années, j'ai visité une forteresse d'esclaves dans une ville côtière africaine. Le guide fit un bon travail et nous conduisit dans les différentes salles et les cellules horribles qui avaient été utilisés pour garder les esclaves captifs. À la fin de la visite, nous sommes arrivés à une petite porte appelée « la porte de non-retour ». Le guide nous a dit que quiconque était passé par cette porte n'était jamais revenu sur la terre africaine. Soit il périt en mer sur un navire négrier soit il mourut comme esclave en Amérique.

« Oh, c'était horrible », dis-je. Puis je posai une question et reçus une réponse qui étonna les visiteurs afro-américains qui m'entouraient.

« Si ce bateau négrier devait revenir à cette forteresse pour transporter des esclaves vers l'Amérique, pensez-vous que quelqu'un irait ? » Je soulignai : « Je ne veux pas dire un bateau normal. Je veux dire un navire négrier *qui vous emporterait comme esclaves et non comme touristes ou visiteurs* ».

Le guide répondit : « Le navire serait complètement rempli et coulerait même à cause de la surcharge. On se précipiterait pour monter à bord pour pouvoir aller en Amérique comme esclaves ». Mes visiteurs afro-américains n'en croyaient pas leurs oreilles.

Pourquoi quelqu'un voudrait-il aller en Amérique comme esclave ? Pour échapper au beau temps que l'on trouve en Afrique ? Pour essayer d'échapper au plus riche continent en ressources naturelles ? La réponse est « Non ». Ils fuiraient le type de leadership qui a transformé le continent en désert chaotique sans bâtiments, sans routes, sans hôpitaux, sans écoles et sans les commodités de base que l'on trouve où le bon leadership prévaut !

12. LE LEADERSHIP D'UN ENFANT SE CARACTERISE PAR UN MANQUE DE PREVOYANCE

En ce temps-là, Jésus prit la parole, et dit : Je te loue, Père, Seigneur du ciel et de la terre, de ce que tu as caché ces choses aux SAGES ET AUX INTELLIGENTS, et de ce que tu les as révélées aux enfants.

Matthieu 11:25

Peu d'enfants pensent à l'avenir. Vous devez étudier le leadership, comprendre le leadership et appliquer des principes appropriés de leadership, sinon vous dirigerez les gens avec l'esprit d'un enfant. Un enfant est une personne aveugle et sans clairvoyance qui a reçu la charge de tout. Quand vous êtes sans clairvoyance, vous manquez de prudence. Un enfant ne comprend pas quand il perd quelque chose dont il aura besoin à l'avenir.

Vous devez comprendre le leadership, parce qu'en l'absence de bonnes capacités de leadership, vous n'augmenterez pas vos revenus en luttant contre les petites pertes. Je connais une jeune femme qui s'est récemment rendue à une école dirigée par des leaders enfantins. Cette école a été construite il y a cent soixante-dix ans pour deux cent cinquante filles. Cent soixante-dix ans plus tard, ils ont mille six cents élèves et les mêmes installations. Vous pouvez vous demander pourquoi ni le gouvernement ni les propriétaires de l'école n'ont développé plus d'installations après cent soixante-dix ans d'existence.

13. LE LEADERSHIP D'UN ENFANT SE CARACTERISE PAR UN MANQUE D'ANALYSE ET DE RAISONNEMENT LOGIQUE

Un enfant ne va pas beaucoup utiliser les données ou la science et ne connaîtra donc pas le véritable état des choses. Mais le Christ n'est pas seulement puissance. Il est aussi sagesse. Nous avons besoin de puissance et nous avons besoin de sagesse. Sans analyse ni raisonnement logique, il y a toujours la pauvreté.

Le leadership enfantin manque d'analyse et de logique en tout. Les enfants ont peur des fantômes. Ils croient au Père Noël, à Cendrillon et aux dessins animés. Les leaders qui sont comme des enfants dirigent et gouvernent plus par la superstition que par le raisonnement pratique et logique.

14. LE LEADERSHIP D'UN ENFANT SE CARACTÉRISE PAR L'IGNORANCE DE LA VALEUR DE BEAUCOUP DE CHOSES

Vous devez étudier le leadership, comprendre le leadership et appliquer des principes appropriés de leadership, sinon vous dirigerez les gens avec l'esprit d'un enfant. Un enfant ne connaît pas la valeur de beaucoup de choses. Un enfant ne va pas apprécier l'importance de ses oncles, ses tantes, ses amis et sa famille. Un enfant va déchirer vos livres, détruire des biens de valeur et jeter des bagues et des bijoux parce qu'il ne sait pas ce que c'est. Les gens qui n'apprécient pas la valeur des choses et des individus vont dominer la communauté. De tels leaders ne valorisent pas la nature : ils abattent les arbres et les forêts, ils utilisent les plages comme des toilettes et ils tuent tous les animaux sauvages qu'ils voient. Ces leaders autorisent à abattre les forêts et à tuer les animaux sauvages sous leur surveillance, parce qu'ils n'apprécient et ne valorisent ni les choses ni les gens.

Les enfants vont aux toilettes n'importe où et ne se soucient pas de telles choses. Les enfants détruisent tout dans la maison. Ils détruisent les meubles et écrivent sur les murs.

Huit choses qu'un enfant ne reconnaîtra pas comme ayant de la valeur

1. La réputation

LA RÉPUTATION EST PRÉFÉRABLE À DE GRANDES RICHESSES, et la grâce vaut mieux que l'argent et que l'or.

Proverbes 22:1

2. Une femme vertueuse

Qui peut trouver une femme vertueuse ? Elle a bien plus de valeur que les perles.

Proverbes 31:10

3. L'opprobre du Christ

C'est par la foi que Moïse, devenu grand, refusa d'être appelé fils de la fille de Pharaon, aimant mieux être maltraité avec le peuple de Dieu que d'avoir pour un temps la jouissance du péché, regardant l'opprobre de

Christ comme une richesse plus grande que les trésors de l'Égypte, car il avait les yeux fixés sur la rémunération.

Hébreux 11:24-26

4. L'Église

Mieux vaut un jour dans tes parvis que mille ailleurs. Je préfère me tenir sur le seuil de la maison de mon Dieu, plutôt que d'habiter sous les tentes de la méchanceté.

Psaume 84:10

5. La Parole

Je n'ai pas abandonné les commandements de ses lèvres ; j'ai fait plier ma volonté aux paroles de sa bouche.

Job 23:12

6. La sagesse

Combien acquérir la sagesse vaut mieux que l'or ! Combien acquérir l'intelligence est préférable à l'argent !

Proverbes 16:16

7. Votre âme

Et que servirait-il à un homme de gagner tout le monde, s'il perdait son âme ? Ou, que donnerait un homme en échange de son âme ?

Matthieu 16:26

8. Votre pasteur

Nous vous prions, frères, d'avoir de la considération pour ceux qui travaillent parmi vous, qui vous dirigent dans le Seigneur, et qui vous exhortent.

Ayez pour eux beaucoup d'affection, à cause de leur œuvre. Soyez en paix entre vous.

1 Thessaloniciens 5:12-13

15. LE LEADERSHIP D'UN ENFANT SE CARACTERISE PAR LE FAIT DE NE PAS LIRE BEAUCOUP, DE NE PAS ETUDIER BEAUCOUP ET DE NE PAS ACHETER DE LIVRES.

Mais la nourriture solide est pour les hommes faits, pour ceux dont le jugement est exercé par l'usage à discerner ce qui est bien et ce qui est mal.

Hébreux 5:14

Vous devez étudier le leadership, comprendre le leadership et appliquer des principes appropriés de leadership, sinon vous dirigerez les gens avec l'esprit d'un enfant. Les petits enfants ne lisent pas parce qu'ils ne peuvent pas lire. Un leader qui est comme un enfant ne lit pas et ne se développe pas.

16. LE LEADERSHIP D'UN ENFANT SE CARACTERISE PAR LE FAIT DE NE PAS REPONDRE AUX BESOINS DES AUTRES, SURTOUT DE CEUX QUE VOUS NE VOYEZ PAS

Portez les fardeaux les uns des autres, et vous accomplirez ainsi la loi de Christ.

Galates 6:2

Vous devez étudier le leadership, comprendre le leadership et appliquer des principes appropriés de leadership, sinon vous dirigerez les gens avec l'esprit d'un enfant. Le leadership d'un enfant se caractérise par le fait de ne pas répondre aux besoins des autres, surtout de ceux que vous ne voyez pas. Seules les personnes mûres prennent soin des autres. Dans la Bible, nous voyons que Dieu s'attend à ce que les gens mûrs servent les autres.

Vous, en effet, qui depuis longtemps devriez être des maîtres, vous avez encore besoin qu'on vous enseigne les premiers rudiments des oracles de Dieu, vous en êtes venus à avoir besoin de lait et non d'une nourriture solide.

Hébreux 5:12

De nombreux dirigeants des pays du tiers monde ont des palais présidentiels et des châteaux auxquels de bonnes routes mènent. Ils ont l'eau courante et l'électricité. Leurs besoins de santé sont pris en charge par des médecins et de très grands spécialistes étrangers. Leurs enfants vont à l'école dans les meilleurs établissements d'Europe et d'Amérique. Mais ils sont tout simplement incapables de procurer des écoles au peuple de ce pays. Un leader qui est comme un enfant ne peut pas fournir d'hôpitaux aux gens de son pays, même s'il peut fournir le meilleur spécialiste à sa famille. Un leader qui est comme un enfant est incapable de fournir l'eau et l'électricité au reste du pays, même s'il peut se les fournir à lui-même dans son palais présidentiel.

Ces leaders qui sont comme des enfants, incapables de fournir le nécessaire aux autres, peuvent créer des rues menant à leurs palais, magnifiquement pavées et longées de palmiers. Malheureusement, ils laissent le reste du pays pourrir dans la poussière. Les enfants ne répondent tout simplement pas aux besoins des autres.

17. LE LEADERSHIP D'UN ENFANT SE CARACTERISE PAR L'INCAPACITE DE VIVRE DE CE QUE VOUS AVEZ

Or, aussi longtemps que l'héritier est enfant, je dis qu'il ne diffère en rien d'un esclave, quoiqu'il soit le maître de tout ; mais il est sous des tuteurs et des administrateurs jusqu'au temps marqué par le père.

Galates 4:1-2

Vous devez étudier le leadership, comprendre le leadership et appliquer des principes appropriés de leadership, sinon vous dirigerez les gens avec l'esprit d'un enfant. Le leadership d'un enfant se caractérise par l'incapacité de vivre de ce que vous lui donnez. C'est pourquoi les gens ne donnent pas beaucoup d'argent aux enfants. Ils ne peuvent pas gérer de grosses sommes d'argent. Vous attendez habituellement que l'enfant grandisse avant de lui confier certaines sommes d'argent. Tout comme vous ne confieriez pas beaucoup d'argent à un serviteur, vous ne confieriez pas beaucoup d'argent à un enfant.

De nombreux pays européens et occidentaux ont cessé de donner de l'argent aux pays sous-développés, parce qu'ils ont prouvé maintes fois qu'on ne peut pas leur confier de grandes quantités d'argent. Le coût d'un missile de croisière sur un navire de guerre américain pourrait permettre de résoudre beaucoup de problèmes de ces pays sous-développés. Mais l'Amérique sait trop bien que l'abandon d'un missile de croisière en faveur de l'aide à un pays du tiers monde ne changera pas grand chose.

Récemment, le chef d'État d'un pays pauvre a visité Paris pendant vingt jours. Il a réservé quarante-trois chambres dans un hôtel cinq étoiles et a dépensé environ un million deux cent mille dollars pour sa note d'hôtel de vingt jours. Cela ne comprenait pas les autres dépenses, comme la facture des courses de sa femme et de son entourage. Le gouvernement français est conscient de la présence d'un enfant qui dépense toutes ses ressources parce qu'il ne comprend pas ce qu'il fait.

Les pays du tiers monde quémandent des prêts, des subventions ou des cadeaux plutôt que de travailler avec ce qu'ils ont. Leurs leaders font constamment des déclarations concernant ce qu'ils feraient si on leur donnait de l'argent. Ils ne savent pas comment commencer de petites choses pratiques, mais préfèrent demander d'énormes sommes d'argent. Ils ne vivent pas de ce qu'ils ont, mais ils ont plutôt leurs esprits fixés sur des sources externes d'argent.

Chapitre 7

Le leadership d'une femme

Mon peuple a pour oppresseurs des enfants, et des femmes dominent sur lui ; mon peuple, ceux qui te conduisent t'égarent, et ils corrompent la voie dans laquelle tu marches.

Ésaïe 3:12

Vous devez étudier le leadership, comprendre le leadership et appliquer des principes appropriés de leadership, sinon vous dirigerez les gens avec l'esprit d'une femme. Bien sûr, une femme adoucie par l'Esprit Saint présentera quelques caractéristiques positives. Cependant, il existe des différences entre les hommes, les femmes et les enfants. Les hommes et les femmes souffrent des mêmes maux. Mais les femmes sont plus sujettes à certaines choses tout comme les hommes sont plus sujets à d'autres. Les femmes ont tendance à avoir certaines caractéristiques contraires au leadership.

Les hommes et les femmes sont en proie au mal

Dans sa forme la plus brute, le leadership d'une femme est une chose dangereuse. Les femmes non raffinés et les plus grossières sont en proie à de nombreuses caractéristiques qui sont nuisibles, destructrices et dangereuses pour le leadership. Dieu a créé les femmes différentes, et à cause de la façon dont elles sont faites, elles sont plus sujettes à *certains maux* que les hommes. Les hommes sont aussi en proie à des maux, mais *les types de maux* auxquels ils sont affrontés n'affectent pas le leadership de la même manière négative.

Les hommes peuvent être en proie à des problèmes spirituels et de caractère encore plus graves que les femmes, mais les types de problèmes que les femmes ont affectent le leadership plus que les « maux » des hommes. Par exemple, une personne peut avoir une maladie très grave comme le cancer, mais elle peut ne pas affecter sa capacité à conduire. Mais un furoncle sous la plante du pied (ce qui n'est pas une maladie grave) affectera votre capacité à appuyer sur les freins ou l'accélérateur. Il est donc difficile et dangereux de conduire quand vous avez un furoncle sous le pied.

Ce que je veux dire, c'est qu'il y a des défauts, des maladies ou des problèmes qui ont tendance à affecter la conduite plus que d'autres. Les maux que les femmes ont peuvent être moins graves que les maux auxquels les hommes sont sujets, mais le fait est que les problèmes des femmes affectent grandement leur capacité à diriger.

Par exemple, un homme souffre naturellement du mal de la convoitise. Ce problème le conduit à attirer des gens à lui, ce qui est bon pour le leadership et la croissance de l'église. Une femme souffre de l'insécurité, ce qui la conduit à éliminer les gens qu'elle perçoit comme des menaces. Évidemment, un tel problème est contraire au leadership qui consiste à rassembler les gens autour de vous et pas à les éliminer.

Ne soyez pas en colère contre moi pour ce que je dis. Je n'ai pas écrit la Bible. Soyez en colère contre Dieu, si vous voulez être en colère contre quelqu'un.

1. **LE LEADERSHIP D'UNE FEMME SE CARACTERISE PAR LA MESQUINERIE ET LES QUERELLES**

   J'exhorte Évodie et j'exhorte Syntyche à être d'un même sentiment dans le Seigneur.
   Et toi aussi, fidèle collègue, oui, je te prie de les aider, elles qui ont combattu pour l'Évangile avec moi, et avec Clément et mes autres compagnons d'œuvre, dont les noms sont dans le livre de vie.
   Philippiens 4:2-3

Vous devez étudier le leadership, comprendre le leadership et appliquer des principes appropriés de leadership, sinon les « caractéristiques négatives d'une femme » affecteront tout ce que vous faites. Les pensées d'une femme à l'esprit incontrôlé et non raffiné par l'Esprit Saint et la Parole de Dieu, sont dominées par la mesquinerie. Vous remarquerez comment ces leaders « femmes » débattent sur des sujets sans pertinence, tandis qu'ils ignorent les sujets principaux.

Je connais un pays du tiers monde qui a construit un palais officiel et s'est disputé pendant des mois pour savoir si on devait l'appeler Anniversary Castle ou Whitehouse Palace. Je connais aussi une autre nation où un château présidentiel a été construit et le nouveau gouvernement a refusé de l'utiliser parce qu'il avait été construit par leurs adversaires.

Et que Jean disait à Hérode : Il ne t'est pas permis d'avoir la femme de ton frère. HÉRODIAS ÉTAIT IRRITÉE CONTRE JEAN, et voulait le faire mourir. Mais elle ne le pouvait.

Marc 6:18-20

Les pensées d'une femme à l'esprit incontrôlé et non raffiné par l'Esprit Saint et la Parole de Dieu se caractérisent par la contestation. Ces leaders sont constamment en conflit avec d'autres sur un sujet ou un autre. Quand une femme dirige une église, le pasteur se querelle constamment avec les pasteurs d'autres congrégations.

J'ai vu certains pasteurs s'accuser mutuellement à la télévision de l'utilisation de la sorcellerie à la place de la puissance de Dieu. Ils se disputaient ouvertement et s'affrontaient en duel spirituel. Ils se sont ridiculisés eux-mêmes ! C'était dommage de voir ces beaux pasteurs agir comme des femmes devant tout le monde.

2. LE LEADERSHIP D'UNE FEMME SE CARACTERISE PAR LA JALOUSIE

Car je crains de ne pas vous trouver, à mon arrivée, tels que je voudrais, et d'être moi-même trouvé par vous tel que vous ne voudriez pas. Je crains de trouver des querelles, de la JALOUSIE, des animosités, des cabales, des médisances, des calomnies, de l'orgueil, des troubles.

2 Corinthiens 12:20

Car il savait que c'était par envie que les principaux sacrificateurs l'avaient livré.

Marc 15:10

Vous devez étudier le leadership, comprendre le leadership et appliquer des principes appropriés de leadership, sinon les « caractéristiques négatives d'une femme » affecteront tout ce que vous faites. Les pensées d'une femme à l'esprit incontrôlé et non raffiné par l'Esprit Saint et la Parole de Dieu, se caractérisent par la jalousie. Un leader qui fonctionne comme une femme tend à être conduit par la jalousie. Les nations qui sont gouvernées par des leaders *femmes* ont des politiques dirigées par la jalousie. Les riches sont traqués et on les fait souffrir parce qu'ils sont riches. Je connais des nations où les riches doivent cacher leur richesse. Chaque nouveau gouvernement va rechercher ceux qui ont prospéré sous l'ancien régime.

3. LE LEADERSHIP D'UNE FEMME SE CARACTERISE PAR LA MAUVAISE UTILISATION DU POUVOIR ET DE L'AUTORITE

Voici ce qu'elle écrivit dans ces lettres : Publiez un jeûne ; placez Naboth à la tête du peuple,

Et mettez en face de lui deux méchants hommes qui déposeront ainsi contre lui : Tu as maudit Dieu et le roi ! Puis menez-le dehors, lapidez-le, et qu'il meure.

Les gens de la ville de Naboth, les anciens et les magistrats qui habitaient dans la ville, agirent comme Jézabel le leur avait fait dire, d'après ce qui était écrit dans les lettres qu'elle leur avait envoyées.

Ils publièrent un jeûne, et ils placèrent Naboth à la tête du peuple ;

Les deux méchants hommes vinrent se mettre en face de lui, et ces méchants hommes déposèrent ainsi devant le peuple contre Naboth : Naboth a maudit Dieu et le roi ! Puis ils le menèrent hors de la ville, ils le lapidèrent, et il mourut.

Et ils envoyèrent dire à Jézabel : Naboth a été lapidé, et il est mort.

Lorsque Jézabel apprit que Naboth avait été lapidé et qu'il était mort, elle dit à Achab : Lève-toi, prends possession de la vigne de Naboth de Jizreel, qui a refusé de te la céder pour de l'argent ; car Naboth n'est plus en vie, il est mort. Achab, entendant que Naboth était mort, se leva pour descendre à la vigne de Naboth de Jizreel, afin d'en prendre possession.

1 Rois 21:9-16

Vous devez étudier le leadership, comprendre le leadership et appliquer des principes appropriés de leadership, sinon la mauvaise utilisation du pouvoir affectera tout ce que vous faites.

Les pensées d'une femme à l'esprit incontrôlé et non raffiné par l'Esprit Saint et la Parole de Dieu, se caractérisent par la mauvaise utilisation du pouvoir et de l'autorité. Un leader qui est comme une femme tend à faire une mauvaise utilisation de son pouvoir.

Mobutu : Au parlementaire Mervyn Dymally

« De toute évidence, je mentirais si je disais que je n'ai pas de compte bancaire en Europe : j'en ai un.
Je mentirais si je disais que je n'ai pas énormément d'argent sur mon compte : j'en ai.
Oui, j'ai pas mal d'argent.
Cependant, je dirais qu'il y a moins de 50 millions de dollars.
Qu'est-ce que cela représente pour vingt-deux ans comme chef d'État d'un si grand pays ? »
1988 Elliot and Dymally, p. 25

4. LE LEADERSHIP D'UNE FEMME SE CARACTÉRISE PAR LA MÉCHANCETÉ

Hérodias était irritée contre Jean, et voulait le faire mourir. Mais elle ne le pouvait ;
Car Hérode craignait Jean, le connaissant pour un homme juste et saint ; il le protégeait, et, après l'avoir entendu, il était souvent perplexe, et l'écoutait avec plaisir.

> Cependant, un jour propice arriva, lorsque Hérode, à l'anniversaire de sa naissance, donna un festin à ses grands, aux chefs militaires et aux principaux de la Galilée.
>
> La fille d'Hérodias entra dans la salle ; elle dansa, et plut à Hérode et à ses convives. Le roi dit à la jeune fille : Demande-moi ce que tu voudras, et je te le donnerai.
>
> Il ajouta avec serment : Ce que tu me demanderas, je te le donnerai, fût-ce la moitié de mon royaume.
>
> Étant sortie, elle dit à sa mère : Que demanderais-je ? Et sa mère répondit : La tête de Jean Baptiste.
>
> Elle s'empressa de rentrer aussitôt vers le roi, et lui fit cette demande : Je veux que tu me donnes à l'instant, sur un plat, la tête de Jean Baptiste.
>
> Le roi fut attristé ; mais, à cause de ses serments et des convives, il ne voulut pas lui faire un refus.
>
> Marc 6:19-26

Vous devez étudier le leadership, comprendre le leadership et appliquer des principes appropriés de leadership, sinon vous dirigerez les gens avec le style et l'esprit dune femme.

Les pensées d'une femme à l'esprit incontrôlé et non raffiné par l'Esprit Saint et la Parole de Dieu, se caractérisent par la méchanceté. Un leader qui est comme une femme tend donc à être méchant.

La méchanceté d'Hitler et Staline sont des exemples de leaders qui ont suivi cette voie.

5. LE LEADERSHIP D'UNE FEMME SE CARACTÉRISE PAR LA PEUR ET L'INSÉCURITÉ

> Sara vit rire le fils qu'Agar, l'Égyptienne, avait enfanté à Abraham ; Et elle dit à Abraham : Chasse cette servante et son fils, car le fils de cette servante n'héritera pas avec mon fils, avec Isaac.
>
> Cette parole déplut fort aux yeux d'Abraham, à cause de son fils.

Mais Dieu dit à Abraham : Que cela ne déplaise pas à tes yeux, à cause de l'enfant et de ta servante. Accorde à Sara tout ce qu'elle te demandera ; car c'est d'Isaac que sortira une postérité qui te sera propre. Je ferai aussi une nation du fils de ta servante; car il est ta postérité.

Abraham se leva de bon matin ; il prit du pain et une outre d'eau, qu'il donna à Agar et plaça sur son épaule ; il lui remit aussi l'enfant, et la renvoya. Elle s'en alla, et s'égara dans le désert de Beer Schéba.

Genèse 21:9-14

Vous devez étudier le leadership, comprendre le leadership et appliquer des principes appropriés de leadership, sinon votre insécurité affectera tout ce que vous faites. Les pensées d'une femme à l'esprit incontrôlé et non raffiné par l'Esprit Saint et la Parole de Dieu, se caractérisent par l'insécurité.

Les pensées d'une femme à l'esprit incontrôlé et non raffiné par l'Esprit Saint et la Parole de Dieu, sont dominées par le désir de supprimer les gens menaçants plutôt que de se servir de leurs forces pour le bien commun. Un leader qui est comme une femme tend donc à faire preuve d'insécurité en supprimant les gens qu'il perçoit comme des menaces pour lui.

La peur est vraiment une chose terrible. Elle est au même niveau que la magie, la sorcellerie, l'idolâtrie et le meurtre parce qu'ils ont des fruits similaires. On appelle souvent la peur l'insécurité.

6. LE LEADERSHIP D'UNE FEMME SE CARACTERISE PAR LE BESOIN D'IMPRESSIONNER

Je ne tire pas ma gloire des hommes.

Jean 5:41

Vous devez étudier le leadership, comprendre le leadership et appliquer des principes appropriés de leadership, sinon votre besoin d'impressionner affectera tout ce que vous faites. Les pensées d'une femme à l'esprit incontrôlé et non raffiné par le

Saint Esprit et la Parole de Dieu, se caractérisent par le besoin de faire une bonne impression. Les femmes aiment faire une bonne impression, même si ce n'est pas réel. Les femmes ont tendance à être trompeuses dans leur apparence. Les belles femmes que vous voyez bien habillées n'aiment peut-être pas se laver.

Chapitre 8

Devenez un maitre des étapes stratégiques

LA STRATÉGIE EST UNE SÉRIE DE MANŒUVRES ET D'ÉTAPES EN VUE D'ATTEINDRE UN OBJECTIF SPÉCIFIQUE

Sept choses que vous devez savoir sur la stratégie

1. **Chaque destination grande ou importante nécessite un certain nombre d'étapes pour être atteinte.**

Un bon leader doit accepter la réalité qu'aucune grande réussite n'implique qu'une seule étape. Elle impliquera une série d'étapes, une série de manœuvres ou une série de stratagèmes. La série d'étapes, de manœuvres ou de stratagèmes est également connue sous le nom de stratégie.

La stratégie est définie comme une série de manœuvres prises pour atteindre un objectif spécifique. Les idiots s'opposent aux stratégies. Tout ce qu'ils veulent, c'est qu'on fasse quelque chose pour eux. S'ils acceptent la responsabilité, ils ne veulent rien qui implique plus d'une étape.

2. **Les pires des leaders ne prendront aucune mesure pour arriver à quelque chose. Les pires les leaders vivent dans l'attente constante qu'on fasse quelque chose pour eux**

Leur mentalité est que quelqu'un leur doit quelque chose et que quelqu'un doit faire quelque chose pour eux. C'est souvent la mentalité de ceux qui ont été esclaves avant. C'est aussi la mentalité de ceux qui ont été colonisés et qui ont été habitués à ce que d'autres pensent pour eux. Leur compréhension est qu'ont doit leur donner ou transmettre quelque chose. De tels leaders font constamment des discours qui sollicitent de l'aide et décrivent leurs malheurs, leurs manques et leur efficacité, dans l'espoir que cela touchera le cœur d'un philanthrope quelque part.

Même après de nombreuses années, ils ne perçoivent pas que leur situation pathétique de détresse ne touche pas les cœurs de beaucoup, dans ce monde égoïste. Il faut des années pour que les leaders qui ne prennent aucune mesure se rendent compte que personne ne va librement leur verser une richesse durement gagnée. De tels leaders reçoivent avec enthousiasme des visiteurs riches, des directeurs d'ONG, des chanteurs, des stars du football, des diplomates occidentaux, parce qu'en arrière pensée, ils s'attendent à ce qu'on leur donne quelque chose ou qu'on fasse quelque chose pour eux.

3. Les mauvais leaders sont intéressés a prendre seulement une seule initiative envers un objectif précis.

Les mauvais leaders sont un peu mieux que les pires leaders, parce qu'ils prennent au moins une initiative en vue de leurs objectifs. Mais la plupart des choses ne sont pas atteintes en prenant une seule initiative. Beaucoup de gens vont passer par l'étape de la prière.

Beaucoup de gens passent par l'étape du jeûne et de la prière chaque année.

Beaucoup de membres de l'église passent par l'étape qui consiste à semer une graine pour prospérer. Mais une étape ne va pas très loin.

Assis sur votre chaise à lire ce livre, si vous preniez une seule initiative, jusqu'où iriez- vous ?

Vous ne pouvez même pas vous rendre aux toilettes en prenant une seule initiative !

Mais c'est tout ce que les gens sont disposés à faire. Ils veulent juste atteindre leurs objectifs en prenant une seule initiative. Peu de choses, si tant est qu'il y en ait, peuvent être atteintes par une initiative unique. La Bible dit que « toutes choses concourent au bien ». Beaucoup de choses concourent à rendre une chose belle ou réussie. Beaucoup de choses sont combinées d'une certaine façon et à un certain temps pour faire un bon ragoût ou une bonne soupe. Il ne suffit pas d'avoir une seule chose (de la bonne viande) pour arriver à un bon ragoût. Beaucoup de choses y concourent.

Parce qu'une seule initiative ne vous conduit quasiment nulle part, l'unique initiative qui est considérée est souvent vue comme n'ayant pas marché. Pour cette raison, ceux qui ont pris une seule initiative de prière ou de jeûne, ou de semence, se plaignent souvent qu'elle ne marche pas.

4. Plus l'objectif est élevé, plus vous devez prendre des initiatives et faire des manœuvres.

Plus l'objectif est élevé et impossible pour vous, plus vous devrez suivre d'étapes pour y arriver. Pour atteindre de grands objectifs, vous devrez passer par de nombreuses étapes.

5. Chaque étape d'une stratégie exige foi et patience.

Les premières étapes nécessitent le plus de patience et le plus de foi dans la sagesse de votre stratégie. Si l'une des étapes que vous suivez est d'avoir un temps de recueillement, vous avez besoin de beaucoup de foi et de patience pour avoir régulièrement votre temps de recueillement, croyant que cela aura un effet sur votre vie.

En sorte que vous ne vous relâchiez point, et que voue imitiez ceux qui, par la foi et la persévérance, héritent des promesses.
Hébreux 6:12

6. De nombreuses stratégies pour arriver à quelque chose ou pour réaliser quoi que ce soit peuvent être décomposées en quatre étapes. Avec quatre étapes, vous pouvez arriver à n'importe quelle destination ou atteindre une personne dans ce monde.

7. Devenez quelqu'un qui prend autant d'étapes stratégiques que nécessaire. Évoluez du statut de quelqu'un qui ne prend aucune initiative, ou qui n'en prend qu'une seule.

LES SEPT STRATÉGIES DE JÉHOVAH

1. LA STRATÉGIE POUR REMPLIR LA TERRE

Étape 1 :   Mettre un homme dans le jardin

Étape 2 :   Mettre une femme dans le jardin

Étape 3 :   Donner à l'homme des désirs et de la testostérone

Étape 4 :   Maudire la femme pour qu'elle soit attirée par quelque chose qu'elle n'aime pas

2. LA STRATÉGIE POUR SAUVER ISRAËL

Étape 1 :   Faire qu'un Lévite aime un autre

Étape 2 :   Faire naitre un bébé et que la fille de Pharaon le trouve

Étape 3 :   Que le jeune enfant soit formé au leadership et habitué à la vie de palais

Étape 4 :   Le bannir dans le désert, et là le former et l'humilier

Étape 5 :   Le rencontrer et l'oindre dans le désert

Étape 6 :   Endurcir le cœur de Pharaon, pour que plus de miracles soient accomplis

Étape 7 :   Se servir de Moïse pour enseigner la justice et la Loi

3. LA STRATÉGIE POUR SAUVER LE MONDE

Étape 1 :   Permettre que les Israélites soient punis par leurs ennemis et deviennent fidèles à la Loi de Moïse

Étape 2 :   Envoyer Son Fils dans le monde pour qu'Il naisse d'une vierge

Étape 3 :   La première étape de Dieu fut d'attendre le bon moment. Dieu attendit le bon moment pour envoyer Son fils Jésus

4. LA STRATÉGIE POUR DETRUIRE LE POUVOIR DU DIABLE SUR L'HOMME

Étape 1 : Envoyer Jésus dans le monde pour qu'Il prêche la Parole et parle au monde du Ciel

Étape 2 : Permettre qu'Il soit tenté par le diable en toutes façons

Étape 3 : Permettre qu'Il vainque le diable et fasse preuve de supériorité sur les démons

Étape 4 : Lui permettre de manifester de l'amour qui ne périsse jamais

Étape 5 : Lui permettre de verser Son sang et de donner une raison légitime pour que les pécheurs comme nous puissent entrer au Ciel sans problème

Étape 6 : Envoyer les gens dans le monde pour parler à tous de ce sacrifice

Étape 7 : Envoyer l'Esprit Saint pour aider les pécheurs, les faibles et les déchus à proclamer le puissant Évangile de Jésus Christ

5. LA STRATÉGIE POUR EMPECHER L'HOMME D'ATTEINDRE LE CIEL TOUT SEUL

Étape 1 : Ne rien dire du projet que les hommes entreprennent

Étape 2 : Donner à tous un langage différent

Étape 3 : Faire en sorte qu'ils ne se comprennent pas

Étape 4 : Les faire se battre

Étape 5 : Cela mettra une fin naturelle au projet Babel

6. LA STRATÉGIE POUR ENVOYER LE MESSAGE DE L'ÉVANGILE AU MONDE ENTIER

Étape 1 : Les former par association pendant trois ans

Étape 2 : Leur enseigner

Étape 3 : Leur donner une formation pratique et les envoyer prêcher

Étape 4 : Leur montrer comment se sacrifier

Étape 5 : Les envoyer dans le monde

7. LA STRATÉGIE POUR FAIRE CONNAÎTRE LE CHRIST

Étape 1 : Permettre au bien et au mal de grandir

Étape 2 : Quand ils arrivent à maturité, permettre qu'ils soient moissonnés

Étape 3 : Permettre à l'Empire Romain de dominer le monde entier

Étape 4: Convertir l'Empereur romain

Chapitre 9

Échangez avec les petits et les grands

Un bon leader échange avec deux groupes principaux : les grands (humainement parlant) et les petits (humainement parlant). Les grands sont les nobles, les riches, les gens influents et puissants dans la société. Il n'y en a pas beaucoup dans l'église.

> **Considérez, frères, que parmi vous qui avez été appelés il n'y a ni beaucoup de sages selon la chair, ni beaucoup de puissants, ni beaucoup de nobles.**
>
> **1 Corinthiens 1:26**

« Petit » évoque les pauvres, les sans-le-sou et ceux qui ont peu de revenus.

Quatre raisons pour lesquelles il est important d'échanger avec les grands

1. Jésus a échangé avec les grands.

Jésus a échangé avec Nicodème en privé. Jésus a honoré plusieurs invitations à dîner avec des gens influents et puissants. Ces interactions furent si importantes qu'elles ont été rapportées dans la Bible.

> **Mais il y eut un homme d'entre les pharisiens, nommé Nicodème, un chef des Juifs, qui vint, lui, auprès de Jésus, de nuit...**
>
> **Jean 3:1-2**

> **Le soir étant venu, arriva un homme riche d'Arimathée, nommé Joseph, lequel était aussi disciple de Jésus.**
>
> **Matthieu 27:57**

2. Les grands ont un rôle à jouer dans l'Église.

Certains d'entre eux jouent un rôle vital dans l'Église, comme Joseph d'Arimathie, qui a aidé à enterrer le corps de Jésus. Ce fut un accomplissement important des Écritures.

Le soir étant venu, arriva un homme riche d'Arimathée, nommé Joseph... Joseph prit le corps [de Jésus], l'enveloppa d'un linceul blanc, et le déposa dans un sépulcre neuf, qu'il s'était fait tailler dans le roc...

Matthieu 27:57,59-60

3. Dieu se sert des grands pour financer l'Évangile.

Si vous pensez que tout le monde donne la même somme d'argent pour l'œuvre de Dieu, alors vous êtes ignorants et sans expérience. Dieu suscite certaines personnes pour que le revenu de certaines églises soit beaucoup plus haut que d'autres. Cela crée un équilibre nécessaire pour que le travail de Dieu puisse continuer pour les pauvres et les riches.

Selon qu'il est écrit : Celui qui avait ramassé beaucoup n'avait rien de trop, et celui qui avait ramassé peu n'en manquait pas.

2 Corinthiens 8:15

4. La contribution d'une personne influente peut conduire au salut de toute une nation.

La relation stratégique d'Esther avec le roi fut le seul facteur qui sauva la nation entière d'Israël et évita qu'elle soit anéantie par Haman. Son oncle lui rappela qu'elle avait été stratégiquement placée pour le salut de toute une nation.

...qui sait si ce n'est pas pour un temps comme celui-ci que tu es parvenue à la royauté ?

Esther 4:14

Un milliardaire chrétien m'a raconté un jour comment il avait utilisé sa relation avec le président d'un pays, pour obtenir l'autorisation d'organiser des croisades en plein air, jusque-là interdites dans ce pays.

Échangez avec les petits et les grands

Trois raisons pour lesquelles il est important d'échanger avec les pauvres

1. **L'appel principal du Christ était adressé aux pauvres.**

Quand Jésus parla de l'onction sur sa vie, il parla spécifiquement de ceux que son onction affecterait. Il dit spécifiquement qu'il avait été oint pour prêcher l'Évangile aux pauvres. Nous sommes le corps du Christ et cette même onction est sur nous.

L'Esprit du Seigneur est sur moi, parce qu'il m'a oint pour annoncer une bonne nouvelle aux pauvres ; Il m'a envoyé pour guérir ceux qui ont le cœur brisé, pour proclamer aux captifs la délivrance, et aux aveugles le recouvrement de la vue, pour renvoyer libres les opprimés, pour publier une année de grâce du Seigneur.

Luc 4:18-19

2. **La plupart des gens sont pauvres, les ministres doivent donc toucher les pauvres.**

Si nous devons porter beaucoup de fruit, beaucoup de fruit sera parmi les pauvres.

3. **Le signe d'une onction supérieure est que nous servons les pauvres.**

Aujourd'hui, la plupart des ministres sont heureux s'ils peuvent rendre visite au président d'un pays. Ils prennent volontiers des photos avec les présidents et les publient dans leurs magazines mensuels. Il n'y a rien de mal à cela. Cependant, quand on demanda à Jésus si le grand ministère messianique était arrivé sur terre, il répondit que *l'Évangile était prêché aux pauvres*. Il faut une onction supérieure pour servir les pauvres.

Es-tu celui qui doit venir, ou devons-nous en attendre un autre ? Jésus leur répondit : Allez rapporter à Jean ce que vous entendez et ce que vous voyez :
Les aveugles voient, les boiteux marchent, les lépreux sont purifiés, les sourds entendent, les morts

ressuscitent, et la bonne nouvelle est annoncée aux pauvres.

Matthieu 11:3-5

Trois raisons pour lesquelles il est difficile de prêcher aux pauvres

1. **Les pauvres ne peuvent pas payer pour l'Évangile.**

   Presque tout ministère destiné aux pauvres doit être préfinancé. On doit payer pour les livres, on doit payer pour les croisades, d'autres doivent payer pour les salaires, etc.

2. **Les pauvres ne comprennent pas l'Évangile.**

   Les pauvres ont beaucoup de problèmes. Leur raisonnement est affecté par les nombreux problèmes qui les entourent. Les pauvres sont souvent frustrés et désespérés. Ils ne peuvent pas comprendre pourquoi Dieu nous donnera le Ciel quand les choses vont si mal sur Terre. Est-ce qu'Il ne peut pas d'abord faire quelques changements sur Terre ? Comment puis-je trouver une solution à mes problèmes en étudiant la Bible ?

3. **Les pauvres vous voient parfois comme la cause de leurs problèmes.**

   Dans mes rapports avec les pauvres, j'ai appris que beaucoup d'entre eux considèrent en fait leur aide comme la source de leurs problèmes. Beaucoup de pauvres sont aussi trop fiers pour recevoir de l'aide.

Cinq types de personnes que vous ne pouvez pas aider

1. Ceux qui n'acceptent pas la solution biblique à leurs problèmes.
2. Ceux qui ne pensent pas avoir de problèmes.
3. Ceux qui se sentent trop fiers pour recevoir de l'aide.
4. Ceux qui pensent que vous êtes leur problème.
5. Ceux qui pensent que vous êtes la cause de leurs problèmes.

Chapitre 10

Protégez votre intégrité

Être intègre, c'est être sain. Avoir de l'intégrité veut dire être totalement ou complètement sain. Avoir de l'intégrité personnelle veut dire être droit, sincère, loyal et pur. Vous avez besoin d'intégrité personnelle pour être un bon leader. Êtes-vous sain ? Êtes-vous intègre ?

Votre intégrité est brisée par le mensonge et la tromperie, la trahison, la déloyauté et l'immoralité. La raison pour laquelle les gens ne croient pas vraiment aux paroles des politiciens est que leur intégrité est fortement compromise par leurs tromperies fréquentes. La raison pour laquelle les pasteurs ont du mal à faire en sorte que les gens croient en nous, est que nous manquons souvent d'intégrité. Vous pouvez protéger votre intégrité en vous protégeant contre les mensonges, la déloyauté et l'immoralité.

Trois choses qui détruisent votre intégrité

1. Les mensonges et la tromperie. Après que quelqu'un vous ait menti, il est difficile de continuer à lui faire confiance. Tout le monde a du mal à croire quelqu'un qui leur a régulièrement menti par le passé.

2. La déloyauté et la trahison. Après que quelqu'un vous ait trahi, il est difficile de continuer à lui faire confiance. Tout le monde a du mal à faire confiance aux gens qui ont été déloyaux à leur égard.

3. L'immoralité. Après que quelqu'un ait eu une liaison immorale, il est difficile de lui faire confiance. Quand quelqu'un a été immoral, une fissure évidente a été produite dans le mur.

Chapitre 11

Donnez de l'espoir aux gens

Est-ce que vous vous demandez pourquoi personne ne reste dans votre entreprise ou dans votre église pendant longtemps ? Il n'y a peut-être pas beaucoup d'espoir pour l'avenir. Ils ne peuvent peut-être pas voir de bonnes choses qui les attendent dans l'avenir.

Six façons de donner de l'espoir aux gens

1. Faites des promesses et tenez-les.

À chaque fois que vous rompez une promesse, vous érodez la confiance que les gens ont en vous. Il est très difficile de faire en sorte que les gens vous fassent confiance. Quand les gens n'ont pas confiance en vous, ils ne vous suivent pas. Tout le ministère de Jésus fut centré autour d'une promesse pour l'avenir.

> **…Je vais vous préparer une place. Et, lorsque je m'en serai allé, et que je vous aurai préparé une place, je reviendrai, et je vous prendrai avec moi, afin que là où je suis vous y soyez aussi.**
>
> **Jean 14:2-3**

Les disciples de Jésus furent amenés à croire qu'il y avait de bonnes choses qui les attendaient dans l'avenir. Ils savaient que Jésus tiendrait sa promesse, alors ils avaient de l'espoir.

2. Prêchez la parole de Dieu.

La Parole de Dieu est pleine d'espoir. Quiconque prêche la Parole de Dieu ne sera pas ministre de découragement, de déception et de désillusion.

3. Parlez plus des récompenses que du châtiment.

Les disciples avaient de l'espoir. Ils avaient de l'espoir dans la gloire et les récompenses du Ciel. Ce fut une grande source de motivation pour eux. Vous devez comprendre que les disciples de Jésus étaient tellement motivés qu'ils avaient quitté leurs emplois séculiers pour le ministère. Ils finirent par mourir pour leurs croyances.

4. Donnez des exemples positifs qui inspirent de l'espoir.

Dans votre entreprise ou votre église, vous devez accepter le fait que les gens ont besoin d'être motivés. La clé pour avoir des gens motivés est qu'ils aient « l'espoir dans l'avenir ». C'est pourquoi Jésus a souvent parlé du Ciel et des récompenses qui attendent ses fidèles serviteurs. Si vous voulez inspirer les pilotes par exemple, montrez-leur combien de pilotes ont volé avec succès pendant des années, et ont fini par prendre leur retraite. C'est ce genre d'exemple qui donne de l'espoir. Si vous voulez inspirer les pasteurs, donnez-leur des exemples de ministres qui ont réussi dans le ministère.

5. Évitez de donner des exemples qui provoquent le découragement et la dépression.

Si les gens voient comment d'autres ont échoué, ils seront découragés. Ils se diront : « C'est comme ça que je vais finir un jour. » Si vous êtes pilote de ligne, il ne sert à rien de discuter de tous les accidents d'avion terrifiants dans l'histoire de l'aviation.

6. Construisez des structures permanentes.

Les gens ont plus d'espoir dans les choses permanentes. Il est naturel de graviter vers quelque chose de plus permanent. Tout pasteur qui édifie un bâtiment inspire de l'espoir dans sa congrégation.

Chapitre 12

Ne vous servez jamais de la puissance sans la sagesse, ni de la sagesse sans la puissance !

Un leader est quelqu'un qui se sert de la sagesse comme d'un outil essentiel de la vie. Les leaders chrétiens ont la tâche de combiner l'Esprit de Dieu et la sagesse de Dieu. C'est la volonté de Dieu. Tout leader chrétien doit apprendre à trouver un équilibre entre la puissance et la sagesse.

Mais PUISSANCE de Dieu et SAGESSE de Dieu pour ceux qui sont appelés, tant Juifs que Grecs.

1 Corinthiens 1:24

J'ai souligné les mots « puissance » et « sagesse ». C'est ce que je veux que vous compreniez en lisant ce livre. Jésus Christ n'est pas seulement puissance pour nous. Il est puissance et sagesse.

Quand vous pourrez combiner efficacement la puissance et la sagesse de Dieu, vous commencerez à connaître le succès en tant que leader. Rappelez-vous, l'un sans l'autre ne suffit pas.

Comment combiner puissance et sagesse

1. *Combiner puissance et sagesse aide à la croissance de l'église.* Vous pouvez faire grandir votre église en priant trois heures par jour. C'est la puissance de Dieu. Vous pouvez aussi faire grandir votre église en utilisant des données, des ordinateurs et des techniques administratives modernes.

2. *Combiner puissance et sagesse vous aide à réussir à l'école.* Vous pouvez réussir vos examens en demandant avec ferveur l'esprit de sagesse et de connaissance. C'est ce que signifie

se servir de la puissance de Dieu. Vous pouvez aussi réussir vos examens en étudiant beaucoup et en apprenant à partir de questions passées. C'est la sagesse de Dieu.

3. *Combiner puissance et sagesse vous aide à prendre la bonne décision.* Vous pouvez prendre les bonnes décisions en recevant la direction spirituelle à travers la prière et la prophétie. C'est se servir de la puissance de Dieu. Vous pouvez aussi vous servir de la sagesse de Dieu par la réflexion, l'analyse et de bons conseils venant de personnes expérimentées.

4. *Combiner puissance et sagesse vous aide à réussir.* Quand vous édifiez votre église, vous pouvez vous servir de la puissance de Dieu dans la prière, avec des soupirs et des larmes devant le Seigneur. Mais vous pouvez aussi vous servir de la sagesse de Dieu en priant à voix basse, pour que les voisins ne vous conduisent pas au tribunal et mettent fin à votre existence en tant qu'église.

Un jour, j'ai remarqué qu'une église se réunissait dans la maison de quelqu'un, dans un quartier résidentiel et calme. Même si j'étais à une centaine de mètres, je pouvais entendre tout ce qui se disait dans le service. La prière, l'adoration et la louange étaient si fortes et offensives que personne dans la rue ne pouvait se concentrer alors qu'ils criaient dans leurs micros. Le pasteur était oint et la puissance de Dieu était à l'œuvre en lui. Malheureusement, il avait laissé de côté la sagesse.

Même s'il n'y avait que quelques personnes, ils utilisaient un système de sonorisation public destiné aux grandes salles et pour des centaines de personnes. Même Jésus a parlé à cinq mille personnes sans micro. Je me dis : « Cette église va bientôt être fermée par les voisins ou la police ». Je savais que l'église allait bientôt se retrouver face à un très grand ennemi qu'elle serait incapable de confronter. Ne vous servez jamais de la puissance sans la sagesse, ni de la sagesse sans la puissance !

Chapitre 13

Soyez un homme de conviction !

L'apôtre Paul était un homme de conviction. C'était un homme qui avait une forte croyance en Dieu, et qui était prêt à mourir pour elle. Un jour, il a dit ouvertement : « Je suis prêt à mourir ».

Car pour moi, je sers déjà de libation...
2 Timothée 4:6

Si vous vous considérez vraiment comme leader, vous devez avoir une conviction en quelque chose ! Un leader sans conviction est une personnalité sans vie. Ceux qui ont des convictions gouvernent le monde. Les kamikazes qui attaquent des citoyens innocents ont la conviction de faire quelque chose de bien. Ils croient aussi qu'ils iront au Ciel pour cet acte de brutalité. Les hommes de conviction sont difficiles à maitriser. Vous ne pouvez pas les garder en boîte. Vous ne pouvez pas les attacher. Vous ne pouvez pas les faire se tenir tranquille. Vous ne pouvez pas leur enlever leur motivation.

Comment devenir un homme de conviction

1. **Ne lisez pas vos discours. Apprenez à parler aux gens de votre cœur.**

Un leader sans convictions est une marionnette sans vie qui fait des discours dépourvus de sentiments. Personne ne fait attention à lui. Personne ne croit ce qu'il dit. Personne ne le suit. Est-ce que vous vous demandez parfois pourquoi les gens ne vous suivent pas ? C'est peut-être parce que vous n'êtes pas un homme de conviction.

2. **Faites des sacrifices pour ce que vous croyez.**

Un homme de conviction est prêt à sacrifier beaucoup de choses pour sa conviction. Quand je vois des gens prétendre être appelés par Dieu, mais qui ne sont pas prêts à sacrifier quoi que ce soit pour leur appel, je me demande s'ils sont vraiment appelés. Un appel, c'est une conviction à travailler pour le Seigneur. Dans le monde politique, les masses vont suivre quelqu'un qui semble avoir une conviction. Ils suivront quelqu'un qui parle de son cœur. Ils suivront quelqu'un qui est prêt à mourir pour ses croyances.

3. **Pensez au jugement. Lisez beaucoup sur le ciel et l'enfer.**

Je crois fermement que c'est de conviction dont manquent beaucoup de leaders sans vie. Pourquoi est-ce que je fais ce que je fais ? Parce que j'ai une conviction. Je crois au Ciel et à l'Enfer. J'ai la conviction qu'un jour le Christ me récompensera pour tout mon travail sur cette terre. Je crois que Jésus est le Fils de Dieu et qu'il est ressuscité d'entre les morts. Je crois que Jésus est la seule voie vers le Ciel. Je ne consens pas à ces faits seulement avec ma tête. Je les crois de tout mon cœur. C'est la force motrice qui m'a fait abandonner ma carrière médicale.

4. **Réfléchissez profondément à tout. Ruminez sur votre vie. Méditez sur votre appel.**

Êtes-vous un vrai leader ? Décidez d'être un homme de conviction. Conviction sur quoi, vous pouvez vous demander ? Ayez de la conviction sur ce que Dieu vous a appelé à faire. Ayez de la conviction sur ce que vous êtes censé accomplir dans votre vie. Ayez de la conviction sur ce que Dieu vous a dit. Vivez de ces convictions ! Soyez prêt à renoncer à quoi que ce soit pour pouvoir suivre votre conviction.

5. **Faites preuve d'émotion. Jésus a fait preuve d'émotion. Votre posture sèche et rigide ne révèle pas de convictions.**

Jésus pleura.

Jean 11:35

6. **Ayez toujours du zèle pour ce qui est bon.**

Quand quelqu'un garde son zèle pour quelque chose, cela révèle qu'il est un homme de convictions. La plupart des gens sont émotionnellement affectés par quelque chose pendant un court moment. Mais garder son zèle et toujours avoir du zèle révèlent que vous êtes un homme de grande conviction.

***Il est* beau d'avoir du zèle pour *ce qui est bien* et en tout temps, et non pas seulement quand je suis présent parmi vous.**

Galates 4:18

Chapitre 14

Attendez votre saison

Il est comme un arbre planté près d'un courant d'eau, qui donne son fruit en sa saison, et dont le feuillage ne se flétrit point : tout ce qu'il fait lui réussit.

Psaume 1:3

Toutes les bénédictions de Dieu ont leur saison. La croissance de l'Église a une saison. La promotion a une saison. La prospérité personnelle a une saison.

Un leader sait que les bénédictions qu'il désire ne viendront pas du jour au lendemain. Il est prêt à rester jusqu'à ce que la réussite et la promotion arrivent. Si vous ne pouvez pas attendre que Dieu vous donne votre promotion, vous n'êtes pas un leader. J'ai dû attendre de nombreuses années pour beaucoup de choses.

Si vous ne pouvez pas attendre que les mangues mûrissent sur votre arbre, vous ne pourrez jamais en profiter. Vous les cueillerez toujours avant leur temps. Rappelez-vous que les mangues vertes sont très différentes des mangues mûres.

Je connais un pasteur qui a acheté une voiture très chère. Pendant plusieurs mois, il dut utiliser tous les revenus de l'église pour rembourser sa dette. Cela a eu de mauvaises répercussions sur l'église. On a dû collecter des fonds dans une tentative désespérée de payer cette voiture de luxe. En fin de compte, une bénédiction est devenue une controverse.

Il y a un temps pour tout, un temps pour toute chose sous les cieux : Il fait toute chose bonne en son temps ; même il a mis dans leur cœur la pensée de l'éternité, bien que l'homme ne puisse pas saisir l'œuvre que Dieu fait, du commencement jusqu'à la fin.

Ecclésiaste 3:1,11

En son temps, Dieu fait toutes choses belles. Êtes-vous un leader ? Alors n'oubliez jamais qu'un leader est quelqu'un qui est prêt à attendre sa saison.

Comment attendre votre saison

1. **Pendant que vous attendez, continuez d'aller à l'Église**

   Chaque année, cet homme montait de sa ville à Silo, pour se prosterner devant l'Éternel des armées et pour lui offrir des sacrifices. Là se trouvaient les deux fils d'Éli, Hophni et Phinées, sacrificateurs de l'Éternel. Le jour où Elkana offrait son sacrifice, il donnait des portions à Peninna, sa femme, et à tous les fils et à toutes les filles qu'il avait d'elle. Mais il donnait à Anne une portion double ; car il aimait Anne, que l'Éternel avait rendue stérile. Sa rivale lui prodiguait les mortifications, pour la porter à s'irriter de ce que l'Éternel l'avait rendue stérile. Et toutes les années il en était ainsi. Chaque fois qu'Anne montait à la maison de l'Éternel, Peninna la mortifiait de la même manière. Alors elle pleurait et ne mangeait point.
   1 Samuel 1:3-7

Que fait-on en attendant un miracle ? Que devriez-vous faire pendant que vous attendez la réponse de Dieu ? Anne était la femme qui continuait d'aller à l'église (Silo) malgré ses problèmes. Anne nous apprend ce que nous devons faire quand nous attendons notre miracle !

Nous sommes confrontés à de nombreux problèmes aujourd'hui. Vous ne devez pas vous détourner de votre église à cause de vos problèmes. Cher ami, votre aide vient de Dieu. Le diable aimerait vous tenir éloigné de la source de votre aide.

Anne souffrait de stérilité, et elle aurait pu rester à la maison à déprimer. Elle aurait pu travailler jour et nuit. Elle aurait pu recourir à la sorcellerie et à toutes sortes de choses pour l'aider. Mais elle continua d'aller à Silo. Silo est l'endroit où l'on fait des prières et des sacrifices au Seigneur.

2. **Pendant que vous attendez, remarquez les bénédictions de Dieu autour de vous.**

Mais il donnait à Anne une portion double ; car il aimait Anne, que l'Éternel avait rendue stérile. Elkana, son mari, lui disait : Anne, pourquoi pleures-tu, et ne manges-tu pas ? Pourquoi ton cœur est-il attristé ? Est-ce que je ne vaux pas pour toi mieux que dix fils ?

1 Samuel 1:5,8

Le mari d'Anne l'aimait vraiment. La Bible nous dit qu'il lui donnait une portion digne d'elle et lui décrivait son profond amour pour elle. Mais Anne ne remarquait pas l'amour de son mari. Anne ne cessait de pleurer et ne remarquait pas qu'elle avait un bon mari.

Apprenez à voir au-delà de vos problèmes. Certains sont tellement fixés sur leurs problèmes qu'ils ne peuvent pas voir la bonté de Dieu autour d'eux. Votre mari a peut-être un défaut. Ne soyez pas fixés sur cette faute au point de ne pas voir comment Dieu vous a béni. L'herbe semble toujours plus verte ailleurs. À un moment donné, le mari d'Anne lui demanda : « Est-ce que je ne vaux pas pour toi mieux que dix fils ? » Vos difficultés vous ont peut-être aveuglé sur les bénédictions de Dieu. S'il vous plaît, ne laissez pas un nuage sombre tout recouvrir à cause du seul problème que vous avez.

Elkana, son mari, lui disait : Anne, pourquoi pleures-tu, et ne manges-tu pas ? Pourquoi ton cœur est-il attristé ? Est-ce que je ne vaux pas pour toi mieux que dix fils ?

1 Samuel 1:8

Anne ne pouvait pas voir qu'elle avait un bon mari. Elle ne pouvait pas remarquer que son mari était très généreux et gentil. Anne ne pensait pas au fait que même si elle avait des enfants, ils grandiraient et quitteraient la maison un jour. Alors elle serait toute seule à nouveau avec son mari.

3. **Pendant que vous attendez, servez-vous des vos armes spirituelles.**

Et, l'amertume dans l'âme, elle pria l'Éternel et versa des pleurs.

1 Samuel 1:10

Dans ce verset, vous voyez comment Anne leva les yeux vers le Seigneur et pria « avec de grands cris et avec larmes » (Hébreux 5,7). C'était une guerrière de la prière. Vos armes ne sont pas charnelles, elles sont puissantes par la vertu de Dieu.

Vous avez peut-être besoin d'un bébé. Vous avez peut-être besoin d'un mari. Ne recourez pas à des méthodes physiques ou humaines pour obtenir ce dont vous avez besoin.

Beaucoup de problèmes ont des racines spirituelles ! Si vous cherchez à avoir un bébé, il est bon de trouver les soins médicaux appropriés. Continuez à prier, il y a de la puissance dans la prière. En étudiant la Bible, vous vous rendrez compte que beaucoup ont reçu des bénédictions et des réussites par la prière.

4. **Pendant que vous attendez, faites un vœu !**

Elle fit un vœu, en disant : Éternel des armées ! Si tu daignes regarder l'affliction de ta servante, si tu te souviens de moi et n'oublies point ta servante, et si tu donnes à ta servante un enfant mâle, je le consacrerai à l'Éternel pour tous les jours de sa vie, et le rasoir ne passera point sur sa tête.

1 Samuel 1:11

Anne était une femme de vision. Elle alla plus loin que beaucoup d'autres ne l'auraient fait. Elle fit une promesse à Dieu. S'il lui donnait un enfant, elle l'offrirait au Seigneur. Elle promit de donner ce qui lui était le plus précieux, même avant qu'il ne soit né. Dieu attend peut-être que vous Lui fassiez une telle promesse. Pouvez-vous faire un vœu et le garder ?

5. Pendant que vous attendez, gardez vos vœux

Anne garda son vœu.

Mais Anne ne monta point, et elle dit à son mari : Lorsque l'enfant sera sevré, je le mènerai, afin qu'il soit présenté devant l'Éternel et qu'il reste là pour toujours. Elkana, son mari, lui dit : Fais ce qui te semblera bon, attends de l'avoir sevré. Veuille seulement l'Éternel accomplir sa parole ! Et la femme resta et allaita son fils, jusqu'à ce qu'elle le sevrât. Quand elle l'eut sevré, elle le fit monter avec elle, et prit trois taureaux, un épha de farine, et une outre de vin. Elle le mena dans la maison de l'Éternel à Silo : l'enfant était encore tout jeune. Ils égorgèrent les taureaux, et ils conduisirent l'enfant à Éli. Anne dit : Mon seigneur, pardon ! Aussi vrai que ton âme vit, mon seigneur, je suis cette femme qui me tenais ici près de toi pour prier l'Éternel. C'était pour cet enfant que je priais, et l'Éternel a exaucé la prière que je lui adressais. Aussi je veux le prêter à l'Éternel: il sera toute sa vie prêté à l'Éternel. Et ils se prosternèrent là devant l'Éternel.

1 Samuel 1:22-28

Elle donna au Seigneur et le Seigneur lui redonna. Est-ce que l'argent est un problème pour vous ? Trouvez-vous difficile de donner à Jésus ? Détachez-vous de cet argent et laissez-le aller maintenant ! Donnez la dîme et faites des offrandes. Beaucoup d'hommes et de femmes ont un problème avec l'argent. On est comblé de beaucoup de bénédictions quand on paie ses vœux. Savez-vous que quand Abraham donna la dîme au Seigneur, la bénédiction qu'il reçut était un enfant ? La Bible nous enseigne qu'Abraham était très riche ; il n'avait pas besoin d'argent supplémentaire. Dieu sait ce dont vous avez besoin. Quand vous lui donnerez, Dieu vous donnera ce dont vous avez besoin. Les principes sont des choses qui arrivent que vous le vouliez ou non ! Il y a un principe du don. Plus vous donnez, plus vous recevez.

> Donnez, et il vous sera donné : on versera dans votre sein une bonne mesure, serrée, secouée et qui déborde, car on vous mesurera avec la mesure dont vous vous serez servis.
>
> Luc 6:38

Anne donna un fils au Seigneur - le principe a marché ! Dieu lui a donné cinq autres enfants en échange.

6. **Allez au-delà de vos émotions quand vous attendez !**

> Et toutes les années il en était ainsi. Chaque fois qu'Anne montait à la maison de l'Éternel, Peninna la mortifiait de la même manière. Alors elle pleurait et ne mangeait point. Elkana, son mari, lui disait : Anne, pourquoi pleures-tu, et ne manges-tu pas ? Pourquoi ton cœur est-il attristé ? Est-ce que je ne vaux pas pour toi mieux que dix fils ?
>
> 1 Samuel 1:7- 8

Anne était une personne émotive. Vous pouvez voir dans les Écritures qu'elle pleurait et criait comme toute autre femme. Elle avait des sentiments et des problèmes émotionnels. Mais elle alla au-delà de ses émotions et devint une personne spirituelle. En fait, elle devint plus spirituelle après son problème.

Permettez à Dieu de vous attirer plus profondément vers les choses de l'Esprit. Grâce à vos problèmes, vous serez amené à mieux connaître Dieu. En effet, tout concourra à votre bien. Femme, une réussite vous attend. Allez au-delà de vos émotions et devenez une personne spirituelle.

Chapitre 15

Servez-vous du secret de la concentration

JE COURS VERS LE BUT, POUR REMPORTER LE PRIX de la vocation céleste de Dieu en Jésus Christ.

Philippiens 3:14

Beaucoup ne savent pas que les gens très performants sont ceux qui se sont concentrés sur une chose pendant longtemps. La concentration est la clé de la grande réussite. Vous considérez-vous comme un leader ? Vous devez apprendre l'art de la concentration. Concentrez-vous sur votre vision. Concentrez-vous sur votre église. Concentrez-vous sur votre travail et vous obtiendrez d'excellents résultats.

Souvent, quand je commence à prier, j'éteins tous mes téléphones. Cela m'aide à me concentrer sur le Seigneur. Quand j'étais à l'université, j'ai eu l'occasion de participer à plusieurs groupes chrétiens. J'ai décidé de suivre un ministère particulier. Je me suis rendu compte que je ne pouvais pas partager mon temps entre les nombreux ministères chrétiens sur le campus. Quand j'ai quitté l'université, un nouveau groupe avait été formé qui existe toujours aujourd'hui.

Quand vous vous concentrerez sur une seule chose, les gens vous accuseront d'être fier ou hostile. Ils diront que vous êtes trop centré sur vous-même et que vous manquez de patriotisme. Ils diront que vous êtes antisocial. Ne faites pas attention à eux. Concentrez-vous sur ce que vous faites. La sagesse est justifiée par ses enfants. N'oubliez jamais que la concentration est source de croissance et qu'elle vous préserve des conflits.

Quand Jésus s'en alla, il laissa des instructions claires sur ce que l'Église devait faire.

Quel est donc le serviteur fidèle et prudent, que son maître a établi sur ses gens, pour leur donner la

> **nourriture au temps convenable ? Heureux ce serviteur, que son maître, à son arrivée, trouvera faisant ainsi ! Je vous le dis en vérité, il l'établira sur tous ses biens. Mais, si c'est un méchant serviteur, qui dise en lui-même : Mon maître tarde à venir, s'il se met à battre ses compagnons, s'il mange et boit avec les ivrognes, le maître de ce serviteur viendra le jour où il ne s'y attend pas et à l'heure qu'il ne connaît pas, il le mettra en pièces, et lui donnera sa part avec les hypocrites : c'est là qu'il y aura des pleurs et des grincements de dents.**
>
> Matthieu 24:45-51

Peu de temps après Son départ, l'Église avait dévié dans toutes sortes de choses que le Christ n'avait pas enseignées. Au nom des bonnes œuvres et pour être socialement acceptable, l'Église a divisé son attention en quatre grands domaines : la santé, l'éducation, les services de secours et l'enseignement chrétien. Il n'est pas étonnant qu'on dise que d'autres religions grandissent plus vite que le christianisme. Si l'Église se concentrait sur l'objectif donné par Dieu, on la traiterait de tous les noms.

Certains de mes pasteurs et de mes églises ont été critiqués parce que nous avons tendance à nous concentrer sur ce que nous faisons. Les statistiques ont prouvé, à la surprise de beaucoup, que la coopération excessive entre les églises ne conduit pas à la croissance du Corps du Christ. C'est une surprise aux yeux des partisans de l'unité du Corps. Rappelez-vous que *l'unité* est différente de *l'union*. Ce que les gens appellent souvent unité est en fait l'union physique des congrégations.

Un leader comprend l'essence de la concentration sur une chose jusqu'à ce qu'il l'ait réalisée. Un leader peut faire la distinction entre les questions pertinentes et non pertinentes. Je me suis rendu compte que plus je travaille vite, plus j'ai d'énergie. Le travail lent vous fatigue. J'applique le principe d'urgence et de concentration à tout ce que je fais. Je concentre toutes mes forces sur une seule chose jusqu'à ce que je l'aie conquise. Plus vous interrompez vos projets pour d'autres choses, plus vous serez déprimé, malheureux et découragé.

Êtes-vous un leader ? Décidez de vous concentrer sur une chose à la fois. Mettez de côté les rencontres inutiles, mettez fin aux bavardages stériles et ne regardez pas trop la télévision. La concentration vous apportera beaucoup de succès. Paul l'a fait et vous aussi pouvez le faire.

...mais je fais une chose : oubliant ce qui est en arrière et me portant vers ce qui est en avant...

Philippiens 3:13

Domaines de concentration

1. Concentrez-vous sur la croissance de l'église

2. Concentrez-vous sur l'implantation de l'église

3. Concentrez-vous sur l'onction

4. Devenez un bon Pasteur ou berger

Quatre exemples du secret de la concentration

1. La concentration est un principe biblique. La concentration réunit tous les efforts, les facultés et les activités sur une chose ou une activité. La concentration était un principe utilisé par notre Seigneur Jésus Christ. Jésus a accompli le plus grand exploit jamais connu de l'homme, par le principe de la concentration. Il s'est concentré sur Sa mission de verser Son sang pour les péchés du monde. Il n'a pas tergiversé, traîné et essayé d'être populaire. Après trente-trois ans sur cette terre, Il s'est concentré sur Sa mission de mourir sur la croix, Il est allé à Jérusalem et S'est livré pour nous.

Lorsque le temps où il devait être enlevé du monde approcha, Jésus prit la résolution de se rendre à Jérusalem.

Luc 9:51

2. Jésus s'est concentré sur ce pour quoi Il avait été envoyé et a donné de l'urgence à tous Ses projets. Il n'a pas perdu de temps avec les Gentils. Il s'est concentré sur les Juifs.

Tels sont les douze que Jésus envoya, après leur avoir donné les instructions suivantes : N'allez pas vers les païens, et n'entrez pas dans les villes des Samaritains ; allez plutôt vers les brebis perdues de la maison d'Israël.
Matthieu 10:5-6

3. L'apôtre Paul s'est concentré sur sa course et l'a terminée. Beaucoup de gens font de multiples courses et essaient de réaliser beaucoup de choses différentes auxquelles ils ne sont pas appelés.

J'ai combattu le bon combat, J'AI ACHEVÉ LA COURSE, j'ai gardé la foi.
2 Timothée 4:7

4. L'apôtre Paul aurait pu faire beaucoup de choses dans le ministère, mais il s'est concentré sur une seule chose. Il a oublié tout ce qui s'était passé dans le passé et s'est concentré sur l'avenir. C'est le principe de la concentration à l'œuvre.

Frères, je ne pense pas l'avoir saisi ; mais JE FAIS UNE CHOSE : oubliant ce qui est en arrière et me portant vers ce qui est en avant.
Philippiens 3:13

Seize choses que tout leader doit savoir sur la concentration

1. **Toute grande réalisation est le résultat de la concentration.**

2. **Toute grande bataille militaire est gagnée en concentrant toutes les forces sur un seul objectif.**

3. **Tout grand ministère accomplit des choses pour Dieu en se concentrant sur une seule vision**

Quand j'étais à l'université, j'ai eu l'occasion de participer à plusieurs groupes chrétiens. J'ai décidé de suivre un ministère particulier. Je me suis rendu compte que je ne pouvais pas partager mon temps entre les nombreux ministères chrétiens sur le campus. Parce que je me suis concentré sur une seule chose, j'ai pu établir un ministère qui existe toujours aujourd'hui.

4. **La concentration fait que les gens travaillent plus vite.**

5. **Plus vous travaillez vite, plus vous aurez d'énergie et d'intérêt.**

6. **Moins vous travaillez vite, plus vous devenez fatigué et indifférent.**

7. **Plus on suspend et retarde des projets, plus les gens se découragent.**

Un espoir différé rend le cœur malade.

Un espoir différé rend le cœur malade, mais un désir accompli est un arbre de vie.

Proverbes 13:12

8. **La concentration dépend uniquement de la capacité de distinguer entre ce qui est pertinent ou non.**

Celui qui ne peut pas se décider sur ce qui est important ne pourra jamais se servir du pouvoir de la concentration. Ne vous laissez pas tromper par la pression des appels d'urgence, des demandes, des invitations, des urgences et des crises. Les choses urgentes ne sont généralement pas importantes dans l'ensemble du tableau, et les choses importantes sont rarement urgentes.

9. **Le plus grand voleur de concentration est le téléphone.**

Quand je commence à prier, j'éteins tous mes téléphones. Cela m'aide à me concentrer sur le Seigneur.

10. **Un autre voleur de concentration est les rencontres inutiles et la télévision.**

11. Donnez de l'urgence à tous vos projets.

Cela amènera les gens à se concentrer sur leur tâche.

12. La concentration empêche tout le monde de tomber dans la médisance, l'envie, la jalousie et les querelles.

13. Peu de gens peuvent jongler avec plusieurs projets à la fois.

Terminez une chose à la fois.

14. Les projets inachevés brisent la concentration.

Les derniers aspects inachevés des projets sont souvent la cause d'une perte future de concentration. Ils vous distraient et vous tirent vers le passé. On accuse généralement ceux qui se concentrent sur leurs tâches données par Dieu de ne pas être sociables, d'être fiers, antipathiques, de trop se concentrer sur eux-mêmes et de manquer de patriotisme. Mais la sagesse a été justifiée par ses enfants.

15. Au nom des bonnes œuvres et pour être socialement acceptable, l'église a divisé son attention en quatre grands domaines : la santé, l'éducation, les services de secours et l'enseignement chrétien.

Il n'est pas étonnant que les autres religions se développent à un rythme très rapide. Si seulement l'Église se concentrait à nouveau sur son objectif donné par Dieu !

16. La concentration fait grandir toute chose.

Chapitre 16

Aidez les gens autour de vous à accomplir de grandes choses dans leur vie

> Il monta ensuite sur la montagne ; il appela ceux qu'il voulut, et ils vinrent auprès de lui. Il en établit douze, pour les avoir avec lui, et pour les envoyer prêcher avec le pouvoir de chasser les démons. Voici les douze qu'il établit : Simon, qu'il nomma Pierre ; Jacques, fils de Zébédée, et Jean, frère de Jacques, auxquels il donna le nom de Boanergès, qui signifie fils du tonnerre ; André ; Philippe ; Barthélemy ; Matthieu ; Thomas ; Jacques, fils d'Alphée ; Thaddée ; Simon le Cananite ; et Judas Iscariot, celui qui livra Jésus. Ils se rendirent à la maison.
>
> **Marc 3:13-20**

Notez la liste des hommes qui n'allaient nulle part avant de rencontrer Jésus. Jésus amena ces personnes à accomplir de grands exploits. Il les dirigea jusqu'à ce qu'ils reçoivent l'onction et deviennent prédicateurs.

Grâce à l'influence de Jésus, ils ont jeté les bases de l'Église chrétienne avec leurs propres vies. La plupart d'entre eux sont morts dans le processus de fondation de l'Église. Le leadership de Jésus avait transformé des gens insignifiants en hommes hautement performants.

Si Dieu vous a appelé à diriger, ne pensez pas que c'est juste VOUS qui accomplissez de grandes choses. Considérez plutôt que vous aidez les autres à accomplir de grandes choses pour Dieu et pour eux-mêmes. Tel est le cœur d'un vrai leader. Le leadership vient du cœur. La Bible nous enseigne que le cœur est la base de tout ce que les hommes font.

> Garde ton cœur plus que toute autre chose, car de lui viennent les sources de la vie.
>
> **Proverbes 4:23**

Personne ne peut vraiment vous former à être un leader. Cela vient de votre cœur ! Cela vient en ayant le cœur droit ! Quand vous avez le cœur droit, vous faites les choses justes. Tant que vous n'aurez pas le cœur d'un leader, vous ne serez pas un vrai leader. *Si vous êtes à la tête d'une église ou d'une organisation, et que vous essayez de supprimer les réalisations des autres, je vous assure que vous n'avez pas le cœur d'un vrai leader.* Jésus voulait que ses disciples fassent de plus grandes choses que lui (Jean 14,12).

Je prie souvent pour que les jeunes pasteurs autour de moi puissent accomplir de grandes choses pour Dieu. Je continue de les encourager et de prier pour eux, pour qu'ils puissent s'élever avec puissance dans le ministère. Je vois des gens avec des dons que je n'ai pas. Je veux que mes relations avec ces gens les aident à accomplir de grandes choses pour Dieu. Tout leader doit avoir des objectifs pour les gens qui l'entourent. Si vous n'avez pas ces objectifs, je doute sérieusement que vous soyez un leader.

Quatre objectifs qu'un leader devrait avoir pour ses fidèles

1. Visez à ce qu'ils réussissent spirituellement.

Votre désir devrait être que les gens que vous dirigez prospèrent spirituellement.

> **Je n'ai pas de plus grande joie que d'apprendre que mes enfants marchent dans la vérité.**
>
> **3 Jean 4**

2. Visez à ce que vos fidèles réussissent financièrement.

Je désire fortement que ceux qui me suivent réussissent financièrement. C'est ma vision que tout le monde qui travaille dans mon organisation devrait avoir sa propre maison, plus de voitures que nécessaire et assez d'argent. Cette vision est constamment en train de se réaliser.

Un leader est quelqu'un qui pense aux autres. Si vous ne pensez qu'à vous, vous n'êtes pas un leader. Jésus a pensé à la situation financière de ses disciples. Il voulait qu'ils aient des maisons, des terres et assez d'argent. Beaucoup de gens ne savent pas que Jésus a réellement promis que ses disciples auraient ces choses.

Jésus répondit : Je vous le dis en vérité, il n'est personne qui, ayant quitté, à cause de moi et à cause de la bonne nouvelle, sa maison, ou ses frères, ou ses sœurs, ou sa mère, ou son père, ou ses enfants, ou ses terres, ne reçoive au centuple, présentement dans ce siècle-ci, des maisons, des frères, des sœurs, des mères, des enfants, et des terres, avec des persécutions, et, dans le siècle à venir, la vie éternelle.

Marc 10:29-30

3. **Visez à ce que vos fidèles se portent bien physiquement, socialement et dans leur mariage.**

Bien-aimé, je souhaite que tu prospères à tous égards et sois en bonne santé, comme prospère l'état de ton âme.

3 Jean 2

En ce jour-là, vous ne m'interrogerez plus sur rien. En vérité, en vérité, je vous le dis, ce que vous demanderez au Père, il vous le donnera en mon nom.

Jusqu'à présent vous n'avez rien demandé en mon nom. Demandez, et vous recevrez, afin que votre joie soit parfaite.

Jean 16:23-24

Pourquoi Jésus voulait-Il que ses disciples aient la joie en plénitude ? Parce qu'un bon leader veut que ses disciples soient heureux dans tous les aspects de leurs vies.

4. Visez à ce que vos fidèles accomplissent leur ministère.

Ma plus grande passion est de voir ceux que j'ai formés accomplir leurs ministères. Chaque père veut que ses fils et filles réalisent leur ministère. Si vous êtes un leader, votre vision et votre passion ne sont pas dirigées vers vous, mais vers ceux que vous dirigez.

Mais toi, sois sobre en toutes choses, supporte les souffrances, fais l'œuvre d'un évangéliste, remplis bien ton ministère.

2 Timothée 4:5

Chapitre 17

Faites en sorte que les gens vous obéissent avec joie

Après qu'ils eurent mangé, Jésus dit à Simon Pierre : Simon, fils de Jonas, m'aimes-tu plus que ne m'aiment ceux-ci ? Il lui répondit : Oui, Seigneur, tu sais que je t'aime. Jésus lui dit : Pais mes agneaux.

Jean 21:15

Jésus a réussi à faire que les gens suivent ses instructions. Il dit à Pierre de paître le troupeau de Dieu, et c'est exactement ce qu'il a fait. Si vous vous appelez un leader, demandez-vous : « Les gens suivent-ils mes instructions ? » Pourquoi obéissons-nous à certains et en ignorons-nous d'autres ? Développez l'art de faire que les gens obéissent à vos instructions. Il y a plusieurs choses que vous pouvez faire.

Neuf façons de faire que les gens vous obéissent avec joie

1. Ne donnez pas d'instructions déraisonnables.

Les gens se rebellent contre les méchants et les gens déraisonnables.

2. Enseignez à vos fidèles pourquoi on doit faire certaines choses.

Faites voir aux gens que vos instructions sont pour leur propre bien. Quand les gens comprennent pourquoi ils font quelque chose, ils le font souvent mieux ! C'est pourquoi je prêche par exemple sur : « Cinquante raisons pour lesquelles les chrétiens devraient gagner des âmes ». Je veux que les gens comprennent la dernière instruction de Jésus.

3. **Expliquez les instructions en détails, pour que tout le monde les comprenne.**

Parfois, les gens n'obéissent pas, parce qu'ils n'ont tout simplement pas compris ce que vous avez dit.

4. **Montrez aux gens que vous n'êtes pas partial ou partisan.**

5. **Faites que les gens vous voient obéir vous-même aux instructions.**

Beaucoup de rebelles ne se rendent pas compte qu'ils enseignent à leurs disciples à être rebelles par leurs propres actions. Le centurion qui a envoyé chercher Jésus a parfaitement illustré ce principe.

Car, moi qui suis soumis à des supérieurs, j'ai des soldats sous mes ordres ; et je dis à l'un : Va ! Et il va ; à l'autre : Viens ! Et il vient ; et à mon serviteur : Fais cela ! Et il le fait.

Luc 7:8

Cet homme a énuméré les instructions qu'il avait données et auxquelles on obéissait. Mais il prit soin de nous faire savoir que lui aussi *était sous une autorité*. En d'autres termes, il obéissait lui-même à des instructions. L'officier de l'armée doit souvent conduire les gens à leur mort. Comment fait-il pour que de jeunes hommes sacrifient leur vie sur les champs effrayants de la guerre ? En menant la charge lui-même quand on lui dit de le faire. Si vous ne pouvez pas faire en sorte que les gens fassent volontiers des choses qu'ils n'aiment pas faire naturellement, alors vous n'êtes pas un leader. Développez cet art de faire que les gens vous obéissent volontiers, et les gens s'émerveilleront toujours de l'équipe qui travaille avec vous et qui aime se sacrifier et servir.

6. **Débarrassez-vous de ceux qui se plaignent et murmurent.**

Ces gens empoisonnent l'atmosphère et font que tout le monde pense être dans une mauvaise situation. Il est très important de maintenir un esprit de bonne humeur sur le lieu du travail. Éradiquez systématiquement de votre système ceux qui se plaignent et murmurent.

7. **Corrigez les mauvaises attitudes, même quand elles ne se développent pas complètement en désobéissance ou rébellion.**

8. **Punissez ceux qui désobéissent.**

Votre organisation ne peut être établie que si les gens croient qu'un jugement va tomber quand ils font quelque chose de mal. La punition est une bonne chose, parce qu'elle instaure les règles. Beaucoup de bureaux désorganisés sont tels parce qu'on ne renvoie jamais personne. On donne des avertissements, mais personne n'ose jamais mettre la menace à exécution. Faites que tout le monde voit que quand quelqu'un brise les règles, les règles le briseront ! Quand vous êtes juste, les gens croient aux lois et ils vous obéissent volontiers. S'ils pensent qu'une règle s'applique à certains et une autre règle à des gens spéciaux, ils vont se rebeller contre vos instructions.

Un roi affermit le pays par la justice, mais celui qui reçoit des présents le ruine.

Proverbes 29:4

9. **Récompensez les gens comme il se doit.**

Même Jésus attendait sa récompense.

Considérez, en effet, celui qui a supporté contre sa personne une telle opposition de la part des pécheurs, afin que vous ne vous lassiez point, l'âme découragée.

Hébreux 12:3

Jésus était motivé par l'idée de sa récompense. Les récompenses sont une des plus hautes formes de motivation dans l'existence. Pourquoi pensez-vous qu'un athlète tourne autour d'une piste pendant des heures tous les jours ? Pourquoi pensez-vous que les boxeurs se soumettent à des coups à la tête graves, dangereux et potentiellement mortels ? C'est à cause de la joie d'un million de dollars ou plus qui leur seront donnés après les coups.

La joie placée devant les gens leur fera faire presque n'importe quoi. Les récompenses peuvent faire faire n'importe quoi aux gens ! Les gens qui sont morts pour la cause du Christ sont morts volontairement, en pensant à la récompense qui les attendait.

Quand Jésus a parlé à Pierre, il lui a parlé de sa mort. Il a prédit que Pierre allait mourir d'une façon qu'il n'aimerait peut-être pas.

En vérité, en vérité, je te le dis, quand tu étais plus jeune, tu te ceignais toi-même, et tu allais où tu voulais ; mais quand tu seras vieux, tu étendras tes mains, et un autre te ceindra, et te mènera où tu ne voudras pas. Il dit cela pour indiquer par quelle mort Pierre glorifierait Dieu. Et ayant ainsi parlé, il lui dit : Suis-moi.

Jean 21:18-19

Il dit à Pierre de le suivre même jusqu'à cette fin. Pierre était disposé et obéissant. Peut-être que l'élément essentiel qui a rendu Pierre prêt à mourir est le fait que Jésus lui-même avait donné l'exemple. Jésus avait montré qu'il y avait une grande récompense pour ses disciples. Voyez-vous, le leadership c'est donner des exemples. Quand un leader montre la voie personnellement, ses paroles deviennent plus puissantes. Voulez-vous qu'on respecte vos paroles ? Voulez-vous être un leader si puissant que les gens soient prêts à mourir pour votre cause ? Je suis sûr que oui ! Il est temps de donner l'exemple et de montrer la voie.

Chapitre 18

Contemplez, pensez, réfléchissez, et considérez ce que vous voyez autour de vous

J'ai considéré ensuite toutes les oppressions qui se commettent sous le soleil ; et voici, les opprimés sont dans les larmes, et personne qui les console ! Ils sont en butte à la violence de leurs oppresseurs, et personne qui les console ! Et j'ai trouvé les morts qui sont déjà morts plus heureux que les vivants qui sont encore vivants, et plus heureux que les uns et les autres celui qui n'a point encore existé et qui n'a pas vu les mauvaises actions qui se commettent sous le soleil. J'ai vu que tout travail et toute habileté dans le travail n'est que jalousie de l'homme à l'égard de son prochain. C'est encore là une vanité et la poursuite du vent. L'insensé se croise les mains, et mange sa propre chair. Mieux vaut une main pleine avec repos, que les deux mains pleines avec travail et poursuite du vent. J'ai considéré une autre vanité sous le soleil. Tel homme est seul et sans personne qui lui tienne de près, il n'a ni fils ni frère, et pourtant son travail n'a point de fin et ses yeux ne sont jamais rassasiés de richesses. Pour qui donc est-ce que je travaille, et que je prive mon âme de jouissances ? C'est encore là une vanité et une chose mauvaise.

Ecclésiaste 4:1-8

Lorsque j'ai appliqué mon cœur à connaître la sagesse et à considérer les choses qui se passent sur la terre, car les yeux de l'homme ne goûtent le sommeil ni jour ni nuit, j'ai vu toute l'œuvre de Dieu, j'ai vu que l'homme ne peut pas trouver ce qui se fait sous le soleil ; il a beau se fatiguer à chercher, il ne trouve pas ; et même si le sage veut connaître, il ne peut pas trouver.

Ecclésiaste 8:16-17

Oui, j'ai appliqué mon cœur à tout cela, j'ai fait de tout cela l'objet de mon examen, et j'ai vu que les justes et les sages, et leurs travaux, sont dans la main de Dieu, et l'amour aussi bien que la haine; les hommes ne savent rien : tout est devant eux.

Ecclésiaste 9:1

Le roi Salomon, leader politique de son temps, a écrit ces passages de l'Écriture. Vous remarquez l'expression « *j'ai considéré* ». Vous remarquez aussi l'expression « *J'ai appliqué mon cœur à connaître la sagesse* ». Vous considérez-vous comme un vrai leader ? Il est temps de commencer à réfléchir. Réfléchissez en profondeur.

Considérez les événements autour de vous. En les considérant, vous recevrez la sagesse. Cette sagesse vous aidera à être un meilleur leader. Demandez-vous pourquoi certains réussissent. Analysez pourquoi certains échouent.

Pensez à ce qui rend les autres victorieux. Un vrai leader réfléchit en profondeur. J'ai réfléchi à la raison pour laquelle certains sont devenus déloyaux. C'est ce qui m'a fait écrire mon livre « *Loyauté et déloyauté* ». En réfléchissant à de nombreuses questions, je reçois la révélation qui devient la base de mes enseignements.

Le vendeur de cerveaux

Je me souviens de l'histoire d'un homme qui se rendit dans un magasin pour acheter des cerveaux. Il y avait quatre types de cerveaux en vente. Le vendeur était disponible pour aider le client.

Le client dit : « Je voudrais acheter les meilleurs cerveaux que vous avez ».

Le vendeur montra au client ce qu'il avait en stock.

Il lui dit : « Voici les cerveaux d'une nation qui a inventé les avions, les fusées et les satellites ».

Il poursuivit : « Ceux-là sont d'une nation qui a inventé les téléviseurs, les vidéos, les téléphones, les radios et les chaînes stéréo ».

Il continua : « Cette troisième série de cerveaux vient d'une nation qui a développé les belles villes, les routes, les ponts, les trains, les aéroports, les tunnels, etc. ».

Il lui montra ensuite la quatrième série de cerveaux. Il poursuivit : « Cette dernière série de cerveaux est d'une nation qui n'a rien inventé ni rien construit pour elle-même. Cette nation emploie même des étrangers pour construire des routes et des toilettes. »

« Ah, je comprends », dit-il, « et ils coûtent combien ? »

Le vendeur répondit : « Les trois premiers cerveaux sont abordables, mais la quatrième série de cerveaux est très chère ».

« Pourquoi ça ? Pourquoi devraient-ils être si chers quand ils n'ont servi à rien accomplir ?

« Oh, c'est simple », répondit le vendeur, « ces cerveaux sont frais, inutilisés et pleins de potentiel. Parce qu'ils n'ont jamais été utilisés, ils renferment encore tout leur potentiel ».

Cette histoire malheureuse nous dit combien il est important de se servir du cerveau que Dieu nous a donné. Aussi spirituel que vous soyez, Dieu attend quand même de vous que vous utilisiez votre cerveau. Un grand leader est quelqu'un qui contemple, réfléchit, pense, et délibère sur des questions. Penser n'est pas une activité non-spirituelle. C'est un privilège donné par Dieu d'avoir le gros cerveau que nous avons. Saviez-vous que les êtres humains ont les cerveaux les plus gros et les plus développés de toute la création ? Pensez à la taille de la tête d'un oiseau. Comme leur cervelle doit être petite ! N'êtes-vous pas heureux que Dieu vous ait donné quelque chose de plus gros ? Tout grand leader se sert de ce don : son cerveau !

Un leader doit penser aux autres leaders d'une façon telle qu'il puisse apprendre quelque chose d'eux. Malheureusement, les gens restent près de leurs mentors et n'apprennent jamais beaucoup d'eux, parce qu'ils ne réfléchissent jamais assez en profondeur à la personne avec laquelle ils travaillent. S'ils pensaient un peu à lui, ils apprendraient beaucoup de précieuses leçons du Saint Esprit. Vous devez poser certaines questions ! Certaines choses doivent vous arriver !

Comment penser à votre mentor

1. Comment mon mentor peut-il être si oint ? Quels sont ses secrets ?

2. Comment mon mentor peut-il avoir assez d'argent pour faire son travail ? Quels sont ses secrets ?

3. Quels sont les points forts de mon mentor ?

4. Quelles sont les faiblesses de mon mentor ?

5. Comment mon mentor peut-il tant accomplir malgré ses faiblesses?

6. Qu'est-ce que mon mentor n'a pu réaliser et pourquoi ?

7. Quels sont les défis de mon mentor ? Quelles sont ses luttes dont il ne parle pas ?

8. Quel genre de mariage mon mentor a-t-il ? Quel genre de mariage n'a-t-il pas ?

9. Quel genre de relations a-t-il ? Avec qui échange-t-il ? Pourquoi échange-t-il avec ces gens ?

10. À quoi mon mentor pense-t-il et qu'il ne dit pas ? Qu'est-ce qu'il nous cache ? Qu'est-ce qu'il garde pour lui-même? Qu'est-ce qu'il ne partage pas et n'enseigne pas?

Chapitre 19

Aspirez à l'excellence

On peut trouver le principe de l'excellence partout dans les Écritures. Être excellent, c'est être le meilleur. Aspirer à l'excellence, c'est aspirer à la perfection. Être excellent veut dire posséder une qualité exceptionnelle ou supérieure. Être excellent, c'est être éminemment bon. Quelque chose d'excellent est en effet très bonne. Un bon leader doit aspirer aux plus hauts niveaux de qualité et de perfection dans tous les domaines.

Les sept fois ou nous sommes encouragés à être excellents et parfaits

1. Vous pouvez avoir un ministère qui est bon, mais pas parfait. Être parfait, c'est avoir atteint l'excellence dans votre bon ministère.

Toute grâce excellente et tout don parfait descendent d'en haut, du Père des lumières, chez lequel il n'y a ni changement ni ombre de variation.

Jacques 1:17

2. Vous devez aspirer à l'excellence, parce que Dieu désire des œuvres excellentes.

Sois vigilant, et affermis le reste qui est près de mourir, car je n'ai pas trouvé tes œuvres parfaites devant mon Dieu.

Révélation 3:2

3. Vous devez aspirer à l'excellence, pour que les aspects imparfaits de votre ministère disparaissent.

Mais quand ce qui est parfait sera venu, ce qui est partiel disparaîtra.

1 Corinthiens 13:10

4. Vous devez aspirer à l'excellence, parce que notre Père céleste est parfait.

> **Soyez donc parfaits, comme votre Père céleste est parfait.**
>
> **Matthieu 5:48**

5. Vous devez aspirer à l'excellence, parce que Dieu a dit à Son serviteur Abraham d'être parfait et excellent.

> **Lorsque Abram fut âgé de quatre-vingt-dix-neuf ans, L'ÉTERNEL apparut à Abram, et lui dit : Je suis le Dieu tout puissant. Marche devant ma face, et SOIS INTÈGRE.**
>
> **Genèse 17:1**

6. Vous devez aspirer à l'excellence, parce que cela vous amènera à une bonne fin.

> **Observe celui qui est intègre, et regarde celui qui est droit ; car il y a une postérité pour l'homme de paix.**
>
> **Psaume 37:37**

7. Vous devez aspirer à l'excellence, parce que la présence de Dieu demeure en vous quand vous êtes parfait.

> **Au reste, frères, soyez dans la joie, perfectionnez-vous, consolez-vous, ayez un même sentiment, vivez en paix ; et le Dieu d'amour et de paix sera avec vous.**
>
> **2 Corinthiens 13:11**

Être excellent, c'est atteindre le plus haut niveau de qualité et de perfection. Être excellent veut dire devenir une personne de distinction. Un vrai leader est quelqu'un qui veut se distinguer dans son domaine. Les bénédictions du Seigneur sont destinées à faire de vous la tête et non la queue.

> **L'Éternel fera de toi la tête et non la queue, tu seras toujours en haut et tu ne seras jamais en bas, lorsque tu obéiras aux commandements de l'Éternel, ton Dieu, que je te prescris aujourd'hui, lorsque tu les observeras et les mettras en pratique.**
>
> **Deutéronome 28:13**

Dieu avait des plans pour que son peuple atteigne les plus hauts niveaux d'excellence. C'est pourquoi il dit que vous seriez uniquement en haut. L'excellence n'est pas un accident. C'est une chose à laquelle vous devez aspirer. Si vous voulez travailler huit heures par jour, vous n'atteindrez probablement pas la distinction dans cette vie. Les gens qui se distinguent dans cette vie travaillent souvent plus de soixante heures par semaine. L'excellence exige beaucoup de travail. L'excellence dans le ministère, le gouvernement ou les affaires ne vient pas par osmose. Elle vient par la diligence.

Pour devenir excellent, vous devez imiter d'excellentes personnes. La vie est trop courte pour tout découvrir par vous-même. La vie est trop courte pour ne pas apprendre de vos pères et de vos anciens. L'excellence dans la pratique de la médecine a été atteinte en édifiant constamment sur ce que nos prédécesseurs avaient appris. C'est pourquoi aujourd'hui nous pouvons transplanter des cœurs. Si le chirurgien cardiologue avait passé son temps à découvrir dans quelle direction le sang coulait, il nous aurait ramené au dix-huitième siècle.

Soyez humble et dépendez des découvertes des autres. Dieu ne veut pas que vous soyez médiocre. Insistez sur les normes les plus élevées. Vous pouvez être un excellent homme d'affaires. Vous pouvez avoir une usine à haut rendement. Votre église peut être la meilleure de la ville. Décidez aujourd'hui d'être excellent. Lisez les livres que d'excellentes personnes ont écrits. Lisez des livres. Écoutez des cassettes. L'excellence s'offre à vous ! Vous pouvez atteindre le plus haut niveau de qualité et de perfection dans tous les domaines de votre vie.

Douze domaines d'excellence

1. Soyez excellent dans votre vie privée à la maison.
2. Soyez excellent dans votre vie publique.
3. Soyez excellent dans votre apparence.
4. Soyez excellent dans votre propreté, netteté, ordre et hygiène.

5. Soyez excellent dans l'architecture et la construction.
6. Soyez excellent dans votre langue, votre discours et votre prédication.
7. Soyez excellent dans votre temps.
8. Soyez excellent dans votre protocole.
9. Soyez excellent dans votre hospitalité.
10. Soyez excellent dans votre tenue.
11. Soyez excellent dans votre cuisine.
12. Soyez excellent dans vos performances sexuelles.

Chapitre 20

Ralliez les gens autour de vous

...Rezon, fils d'Éliada... Il avait rassemblé des gens auprès de lui, et il était chef de bande...

1 Rois 11:23-24

Cet homme Rezon devint leader en son temps. La Bible nous dit qu'il rassembla les gens auprès de lui. Tout vrai leader est capable de rallier une équipe de gens autour de lui. Jésus a réuni une équipe de douze personnes autour de lui. Il vécut avec eux et leur fut associé pendant trois ans et demi. Décidez d'être un point de rassemblement pour les gens. Vous devez gérer ce qui peut y avoir d'offensif dans votre personnalité et ce qui peut disperser les gens, si vous prenez le leadership au sérieux. Apprenez à parler sans offenser ni disperser les gens.

Vingt-deux étapes pour rallier les gens autour de vous

1. **Faites sentir aux gens que vous voulez vraiment les avoir autour de vous.**

2. **Appréciez les gens autour de vous.**

Réjouissez-vous avec les gens autour de vous de leurs petits succès et de leurs réussites. Leur joie augmentera quand ils sentiront que quelqu'un d'autre se réjouit avec eux.

3. **Admirez sincèrement les voitures, les maisons, les meubles et les vêtements des gens.**

Les voitures, les maisons et les vêtements représentent les choix et les réalisations des gens. Si vous admirez et respectez les choix et les réalisations des gens, vous les admirez personnellement ! Ils vont naturellement commencer à vous apprécier !

4. **Montrez aux gens que vous les respectez, peu importe qui ils sont ou ce qu'ils ont.**

Les gens vont commencer à vous apprécier une fois qu'ils sauront que vous les respectez. Dans ce monde, beaucoup de gens ne sont pas respectés. De manière générale, les noirs ne sont souvent pas respectés par les blancs. À mon avis, les Européens et les Américains ne respectent pas les pays du tiers monde. Certaines tribus sont aussi méprisées et haïes. Les gens cherchent quelqu'un qui les respecte sincèrement, peu importe d'où ils viennent, qui ils sont ou combien d'argent ils ont. Celui qui a cette capacité à respecter les gens, peu importe qui ils sont, ralliera les gens autour de lui.

5. **Soyez conscient de ceux qui ont des complexes d'infériorité et traitez-les avec attention.**

6. **Ne taquinez jamais quelqu'un qui n'aime pas être taquiné.**

Il y a des gens qui détestent être taquinés. Cela est souvent dû à un complexe qu'ils avaient dans leur enfance.

7. **Appelez les gens par leur nom dès que vous les avez rencontrés.**

Personne n'aime sentir qu'il est un simple numéro. Les gens vont commencer à vous apprécier quand ils se rendront compte que vous connaissez leur nom. Ils seront encore plus touchés si vous les appelez par leur petit nom.

8. **Manifestez de l'intérêt dans la vie personnelle des gens.**

Renseignez-vous sur leurs maisons, leurs emplois et leurs écoles. Les gens ont besoin de sentir que le leader s'intéresse sincèrement à leur vie.

9. **Manifestez de l'intérêt aux aspirations, visions et objectifs des gens.**

Quand vous ne vous intéressez qu'à *votre vision* et à votre objectif, les gens s'éloignent calmement de vous. Quand ils sentent que votre intérêt est de les faire réussir, ils se rallieront autour de vous.

10. Quand vous le pouvez, offrez à manger et à boire aux visiteurs.

Quand j'étais à l'université, j'ai visité beaucoup de gens sur le campus. Je me souviens toujours d'une dame en particulier qui s'appelait Adelaide Baiden. À chaque fois que nous allions dans sa chambre, elle nous offrait quelque chose à manger. Plusieurs fois, elle et sa colocataire ont partagé leur souper avec nous. Cela fit de sa chambre un point de ralliement naturel ! Si vous voulez être un point de ralliement naturel, apprenez à offrir à manger et à boire aux visiteurs quand vous le pouvez !

11. Écoutez les problèmes des gens.

Apprenez l'art d'écouter plutôt que de parler. Quand vous laissez les gens parler d'eux-mêmes, psychologiquement ils se sentent plus proches de vous. Cela les fait se rallier autour de vous.

12. Laissez la conversation se centrer sur les autres et ce qu'ils font, plutôt que sur vous et sur ce que vous êtes.

Il est vain d'avoir des conversations égocentriques. Si vos conversations sont toutes centrées sur vous-même, vos réalisations, votre vision, les gens vont bientôt se lasser de vous écouter et s'éloigneront.

13. Encouragez les gens.

Remarquez toujours quand quelqu'un a fait un effort pour réaliser quelque chose. Ils ont peut-être chanté une chanson ou ont une nouvelle coiffure. Même si vous n'avez pas aimé ça, appréciez l'effort qui a été fait. Il n'est pas nécessaire de dire que vous n'avez pas aimé ce qu'ils ont fait. Tout ce que vous devez faire est de remarquer l'effort et de l'apprécier.

14. Dites merci pour tout.

Il est préférable que les gens pensent que vous dites trop souvent merci, plutôt qu'ils pensent que vous êtes ingrat.

15. Souriez.

Les gens gravitent autour de ceux qui sourient et sont sympathiques. Nous savons que nous ne sommes pas parfaits, et nous n'avons donc pas besoin que quelqu'un de sévère et réprobateur nous rappelle nos défauts. Les gens ont besoin de quelqu'un qui les encourage et les accepte en dépit de leurs défauts.

16. Ne soyez pas partial.

L'une des premières choses que les gens remarquent chez les leaders est leur partialité. La Bible dit dans l'Épître de Jacques, au chapitre 3 verset 17, qu'il n'est pas sage d'être partial :

Mais la sagesse d'en haut est... sans partialité...

Même les petits enfants remarquent quand leurs parents sont partiaux envers un enfant. Personne ne veut suivre quelqu'un de partial et de partisan sans cause. Et si vous étiez mal vu de lui sans le savoir ? Il est difficile de vivre dans un pays où le chef d'état commence à vous détester à cause de rumeurs sans fondement. Il est difficile de travailler dans une organisation où le patron peut commencer à vous détester à cause d'un nouveau sentiment qu'il a.

17. Quand vous en avez l'occasion, faites un présent.

Un présent élargit la voie.

Les présents d'un homme lui élargissent la voie, et lui donnent accès auprès des grands.

Proverbes 18:16

Cela veut dire qu'un espace est créé pour vous dans le cœur de la personne. Vous serez accepté et la personne se ralliera à vous.

18. Pleurez avec ceux qui pleurent.

Les moments de tristesse sont ceux dont les gens se souviennent le plus dans leur vie. Si vous vous souvenez des gens dans cette période, ils ne vous oublieront jamais. J'ai eu des gens qui se sont joints à mon église simplement parce que j'étais à leurs côtés quand leurs parents sont morts.

19. Faites un peu plus pour aider quelqu'un.

À chaque fois que vous aidez quelqu'un dans le besoin, il se souvient de vous. Les gens voient quand vous faites l'effort supplémentaire et cela touchera leur cœur. Quand vous leur demandez qu'ils se rallient à vous pour une cause, ils seront là, parce qu'ils se souviennent comment vous les avez aidés. Je peux vous assurer de ceci : si vous ne semez pas une graine d'aide dans la vie de quelqu'un, personne ne vous aidera à l'avenir.

20. Soyez amical, saluez les gens d'une manière agréable.

Soyez facile à vivre, soyez sociable : serrez la main, serrez les gens dans vos bras, donnez leur une tape dans le dos, soyez affable et agréable. Être chaleureux attire les gens. Une personne froide et abrupte n'est pas un point de ralliement naturel.

21. Soyez concerné quand vous écoutez les problèmes des gens.

Quand vous écoutez les problèmes des gens, votre expression faciale doit montrer que vous êtes profondément concerné et intéressé. Essayez de noter les détails et montrez que vous suivez l'histoire.

22. Remarquez quand les gens sont absents.

Les gens sont offensés quand ils découvrent que vous n'avez même pas remarqué qu'ils étaient absents. Comment peuvent-ils avoir de l'importance pour vous si vous ne remarquez même pas leur absence ?

Ces vingt-deux étapes feront de vous un point de ralliement naturel et un leader naturel.

Chapitre 21

Choisissez ce qui est dur et difficile au lieu de ce qui est agréable et facile

Maintenant mon âme est troublée. Et que dirais-je ?... Père, délivre-moi de cette heure?... Mais c'est pour cela que je suis venu jusqu'à cette heure.

Jean 12:27

En choisissant ce qui est dur et difficile au lieu de ce qui est agréable et facile, vous ferez de vous-même un leader naturel. La plupart des gens choisissent ce qui est agréable et facile. C'est pourquoi la plupart des gens sont sur la voie large et facile qui mène à l'Enfer.

Si vous choisissez ce qui est dur et difficile, au lieu de ce qui est agréable et facile, vous avancerez très rapidement dans la vie. Un leader doit aller de l'avant pour pouvoir avoir une longueur d'avance. C'est seulement quand vous avez une longueur d'avance que vous êtes vraiment un leader.

Beaucoup de choses qui vous feront avancer dans la vie sont dures et difficiles à faire. Pourtant, telles sont les choses les plus importantes pour vous. La prière est l'une de ces choses. Étudier la Bible est l'une des choses importantes que vous devez faire. Le jeûne est une habitude importante que tout chrétien doit cultiver. Pourtant, ce sont des choses que nous n'aimons pas tous faire. Un vrai leader peut faire faire ces choses aux gens. J'amène souvent mes fidèles à jeûner et à prier. C'est difficile pour moi et c'est difficile pour eux. Et pourtant, nous le faisons ! Comment est-ce que je peux faire en sorte que des centaines de personnes jeûnent et prient pendant plusieurs heures exténuantes ? En le faisant moi-même et les laissant me voir le faire !

Sept choses dures et difficiles que vous devez faire pour rester à l'avant

1. **Avoir un temps de recueillement quotidien.**
2. **Lire la Bible chaque jour.**
3. **Prier pendant des heures chaque jour.**
4. **Jeûner régulièrement.**
5. **Apprendre des choses qui sont nouvelles pour vous.**

Dans le ministère, j'ai dû apprendre de nouvelles choses auxquelles je n'étais pas naturellement enclin. C'est d'accomplir certaines de ces choses difficiles qui m'ont fait avancer. Par exemple, embrasser le ministère de guérison était probablement l'une des choses les plus difficiles que j'ai jamais faites. C'était dur et difficile ! Mais je suis toujours reconnaissant d'avoir suivi ces étapes dures et difficiles. Le ministère de guérison m'a donné un niveau de visibilité que je n'aurais pas eu sans cela. Je vois mon ministère devenir de plus en plus comme celui du Christ, parce que j'ai pris cette étape dure et difficile. À chaque fois que je partage sur ce qui est dur et difficile, je me souviens toujours du ministère de guérison. Il n'est pas facile de prier pour les malades, même après l'avoir fait pendant des années.

6. **Éduquez-vous constamment en lisant des livres.**
7. **Obéissez à tout ce que Dieu vous dit de faire.**

Obéir à Dieu est l'une des clés les plus vitales pour aller de l'avant. Je ne peux pas expliquer la puissance qui est libérée quand vous obéissez à Dieu. Jésus Christ a atteint son but en obéissant à Dieu. C'était dur et difficile, mais il l'a fait ! Cela aurait été agréable et facile de rester au Ciel où était sa place. Jésus grimaça à l'idée d'obéir aux instructions de Dieu. Pourtant, il s'est apaisé. Remarquez les paroles de Jésus quand il réfléchit à la croix qui l'attendait.

Maintenant mon âme est troublée. Et que dirais-je ?... Père, délivre-moi de cette heure?... Mais c'est pour cela que je suis venu jusqu'à cette heure.

Jean 12:27

Jésus se prépara et était déterminé à aller jusqu'au bout.

Décidez d'être comme Jésus : choisissez ce qui est dur et difficile, plutôt que ce qui est agréable et facile, et vous vous trouverez dans une bonne place.

Chapitre 22

Soyez prêt à embrasser de nouvelles idées

Voici, je vais faire une chose nouvelle...
Ésaïe 43:19

Votre leadership sera handicapé si vous n'êtes pas prêt à embrasser de nouvelles idées. Le monde est en constante évolution. Les systèmes et approches anciens ne fonctionnent plus. Les ordinateurs ont remodelé la façon de faire les choses. Les saisons changent. Les besoins changent. Et les gens changent. C'est pourquoi Dieu introduit constamment des choses fraîches et nouvelles.

Je suis très ouvert à de nouvelles idées. Cela ne me dérange pas de changer des choses que j'ai faites d'une certaine façon pendant longtemps. Je trouve que Dieu est un Dieu de changement positif ! Dieu est un Dieu d'amélioration !

Je remarque que les gens se moquent de moi quand je suggère de nouvelles idées. J'ai observé avec étonnement que certains architectes, ingénieurs, techniciens, constructeurs, avocats, comptables et pasteurs résistent à de nouveaux concepts. Je remarque qu'ils se moquent dans leur coin et ricanent entre eux quand ils m'écoutent exposer une idée nouvelle. « On ne fait pas les choses comme ça ». « On n'a pas fait ça avant ! » « On n'est pas en Amérique ». « Si on avait ce qu'ils ont en Europe, on aurait pu le faire ». « Vous savez, ils ont beaucoup plus de matériel à l'étranger ». « Ce n'est pas possible au Ghana ». « Ce n'est pas réaliste ».

J'ai *entendu* ces déclarations et j'ai *saisi* ces messages même quand ils n'étaient pas exprimés.

Les Africains sont restés assis dans leur continent pendant que les Européens exploraient le monde et nous ont découverts. Pourquoi avons-nous attendu d'être découverts en Afrique ? Pourquoi n'avons-nous pas exploré de nouveaux horizons ? Pourquoi les Africains n'ont-ils pas exploré de nouveaux territoires et découvert les Européens ? L'ouverture à de nouvelles idées est un secret pour aller de l'avant en tant que leader. Il n'est pas étonnant que les Européens soient en avance dans presque tous les domaines de la vie (sauf spirituellement).

Dieu est un Dieu du changement. Il fait de nouvelles choses. Ouvrez-vous sincèrement aux nouvelles idées. Essayez une nouvelle méthode. Une nouvelle façon de faire peut être la clé pour vous pousser en avant de tout le monde dans votre domaine. Quand je pratiquais le ministère laïc, je ne le faisais pas parce que je voyais d'autres le faire. Je l'ai fait parce qu'il fallait faire, même si c'était nouveau.

Je suis mon Père céleste qui est un Dieu des nouvelles choses. Soyez comme votre Père céleste. Il n'y a pas de meilleur mentor.

Cinq exemples de nouvelles choses que Dieu fait

1. **Dieu se lance dans de nouveaux projets, de nouveaux desseins, de nouvelles idées, de nouveaux plans.**

   Voici, je vais faire une chose nouvelle, sur le point d'arriver : ne la connaîtrez-vous pas ? Je mettrai un chemin dans le désert, et des fleuves dans la solitude.

   Ésaïe 43:19

2. **Dieu donne de nouvelles langues aux gens.**

   Voici les miracles qui accompagneront ceux qui auront cru : en mon nom, ils chasseront les démons ; ils parleront de nouvelles langues.

   Marc 16:17

3. **Dieu donne des instructions toutes nouvelles à ses serviteurs.**

   Toute instruction a une date d'expiration.

Je vous donne un commandement nouveau : aimez-vous les uns les autres ; comme je vous ai aimés, vous aussi, aimez-vous les uns les autres.

Jean 13:34

4. **Dieu nous transforme en personnes toutes nouvelles qui n'ont jamais existé avant.**

Si quelqu'un est en Christ, il est une nouvelle créature. Les choses anciennes sont passées ; voici, toutes choses sont devenues nouvelles.

2 Corinthiens 5:17

5. **Dieu conclut de nouveaux accords et Il lance de nouveaux appels à servir.**

Si vous êtes ouvert, vous entendrez sa voix.

En disant : une alliance nouvelle, il a déclaré la première ancienne ; or, ce qui est ancien, ce qui a vieilli, est près de disparaître.

Hébreux 8:13

Chapitre 23

Accordez de la valeur aux gens

Toute personne a une valeur. Il est important pour un leader de reconnaître la valeur d'une seule personne. Quand vous reconnaitrez les gens et connaitrez leur valeur réelle, vous deviendrez un grand leader. Les gens de valeur ne sont parfois pas reconnus, parce qu'ils sont sans prétention. Dieu envoie souvent ces gens précieux dans nos vies sous un déguisement.

Trois personnes dont la valeur fut révélée

1. **Ruth valait mieux que sept fils.**

   Cet enfant restaurera ton âme, et sera le soutien de ta vieillesse ; car ta belle-fille, qui t'aime, l'a enfanté, elle qui vaut mieux pour toi que sept fils.

   Ruth 4:15

2. **Elkanah valait mieux que dix fils.**

   Elkana, son mari, lui disait : Anne, pourquoi pleures-tu, et ne manges-tu pas ? Pourquoi ton cœur est-il attristé ? Est-ce que je ne vaux pas pour toi mieux que dix fils ?

   1 Samuel 1:8

3. **David valait mieux que dix mille Israélites ordinaires.**

   Mais le peuple dit : Tu ne sortiras point ! Car si nous prenons la fuite, ce n'est pas sur nous que l'attention se portera ; et quand la moitié d'entre nous succomberait, on n'y ferait pas attention ; mais toi, tu es comme dix mille de nous, et maintenant il vaut mieux que de la ville tu puisses venir à notre secours.

   2 Samuel 18:3

Les gens sont attirés dans des lieux où ils sont valorisés. De nombreuses organisations sous-estiment les gens qui sont avec elles. Toute personne qui se sent sous-estimée s'éloigne. Tout pays développé valorise ses citoyens. Ce que vous respectez viendra vers vous. Ce que vous attaquez s'enfuira loin de vous. Les gens sont la chose la plus précieuse qu'un leader ait. Une nation qui attaque ses leaders sera privée de leaders. Une nation qui attaque ses riches sera pauvre. Tous les riches vont fuir vers des pays plus accueillants où la richesse n'est pas un risque.

Pourquoi vous devez accorder de la valeur aux gens

1. Parce que les gens ont plus de valeur que l'argent.

Investissez dans les gens d'un point de vue financier et de l'éducation. Payez les gens correctement et consacrez du temps à les éduquer et à les former.

2. Parce que les gens ont plus de valeur que les bâtiments.

Considérez-les comme des dons de Dieu.

3. Parce que les gens ont plus de valeur que les ordinateurs.

Essayez de ne pas perdre les gens que Dieu vous donne. Faites tout votre possible pour éviter la perte d'une seule personne. Les gens peuvent sentir quand vous les valorisez.

Lorsque j'étais avec eux dans le monde, je les gardais en ton nom. J'ai gardé ceux que tu m'as donnés, et aucun d'eux ne s'est perdu, sinon le fils de perdition, afin que l'Écriture fût accomplie.

Jean 17:12

4. Parce que les gens ont plus de valeur que les voitures.

Considérez les gens comme ayant plus de valeur pour vous que des objets et des projets. Jésus considérait Ses disciples comme des dons de Dieu.

J'ai fait connaître ton nom aux hommes que tu m'as donnés du milieu du monde. Ils étaient à toi, et tu me les as donnés ; et ils ont gardé ta parole.

Jean 17:6

La nation qui n'accorde pas de la valeur à ses citoyens

Je connais un pays qui ne valorise pas ses médecins, et c'est pourquoi la plupart d'entre eux ont quitté ce pays. Je connais un pays qui ne valorise pas ses infirmières, et c'est pourquoi beaucoup d'entre elles sont parties, et continuent de partir pour chercher des pâturages plus verts ailleurs. Je connais un pays qui ne valorise pas ses leaders, et c'est pourquoi presque chacun de ses anciens présidents est mort. Je connais un pays qui ne valorise pas ses églises, et c'est pourquoi le gouvernement peut attaquer l'église.

Si un pays accorde plus de valeur aux athlètes et aux reines de beauté qu'aux professionnels et à ceux qui édifient la nation, pensez-vous que ces professionnels et ceux qui édifient la nation seront attirés par la nation ?

L'Église qui accorde de la valeur à ses membres

Si vous êtes un leader d'église, vous devez accorder de la valeur aux différents types de personnes qui font partie de votre congrégation. Si vous leur accordez de la valeur, alors vous en attirerez plus de leur genre, et votre église va croître. Le leadership est l'art de accorder de la valeur aux gens qui vous sont donnés. Soyez comme Jésus et considérez vos fidèles comme des dons venus d'en-haut.

Chapitre 24

Si vous ne pouvez pas lire, vous ne pouvez pas diriger

Sept raisons pour lesquelles un leader aime les livres

1. **Il sait que l'information contenue dans un livre peut faire une différence dans l'œuvre de sa vie.**

C'est pourquoi un leader est prêt à payer n'importe quoi pour un livre. Martin Luther a été transformé en ministre mondialement connu en lisant les Épîtres aux Éphésiens et aux Romains. Martin Luther déclencha la plus grande révolution que l'église ait jamais connue et il transforma le monde entier. Cette grande révolution et réforme se produisit non pas en raison d'une vision que Martin Luther ait eue. Elle arriva parce que Martin Luther se mit à lire la Bible. Il avait la Bible, mais il ne la lisait pas. Ceux qui méprisent l'art de la lecture méprisent leur propre vie et leur ministère. Ceux qui ne respectent que les visions et les rêves ne comprennent pas comment Dieu œuvre. L'histoire a prouvé la puissance des livres et la puissance de la lecture !

De prêtre inconnu, Martin Luther est devenu l'un des noms les plus connus de la chrétienté : tout cela par la puissance des livres et celle de la lecture.

2. **Lire un livre vous met en contact direct avec son auteur.**

Les auteurs sont généralement de grands hommes qui ont beaucoup à partager. Un leader sait qu'il n'aura peut-être pas l'occasion de rencontrer certaines personnes, alors il se sert des livres qu'elles ont écrits.

3. **Un leader sait que les auteurs sont des travailleurs et des chercheurs pour lui.**

4. Un leader sait que de nombreuses années d'expérience peuvent être transmises par un livre.
5. Un leader sait qu'un livre est un enseignant patient.
6. Un leader sait qu'il peut recevoir une onction par un livre.
7. **Les plus grands leaders de tous les temps étaient des lecteurs.**

Paul et Daniel ont sont des exemples bibliques. Daniel le prophète était un leader et un lecteur avide. Daniel lisait les livres de Jérémie.

> **La première année de son règne, moi, Daniel, je vis par les livres qu'il devait s'écouler soixante-dix ans pour les ruines de Jérusalem, d'après le nombre des années dont l'Éternel avait parlé à Jérémie, le prophète.**
>
> **Daniel 9:2**

Paul était un lecteur avide digne d'être imité. Paul envoya chercher ses livres et ses parchemins. Ils lui étaient apparemment très importants.

> **Quand tu viendras, apporte le manteau que j'ai laissé à Troas chez Carpus, et les livres, surtout les parchemins.**
>
> **2 Timothée 4:13**

Lire est l'une des habitudes les plus essentielles de tout leader. S'il vous plaît, si vous ne lisez pas, n'essayez pas de diriger quelqu'un. La lecture est essentielle au leadership.

Dix raisons pour lesquelles tout leader doit lire

1. **Lisez pour la croissance intellectuelle.**

Vous développerez beaucoup votre esprit en lisant. Beaucoup d'esprits ont besoin d'un plus grand développement.

2. Lisez pour la croissance spirituelle.

En lisant, vous découvrirez que votre esprit est grandement affecté par la Parole écrite de Dieu. Vous devez être en communion avec d'autres grands leaders à travers leurs livres.

3. Lisez pour développer un style de prédication et d'enseignement.

Vous glanerez assurément des conseils quand vous lirez les messages de grands hommes.

4. Lisez pour améliorer votre langue.

Que vous parliez anglais ou français, la lecture améliore toujours votre langue. La meilleure façon d'apprendre l'anglais est de lire des livres en anglais. Si vous voulez améliorer votre vocabulaire, s'il vous plaît commencez à lire tout de suite !

5. Lisez pour fréquenter de grands esprits et de grands hommes.

La lecture est une forme d'interaction privée entre vous et une autre personne. Vous pouvez recevoir une onction en lisant un livre.

6. Lisez pour apprendre à écrire.

Vous écrirez peut-être un livre un jour. Vous aurez des lettres à écrire aux gens. Apprenez à écrire en lisant.

7. Lisez pour acquérir de nouvelles informations.

La plupart des gens pensent que l'acquisition de nouvelles informations est la seule raison de lire un livre. Mais ce n'est qu'une des nombreuses raisons pour lesquelles vous devriez lire. L'ignorance est l'un des plus grands ennemis de l'humanité. Si vous ne lisez pas, vous êtes la propre cause de votre ignorance et elle est inexcusable.

8. Lisez pour développer vos capacités de leadership.

Celui qui dépense plus d'argent dans les livres que dans la nourriture et les vêtements est destiné au leadership.

9. Lisez, parce que celui qui ne lit pas n'est pas meilleur que celui qui ne sait pas lire.

10. Lisez afin que vous soyez parmi les vingt pour cent de personnes au sommet de la société.

Savez-vous que les vingt pour cent de personnes au sommet de la société achètent tous les livres ? Rejoignez aujourd'hui les vingt pour cent de personnes au sommet de la société, et soyez un gagnant et un leader.

Daniel Webster (1782-1852), homme d'état célèbre et avocat éminent, a dit un jour :

« *Si les livres religieux ne sont pas largement diffusés parmi la population de ce pays, et si les gens ne deviennent pas religieux, je ne sais pas ce que nous allons devenir en tant que nation. Et cette pensée doit provoquer une profonde réflexion chez tout patriote et tout chrétien. Si on ne diffuse pas la vérité, c'est l'erreur qui se répandra ; si Dieu et Sa Parole ne sont pas connus et reçus, le diable et ses œuvres prendront l'ascendant ; si le livre des évangiles n'atteint pas tous les hameaux, ce sont les pages de la littérature corrompue et licencieuse qui les atteindront* ».

Chapitre 25

Voyez loin ! Préparez-vous pour l'avenir !

L'homme prudent voit le mal et se cache, mais les simples avancent et sont punis.
                                    Proverbes 22:3

Un leader est quelqu'un qui voit loin. Un leader est quelqu'un qui a l'avenir à l'esprit. Le leader peut voir le mal à venir. Le leader peut voir la croissance et l'expansion à venir.

Trois choses qu'un leader devrait voir venir

1. **Voir venir les maux**

   Des maux viendront, que vous le vouliez ou non. Jésus a promis que les scandales viendraient.

   Malheur au monde à cause des scandales ! Car il est nécessaire qu'il arrive des scandales ; mais malheur à l'homme par qui le scandale arrive !
                                    Matthieu 18:7

   La trahison viendra avec les années. Les tentations viendront. Les attaques sataniques viendront. Sachez que les bons moments et les mauvais moments viendront certainement. Les vœux de mariage disent : « Pour le meilleur et pour le pire, dans la prospérité et dans l'adversité ». Un vrai leader peut presque prédire comment les choses vont tourner. Demandez à Dieu la sagesse de voir loin. Grâce à la sagesse, vous pouvez prédire l'avenir.

2. **Voir venir la croissance**

   Et moi, je te dis que tu es Pierre, et que sur cette pierre je bâtirai mon Église, et que les portes du séjour des morts ne prévaudront point contre elle.
                                    Matthieu 16:18

Un vrai leader sait que la population va croître. Cela veut dire que des âmes potentielles vont augmenter. Cela veut dire aussi que nous allons avoir besoin de bâtiments et d'installations plus grandes. Nous aurons aussi besoin de plus de travailleurs. Construisez en ayant l'avenir à l'esprit. Formez les gens en ayant l'avenir à l'esprit. Jésus avait prédit que son Église grandirait. Il pouvait le voir venir !

Le premier président du Ghana avait une vision pour de nombreuses années à venir et a construit un énorme barrage hydroélectrique pour la nation. Ce barrage produisit de l'électricité dépassant largement les besoins du petit Ghana. Il voyait loin. Ouvrez les yeux et voyez loin. Sachez que les choses s'amélioreront avec les années.

3. Voir venir les changements

Voyez que vous allez grandir et vous ne pourrez plus faire ce que vous faisiez.

Mais souviens-toi de ton Créateur pendant les jours de ta jeunesse, avant que les jours mauvais arrivent et que les années s'approchent où tu diras : je n'y prends point de plaisir.

Ecclésiaste 12:1

Le Seigneur m'a ordonné d'implanter des églises dans différentes parties de ma ville pour des années à venir. Je me suis rendu compte que la ville était en expansion. Cela pourrait prendre plus de deux heures aux gens pour se déplacer d'un bout de la ville à l'autre. J'ai senti que beaucoup de gens qui vivaient loin arrêteraient bientôt de venir à l'église. J'ai donc commencé ce que j'appelle les *Églises métropolitaines*. Ce fut l'une des initiatives les plus stratégiques que j'ai jamais faites. J'ai gardé beaucoup de personnes que Dieu m'avait données en établissant presque une centaine d'églises dans la ville.

Les hommes d'affaires ont besoin de voir loin. Certains d'entre vous sont engagés dans des affaires qui ne seront bientôt plus rentables. J'ai souvent conseillé aux hommes d'affaires de se diversifier, parce que je pouvais voir venir un changement qui rendrait leur secteur d'activité actuel obsolète. J'ai vu des gens posséder de grandes entreprises qui se sont détériorées jusqu'à complètement disparaitre. Un leader est quelqu'un qui voit loin.

Chapitre 26

Apprenez toujours de nouvelles choses

> Mieux vaut un enfant pauvre et sage qu'un roi vieux et insensé QUI NE SAIT PLUS ÉCOUTER LES AVIS ; car il peut sortir de prison pour régner, et même être né pauvre dans son royaume.
>
> Ecclésiaste 4:13-14

C'est une chose terrible quand quelqu'un ne veut plus apprendre de nouvelles choses. Celui qui vit sous le leadership de quelqu'un qui n'apprend pas de nouvelles choses sera pauvre. La Bible met clairement en garde contre le danger de ne pas apprendre de nouvelles choses. L'effet de ne pas apprendre de nouvelles choses est d'infliger la pauvreté généralisée sur tous vos fidèles.

Partout dans le monde, la richesse est venue aux gens qui ont appris quelque chose de nouveau et l'ont mis en œuvre. Ces nouvelles choses s'appellent des innovations. Les innovations sont la source de la richesse de notre monde d'aujourd'hui. De nouvelles inventions comme les ordinateurs, les voitures modernes, les gadgets modernes, les téléphones portables, les iPads, les ordinateurs portables, etc. ont attiré les plus grands afflux de richesses jamais connus de l'humanité. Apprendre de nouvelles choses est une caractéristique essentielle d'un bon leader.

Quatre signes que vous n'apprenez pas de nouvelles choses

1. Quand vous n'apprenez *pas* de nouvelles choses, vous n'avez pas de nouvelles idées à mettre en œuvre dans **votre ministère,** votre entreprise ou votre vie. De nombreux gouvernements manquent de nouvelles idées, et ils continuent

sans cesse à faire les mêmes choses. Il n'est pas étonnant que les nations soumises à de tels leaders soient pauvres. J'ai constamment une nouvelle idée à mettre en œuvre.

2. **Quand vous n'apprenez *pas* de nouvelles choses, vous ne lisez pas beaucoup.** Méfiez-vous de ceux qui ne lisent pas beaucoup ! Dans cet état pitoyable, vous n'absorbez aucun nouveau livre ni nouveau matériel.

3. **Quand vous n'apprenez *pas* de nouvelles choses, vous n'êtes pas sous la pression d'étudier, de vous exercer et de vous entrainer.** Si vous êtes un chanteur qui doit apprendre une nouvelle chanson, vous serez sous la pression d'apprendre les paroles, de répéter et de vous entrainer pour votre nouvelle chanson ! Quand j'ai suivi la piste de l'évangélisation, je me suis trouvé sous la pression d'apprendre à prêcher des sermons d'évangélisation. Je me suis trouvé sous la pression de servir par des miracles, des signes et des prodiges. Cette nouvelle pression m'a révélé que j'étais dans un état d'apprentissage. J'apprenais quelque chose de nouveau pour le ministère.

4. **Quand vous n'apprenez *pas* de nouvelles choses, personne ne vous critique.**

La critique est un signe que vous escaladez une nouvelle montagne. Le manque de critique est en fait un mauvais signe. Les moqueurs et les railleurs se rassemblent autour de ceux qui font quelque chose de nouveau pour voir si cela va marcher. Quand vous apprendrez de nouvelles choses, vous sentirez la présence de ceux qui vous observent, vous guettent et attendent avec impatience.

Comment puis-je cesser d'apprendre de nouvelles choses ? Si ce que vous savez maintenant est tout ce que vous saurez à jamais, alors je vous plains. Un vrai leader est un vrai apprenti. J'apprends tellement de nouvelles choses chaque année que j'en suis étonné. C'est pourquoi la Bible enseigne qu'il n'y a pas de limites à la fabrication de nombreux livres. Beaucoup de gens pensent qu'ils savent tout. C'est malheureux ! Aucun vrai leader ne pense comme cela. J'écoute parfois des pasteurs critiquer d'autres ministres et je suis stupéfait. J'écoute juste en silence, avec stupéfaction. Ceux qu'ils critiquaient étaient des gens de qui j'ai appris de grandes vérités. Pas étonnant que les gens ne soient pas promus. Je me suis rendu compte que je peux apprendre des gens de ma propre ville. Je peux apprendre des leaders spirituels ainsi que des leaders laïcs.

Vous considérez-vous un leader ? Alors décidez de ne jamais cesser d'apprendre. Je veux vous faire comprendre que l'apprentissage ne se fait pas seulement par la lecture des livres. Vous pouvez beaucoup apprendre de ce qui vous entoure. Vous pouvez beaucoup apprendre des gens que vous voyez tous les jours. Vous pouvez beaucoup apprendre de certains collègues ministres. Vous pouvez beaucoup apprendre de compagnies et entreprises concurrentes. Ne cessez jamais d'apprendre de nouvelles choses !

Chapitre 27

Connaissez vos forces et suivez leur flot !

Toi donc, mon enfant, fortifie-toi dans la grâce qui est en Jésus Christ.

2 Timothée 2:1

Dieu vous a demandé de vous fortifier dans la grâce qu'il vous a donnée. Quelle que soit la grâce qu'Il vous ait donnée, suivez son flot. L'apôtre Paul a dit que nous devrions nous fortifier dans la grâce que Dieu nous a donnée. Il existe quatre tempéraments bien connus : colérique, sanguin, flegmatique et mélancolique. Ces tempéraments révèlent les forces et les faiblesses naturelles de nos vies. Tout le monde devrait connaître son tempérament et apprendre à se comprendre. Connaitre votre tempérament vous aidera à connaître vos forces et vous aidera aussi à suivre leur flot. Connaissez votre tempérament et suivez le flot de la grâce qui vous a été donnée !

Quatre forces données à l'homme

1. Les forces d'un flegmatique. Si vous êtes « flegmatique », une grâce vous a été donnée pour faire la même chose à plusieurs reprises. Vous avez une force naturelle pour être lent, ferme, répétitif et impassible. Vous avez une grâce pour persévérer dans un environnement immuable et pour effectuer des tâches monotones. Suivez son flot !

   Par conséquent, soyez un bon professeur ! Soyez un bon pasteur ! Soyez un bon directeur d'école ! Soyez un bon travailleur avec les ordinateurs et restez fidèlement derrière votre écran. C'est une grâce que Dieu vous a donnée. N'acceptez pas d'emplois où vous seriez chef de projet.

2. Les forces d'un mélancolique. Un mélancolique a reçu la grâce et la force de s'intéresser aux détails. Votre œil remarque

naturellement des choses désordonnées et confuses. Si vous êtes mélancolique, une grâce vous est donnée par Dieu pour être talentueux, fidèle et réfléchir en profondeur. Allez-y et suivez le flot de vos forces et du don que Dieu vous a fait.

3. Les forces d'un colérique. Si vous êtes colérique, vous devez reconnaître la grâce et la force d'avoir une personnalité dynamique, de finir les projets et d'être un gestionnaire naturel. Suivez votre force de leadership et prenez des décisions qui feront avancer tout le monde.

4. Les forces d'un sanguin ! Si vous êtes sanguin, la grâce vous a été donnée d'être gai, heureux et agréable à tout moment et en toutes circonstances. Ne méprisez pas cette grande force. Suivez le flot de vos forces et ne laissez personne vous décourager. Vous êtes la vie du groupe et votre absence jettera une ombre sur toute l'équipe. Votre absence sera ressentie plus que celle de n'importe qui d'autre.

Personne n'a été créé pour être un touche-à-tout. J'ai essayé presque tous les domaines de ministère. Je me rends compte que je peux réussir dans de nombreux domaines. Je joue assez bien des instruments de musique. Je pense que je ne suis pas un mauvais chanteur. Je suis bon dans la direction de la louange. Je suis absolument ravi par l'évangélisation. La prophétie et le ministère prophétique m'intriguent. Je suis pasteur d'églises et je forme des leaders. J'ai fondé beaucoup de choses dans ma courte vie. Mais parmi tout cela, quel est mon véritable appel ? J'ai récemment demandé au Seigneur : « Que veux-tu que je fasse ? » Le Seigneur m'a clairement montré que je suis appelé à la charge de professeur.

Il y a beaucoup de choses que j'aime faire, mais j'ai l'intention de rester dans ce que Dieu m'a appelé à faire. Un vrai leader sait où réside sa force. Un leader peut faire beaucoup de bonnes choses. *Quand vous découvrirez vos forces, suivez leur flot et devenez un grand leader.*

Beaucoup de gens vivent et meurent sans développer leurs forces dans le ministère. Ne devenez pas pasteur parce que tout le monde est pasteur d'une église. Ne devenez pas prophète parce que c'est la dernière mode en ville.

J'ai commencé mon ministère comme laïc. La plupart de mes travailleurs sont laïcs. L'une de mes forces est le ministère laïc. Si j'avais suivi ce que tout le monde faisait, j'aurais détruit mon ministère spécial. Vous pouvez être influencé par de nombreuses personnes, mais assurez-vous de faire ce que Dieu vous a appelé à faire.

Restez dans le domaine qui vous rend unique. Développez-le et fortifiez-vous. Je sais que beaucoup d'hommes d'affaires passent d'une chose à une autre sans développer leurs forces. Une fois qu'ils ont découvert les pièges et les lacunes dans un domaine d'affaires, ils passent à un autre. Ils pensent que le business suivant va donner des rendements rapides. *Une solution rapide, ça n'existe pas.*

La plupart de ceux qui deviennent millionnaires sont des gens qui ont décidé tôt dans leur vie ce qu'ils allaient faire et ont persévéré. *Les gens qui réussissent sont souvent des gens qui ont fait la même chose pendant longtemps.* Passer de pays à pays ne va pas vous aider à prospérer. Décidez où vous voulez vivre et restez-y jusqu'à ce que vous deveniez fort !

L'apôtre Paul a combattu le bon combat et a couru sa course. Il est temps que vous courriez votre course.

J'ai combattu le bon combat, j'ai achevé la course, j'ai gardé la foi...
                                       2 Timothée 4:7

Oubliez la course de quelqu'un d'autre. Qu'est-ce que Dieu a en réserve pour vous ? Quelle est votre course ? Est-ce la course des affaires ? Alors ne vous égarez pas dans la politique ! Quelle est votre course ? Est-ce la course du ministère ? Alors ne vous égarez pas dans la politique ! De nombreux ministres raccourcissent leur vie en faisant des choses qu'ils ne sont pas censés faire. Êtes-vous leader ? Alors maintenez le cap et tout le monde verra le don de Dieu sur votre vie. Vous deviendrez un leader respecté.

Chapitre 28

Préparez-vous à un long combat !

LA GUERRE QUE SOUTINT JOSUÉ contre tous ces rois fut de longue durée. Il n'y eut aucune ville qui fit la paix avec les enfants d'Israël, excepté Gabaon, habitée par les Héviens ; ils les prirent toutes en combattant. Car l'Éternel permit que ces peuples s'obstinassent à faire la guerre contre Israël, afin qu'Israël les dévouât par interdit, sans qu'il y eût pour eux de miséricorde, et qu'il les détruisît, comme l'Éternel l'avait ordonné à Moïse.

Josué 11:18-20

Josué dut mener une longue guerre. Beaucoup de guerres dans l'histoire humaine ont duré des années. Le leadership est aussi un long combat. Paul a dit qu'il avait combattu le bon combat. Toute sa vie fut pleine de combats. Je me souviens d'une conversation que j'ai eue avec un pasteur. Il me dit ce que sa femme lui avait demandé la veille.

Je lui demandai : « Qu'est-ce qu'elle a dit ? »

Il dit que sa femme lui avait demandé : « Et toi, quand est-ce que tu auras la paix ? »

Sa femme se demandait quand le combat serait fini !

Cher ami chrétien, si vous vous considérez être un leader, préparez-vous à un long combat ! Si vous ne vous battez pas contre le diable, vous vous battrez contre des démons. Si vous ne vous battez pas contre les démons, de nombreux non-croyants vous combattront. Si vous ne vous battez pas contre les non-croyants, vous vous battrez contre des chrétiens qui vous haïssent.

Vous appelez-vous leader ? Préparez-vous à un long combat ! C'est un bon combat. Le combat pour les couronnes éternelles et le combat pour L'entendre dire : « C'est bien, bon et fidèle serviteur ».

J'ai combattu le bon combat, j'ai achevé la course, j'ai gardé la foi.

2 Timothée 4:7

Quatre choses qui exigent un long combat

1. Édifier une grande église exige un long combat. Il faut toute une vie pour édifier une grande église. Ceux qui entrent dans le ministère et pensent qu'ils l'achèveront en deux ans se trompent !

2. Marcher dans l'amour exige un long combat. Marcher dans l'amour exige la pratique de l'amour chrétien mûr et du pardon. Cela exige d'être en paix, rempli de joie, de douceur, de patience et de gentillesse. Personne n'accomplit ces choses en lisant la Lettre aux Galates une seule fois. Entendre un sermon sur les fruits de l'Esprit ne vous fait pas marcher dans l'amour. Vous devrez vous battre toute votre vie pour pouvoir vraiment marcher dans l'amour et le pardon.

3. Marcher dans la sainteté exige un long combat. Marcher dans la sainteté exige aussi le combat contre la chair et s'éloigner de la convoitise et des impuretés de la chair. Personne ne peut dire qu'il a vraiment conquis la chair. Même à l'âge de soixante-dix ans, les hommes et les femmes luttent pour marcher dans la vraie sainteté.

4. Devenir une personne ointe exige un long combat. Tous ceux qui ont reçu l'onction ont suivi leur maître pendant plusieurs années. Certains ont dû servir l'homme oint dix ou vingt ans.

Ne pensez pas que vous pouvez rapidement recevoir l'onction en recevant l'imposition des mains une seule fois. Certaines choses prennent beaucoup de temps. Recevoir l'onction est l'une des choses qui prennent beaucoup de temps. Cela prend beaucoup de temps pour recevoir l'onction, parce que votre vaisseau doit s'adapter pour pouvoir recevoir l'onction.

Chapitre 29

Frugalité ! Comptez vos sous !

Lorsqu'ils furent rassasiés, il dit à ses disciples : ramassez les morceaux qui restent, afin que rien ne se perde.

Jean 6:12

Quelqu'un de frugal est quelqu'un qui compte ses sous. Tout leader aura besoin de beaucoup d'argent pour l'aider à accomplir sa vision. Comment va-t-il faire pour avoir cet argent ? En étant frugal ! Il y a quelques années, j'ai écrit un livre sur la frugalité. Je l'avais enseigné dans mon église. Je pense que c'est une clé qui m'a beaucoup aidé dans le ministère.

J'ai lu récemment un livre sur les millionnaires en Amérique. J'ai été surpris de découvrir qu'une étude sur les millionnaires a montré que la caractéristique la plus commune des riches était la frugalité. J'ai lu ce livre il y a longtemps après avoir enseigné et écrit sur la frugalité. Voyez-vous, les principes sont les mêmes. Quelqu'un de frugal est quelqu'un qui compte ses sous.

Il n'y a pas de quantité illimitée d'argent en réserve sur un compte quelque part. Beaucoup de riches sont à court d'argent. Très peu de gens ont de l'argent à dépenser. Il y a des années, quand notre église a commencé un projet de construction, nous avons demandé à un multimillionnaire une aide financière. Quelqu'un a même offert un immeuble en garantie d'un prêt. Mais le millionnaire n'a pas été touché par notre demande. Il n'a même pas été touché par l'offre de l'immeuble comme garantie. Personne ne nous a aidés. L'Esprit de Dieu m'a parlé et m'a dit : « Tu vas accomplir cette vision si tu comptes tes sous ».

Fidèle à Sa parole, nous avons compté nos sous et nous avons accompli la vision.

Ni une personne qui gaspille ni une personne extravagante ne peuvent accomplir beaucoup. Vous souciez-vous d'impressionner les gens ? Alors vous n'êtes pas un bon leader. Vous souciez-vous de parader avec des choses chères ? Alors vous n'êtes pas un leader. Un leader sait que pour parvenir à son but, il va devoir compter ses sous.

Pourquoi Jésus a-t-il demandé à ses disciples de recueillir les miettes ? Voulait-il humilier les disciples ? Voulait-il protéger l'environnement ? Non, il a dit très clairement qu'il voulait empêcher les pertes. « Lorsqu'ils furent rassasiés, il dit à ses disciples : ramassez les morceaux qui restent, afin que rien ne se perde » (Jean 6:12).

La meilleure façon de devenir riche est de minimiser vos pertes. Si vous êtes le leader d'une entreprise, votre devoir est de minimiser vos pertes et d'empêcher les vols. Si vous pouvez faire ces deux choses, votre entreprise prospérera naturellement. Si vous êtes un leader politique, visez à réduire la corruption. Si on pouvait récupérer l'argent volé des pays du tiers monde, on n'aurait plus besoin de prêts du FMI ou de la Banque mondiale !

Sept choses que vous pouvez accomplir par la frugalité

1. Par la frugalité, vous pouvez accomplir votre appel.

2. Par la frugalité, vous pouvez réaliser la plupart de la vision de votre vie.

3. Par la frugalité, vous pouvez construire le bâtiment de votre propre église.

4. Par la frugalité, vous pouvez vous lancer dans de nombreux projets pour votre ministère.

5. Par la frugalité, vous pouvez construire votre propre maison.

6. Par la frugalité, vous pouvez éviter une hypothèque.

7. Par la frugalité, vous pouvez éviter d'avoir jamais à emprunter de l'argent.

Chapitre 30

Dites la vérité

Vous connaîtrez la vérité, et la vérité vous affranchira.

Jean 8:32

Six raisons pour lesquelles vous devriez dire la vérité

1. Vous devez dire la vérité pour être libre d'illusions.
2. Vous devez dire la vérité pour savoir où vous êtes.
3. Vous devez dire la vérité pour savoir où vous n'êtes pas.
4. Vous devez dire la vérité pour savoir où vous pourriez être.
5. Vous devez dire la vérité pour savoir à quoi viser.
6. Vous devez dire la vérité pour éviter toute connexion avec Satan, le père du mensonge.

La nature même du leadership est la vérité. La vérité vous dira où vous êtes et où vous n'êtes pas ! La vérité vous dira aussi où aller. Beaucoup de pasteurs doivent commencer à dire la vérité sur la taille de leur congrégation. Il est temps de cesser de faire de vagues suppositions sur le nombre de personnes dans votre église. Quand vous connaitrez le nombre réel d'âmes que vous servez, vous serez motivé pour travailler plus dur.

Un jour, je demandai à mon agent d'information de me dire combien de personnes étaient à l'église. Quand il me donna le chiffre, je fus déprimé pendant au moins une semaine. Je me rendis compte que malgré ce que j'avais réalisé, j'avais encore un long chemin à faire. Si vous ne pouvez pas vous dire la vérité, vous ne pouvez pas être un bon leader.

Il est regrettable que beaucoup d'entreprises qui ne font pas du tout de profit soient encore en activité ! Quand ils additionnent les coûts réels des opérations, ils se rendent compte qu'ils travaillent en fait à perte. Le plus sage est de fermer l'entreprise ou de licencier certains travailleurs. Tel est le véritable leadership.

Êtes-vous un leader ? Voulez-vous connaître la vérité ? Vous dites-vous la vérité ?

Quelqu'un lui dit : Seigneur, n'y a-t-il que peu de gens qui soient sauvés ?...

Luc 13:23

Jésus répondit et lui dit qu'il y a une porte étroite et que peu de gens entrent par cette porte.

Chapitre 31

Reconnaissez les petits commencements d'une grande carrière

Beaucoup de grandes carrières commencent petites. Malheureusement, beaucoup ne reconnaissent pas les commencements de la grandeur.

Ton ancienne prospérité semblera peu de chose, celle qui t'est réservée sera bien plus grande.

Job 8:7

Car ceux qui méprisaient le jour des faibles commencements se réjouiront en voyant le niveau dans la main de Zorobabel. Ces sept sont les yeux de l'Éternel, qui parcourent toute la terre.

Zacharie 4:10

La Bible nous enseigne à ne pas mépriser les petits commencements. Des chrétiens innombrables rejettent une grande carrière dans le ministère, parce qu'ils ne peuvent pas reconnaître les commencements d'une grande carrière.

N'oubliez jamais cela ! Les plus grandes carrières débutent avec les plus petits commencements. Une graine de moutarde produit un grand arbre. Il n'y a aucune relation entre la taille de la graine de moutarde et la taille de l'arbre.

Six personnes qui ont reconnu le petit commencement d'une grande carrière

1. **Élisée commença sa carrière de prophète en lavant les mains d'Élie.**

Mais Josaphat dit : N'y a-t-il ici aucun prophète de l'Éternel, par qui nous puissions consulter l'Éternel ? L'un des serviteurs du roi d'Israël répondit : Il y a ici Élisée, fils de Schaphath, qui versait l'eau sur les mains d'Élie.

2 Rois 3:11

2. **Josué, le grand général d'armée, commença sa carrière comme serviteur d'un vieux prophète.**

Moïse se leva, avec Josué qui le servait, et Moïse monta sur la montagne de Dieu.

Exode 24:13

3. **Le roi David commença sa carrière en jouant des instruments au palais du roi.**

Saül fit dire à Isaïe : Je te prie de laisser David à mon service, car il a trouvé grâce à mes yeux. Et lorsque l'esprit de Dieu était sur Saül, David prenait la harpe et jouait de sa main ; Saül respirait alors plus à l'aise et se trouvait soulagé, et le mauvais esprit se retirait de lui.

1 Samuel 16:22-23

4. **Aaron commença sa carrière en soutenant les mains de Moïse.**

Les mains de Moïse étant fatiguées, ils prirent une pierre qu'ils placèrent sous lui, et il s'assit dessus. Aaron et Hur soutenaient ses mains, l'un d'un côté, l'autre de l'autre ; et ses mains restèrent fermes jusqu'au coucher du soleil.

Exode 17:12

5. **Ruth commença sa carrière en aidant une vieille veuve frustrée.**

Ruth répondit : Ne me presse pas de te laisser, de retourner loin de toi ! Où tu iras j'irai, où tu demeureras je demeurerai ; ton peuple sera mon peuple, et ton Dieu sera mon Dieu ; où tu mourras je mourrai, et j'y serai enterrée. Que l'Éternel me traite dans toute sa rigueur, si autre chose que la mort vient à me séparer de toi !

Ruth 1:16-17

6. Jésus commença sa carrière comme charpentier.

N'est-ce pas le charpentier, le fils de Marie, le frère de Jacques, de Joses, de Jude et de Simon ? Et ses sœurs ne sont-elles pas ici parmi nous ? Et il était pour eux une occasion de chute.

Marc 6:3

Chapitre 32

Traitez les gens comme des égaux, tout en établissant clairement les différences

Un bon leader doit s'efforcer à faire en sorte que les gens se sentent importants. La réalité est que vous êtes le leader, donc vous êtes différent.

Cinq manières de faire en sorte que tous ceux qui vous entourent se sentent importants

1. **Fraternisez avec toutes sortes de personnes.**

Jésus fraternisa avec des voleurs (deux voleurs sur la croix), des collecteurs d'impôt (Matthieu), des pêcheurs (Pierre), des étrangers (la Syro-phénicienne), des possédés (Marie-Madeleine), des fous (le fou de Gadara), des prêtres (Nicodème) et des nobles (Joseph d'Arimathie). Il n'y avait aucune classe sociale avec laquelle Jésus ne fraternisait pas librement. Ne vous limitez pas à un seul groupe de la société.

2. **N'appelez pas ou ne décrivez pas votre personnel et vos subordonnés comme des serviteurs.**

Je ne vous appelle plus serviteurs, parce que le serviteur ne sait pas ce que fait son maître ; mais je vous ai appelés amis, parce que je vous ai fait connaître tout ce que j'ai appris de mon Père.
Jean 15:15

Personne n'aime être appelé serviteur, même si c'est le cas. Jésus a dit expressément qu'il n'appelait pas ses disciples serviteurs.

L'art du leadership

3. **Décrivez votre personnel, vos subordonnés et vos pasteurs assistants comme vos amis.**

Vous êtes mes amis, si vous faites ce que je vous commande.

Jean 15:14

J'apprécie l'amitié des gens qui travaillent pour moi. Si je ne les avais pas, je serais très solitaire.

4. **Décrivez les gens qui travaillent avec vous comme étant votre famille.**

Mais Jésus répondit à celui qui le lui disait : Qui est ma mère, et qui sont mes frères ?

Puis, étendant la main sur ses disciples, il dit : Voici ma mère et mes frères.

Car, quiconque fait la volonté de mon Père qui est dans les cieux, celui-là est mon frère, et ma sœur, et ma mère.

Matthieu 12:48-50

C'est une chose que j'ai faite toute ma vie. Je n'ai jamais considéré mes pasteurs ou mes travailleurs comme des employés mais comme faisant partie ma famille. En fait, je déteste qu'on m'appelle « patron ». Créez un esprit de famille dans votre organisation. C'est cent fois mieux qu'une organisation rigide et formelle. Que leurs problèmes personnels et familiaux soient vos problèmes personnels !

5. **Parlez de vous et de vos plans à vos pasteurs associés.**

... mais je vous ai appelés amis, parce que je vous ai fait connaître tout ce que j'ai appris de mon Père.

Jean 15:15b

C'est une chose qui vous rapproche des gens.

Six manières d'établir clairement les différences

1. Enseignez-les.

   Jésus enseigna tout le temps ses disciples. Quand vous enseignez quelqu'un, vous établissez l'autorité de les conduire. L'autorité de conduire se trouve dans la capacité à nourrir.

2. Envoyez-les.

   Jésus envoya ses disciples acheter de la nourriture.

   Car ses disciples étaient allés à la ville pour acheter des vivres.

   Jean 4:8

   À chaque fois que vous envoyez quelqu'un, vous établissez la chaîne de commandement. Vous accentuez la chaîne de commandement qui existe au sein de la structure.

3. Bénissez-les.

   Priez pour vos fidèles et bénissez-les. Cette parole est certaine : l'inférieur est béni par le supérieur.

   Or c'est sans contredit l'inférieur qui est béni par le supérieur.

   Hébreux 7:7

4. Dites qui vous êtes.

   Jésus parla de lui-même avec confiance. Il dit qu'il était le chemin, la vérité et la vie. Il dit qu'il était la porte. Il dit qu'il était le bon berger. Il y a des moments où j'ai dû déclarer que je suis le leader et le fondateur de ma petite église. Il est important que les gens sachent que vous savez qui vous êtes.

5. N'ayez pas peur d'être différent.

   Jésus monta sur un âne alors que tous ses disciples marchaient. On étendit des vêtements sur le chemin pour qu'il marche dessus.

Ils amenèrent l'ânesse et l'ânon, mirent sur eux leurs vêtements, et le firent asseoir dessus. La plupart des gens de la foule étendirent leurs vêtements sur le chemin ; d'autres coupèrent des branches d'arbres, et en jonchèrent la route.

Matthieu 21:7-8

Acceptez les privilèges qui sont exclusivement vôtres. Quand vous refusez d'accepter vos privilèges, vous créez des anomalies et des problèmes. La Bible appelle cela un mal et une erreur (faute) qui émanent de celui qui gouverne.

Il est un mal que j'ai vu sous le soleil, comme une erreur provenant de celui qui gouverne : la folie occupe des postes très élevés, et des riches sont assis dans l'abaissement. J'ai vu des esclaves sur des chevaux, et des princes marchant sur terre comme des esclaves.

Ecclésiaste 10:5-7

6. Laissez les autres vous honorer.

Jésus laissa Marie l'honorer. Il lui permit de verser le cadeau coûteux sur ses pieds.

Marie, ayant pris une livre d'un parfum de nard pur de grand prix, oignit les pieds de Jésus, et elle lui essuya les pieds avec ses cheveux ; et la maison fut remplie de l'odeur du parfum.

Jean 12:3

Chapitre 33

Prédisez l'avenir d'une manière générale

Voici, l'heure vient, et elle est déjà venue, où vous serez dispersés chacun de son côté, et où vous me laisserez seul ; mais je ne suis pas seul, car le Père est avec moi. Je vous ai dit ces choses, afin que vous ayez la paix en moi. Vous aurez des tribulations dans le monde ; mais prenez courage, j'ai vaincu le monde.

Jean 16:32-33

Un leader est quelqu'un qui voit loin. En général, un bon leader peut prédire ce qui va arriver. Jésus a dit que les disciples connaîtraient la persécution. Et ils l'ont certainement connue ! Vous n'avez pas besoin d'être un prophète spécial pour savoir que les membres d'un nouveau groupe passeront par des difficultés.

En se servant à la fois de l'histoire, du sens commun, de la Parole de Dieu et de l'Esprit de Dieu, tout leader peut généralement prédire la façon dont les choses vont évoluer.

La Bible nous enseigne qu'il n'y a rien de nouveau sous le soleil. La Bible dit explicitement que ce qui va arriver est seulement ce qui est déjà arrivé.

Ce qui a été, c'est ce qui sera, et ce qui s'est fait, c'est ce qui se fera, il n'y a rien de nouveau sous le soleil.

Ecclésiaste 1:9

Un bon gestionnaire doit pouvoir prédire, à partir de la tendance générale des affaires, que certaines entreprises vont être obsolètes dans un avenir proche. Certains hommes politiques doivent voir que la voie qu'ils suivent ne pourra que finir dans le désastre. Les ministres de l'Évangile doivent pouvoir prédire l'avenir d'une manière générale. Je ne parle pas de prédire les événements et les dates. Je parle du bon sens !

Il y a quelques années, je me suis rendu compte que les membres de ma congrégation déménageaient vers différentes parties de la ville. Je me suis aussi rendu compte que la ville devenait très grande. Je prédis que la plupart des membres qui vivaient loin arrêteraient de venir à l'église à cause de la distance. Je pouvais le prévoir parce que je pouvais prédire le comportement humain.

En tant que leader, je remarque que mes fidèles ne viennent pas à l'église quand il pleut. Je remarque qu'ils viennent une semaine et pas la suivante. Il est de mon devoir de voir que quand il y aura de gros inconvénients, les brebis cesseront de me suivre. C'est pourquoi j'ai mis en place des églises métropolitaines dans la ville d'Accra.

Nous avons aujourd'hui plusieurs églises métropolitaines dans la ville d'Accra elle-même. Nous avons des milliers de membres dans ces églises dans toute la ville. Si je n'avais pas agi d'après mon observation et n'avais pas prédit, j'aurais perdu des milliers de membres. Je ne parle pas de prédire quand Jésus reviendra. Je parle de prédire ce qui est évident et de voir loin comme un sage leader.

Chapitre 34

Ne vous laissez pas empoisonner par l'amertume

Un sacrificateur de l'Ancien Testament n'était pas censé avoir de furoncles.

Parle à Aaron, et dis : Tout homme de ta race et parmi tes descendants, qui aura un défaut corporel, ne s'approchera point pour offrir l'aliment de son Dieu. Tout homme qui aura un défaut corporel ne pourra s'approcher : un homme aveugle, boiteux, ayant le nez camus ou un membre allongé ; un homme ayant une fracture au pied ou à la main ; un homme bossu ou grêle, ayant une tache à l'œil, la gale, une dartre, ou les testicules écrasés.

Tout homme de la race du sacrificateur Aaron, qui aura un défaut corporel, ne s'approchera point pour offrir à l'Éternel les sacrifices consumés par le feu ; il a un défaut corporel : il ne s'approchera point pour offrir l'aliment de son Dieu. Il pourra manger l'aliment de son Dieu, des choses très saintes et des choses saintes.

Mais il n'ira point vers le voile, et il ne s'approchera point de l'autel, car il a un défaut corporel ; il ne profanera point mes sanctuaires, car je suis l'Éternel, qui les sanctifie. C'est ainsi que parla Moïse à Aaron et à ses fils, et à tous les enfants d'Israël.

Lévitique 21:17-24

Les furoncles représentent des plaies non cicatrisées. Le leadership est accompagné de blessures, d'offenses et de douleur. Vous ne pouvez pas permettre aux blessures du leadership de déteindre sur votre attitude.

Quatre dangers liés à l'amertume chez un leader

1. Un leader amer peut commencer à se méfier de Dieu.

Il y a beaucoup d'événements inexpliqués dans la vie d'un leader chrétien. Même dans la vie politique laïque, souvent les bons ne gagnent pas. Les mauvais et les affreux peuvent gagner les élections tandis que les bons perdent.

Je me souviens quand deux de mes jeunes pasteurs sont décédés subitement à trois semaines d'intervalle. L'un avait vingt-sept ans et l'autre trente-huit ans. Quelle explication possible pouvait avoir un tel événement ? En réconfortant les épouses de ces deux pasteurs, je me demandais : « En tant que messager de Dieu, quelle l'explication pourrais-je donner à une femme qui n'a été mariée que sept mois ? »

Quelle explication l'église pouvait-elle donner quand Jacques, le frère de Jean, fut assassiné par Hérode ? L'église primitive n'avait-elle pas besoin de la contribution de Jacques pour construire une base solide pour l'église ? Pourquoi Dieu permit-il que Jacques, le frère de Jean, soit emporté à un tel moment ? N'était-il pas important de gagner des âmes ? L'implantation d'église n'était-elle pas importante ? N'y avait-il pas besoin de plus de travailleurs ? Comment Dieu pouvait-il permettre une telle chose ?

Malgré les événements inexplicables de la vie, un leader doit continuer à faire confiance.

2. Un leader amer peut commencer à haïr ceux qu'il dirige.

Tandis que les êtres humains manifestent leur nature de trahison, d'ingratitude et d'oubli, un leader peut progressivement devenir amer envers le troupeau. J'ai expérimenté beaucoup de choses douloureuses. J'ai appris que je dois pardonner et aller de l'avant. Sans esprit de douceur, je ne vais pas plaire à Dieu. Toute expérience amère est un test de ma capacité à marcher dans l'amour. Je prie toujours pour réussir ces tests.

3. Un leader amer peut haïr ses confrères et ses collègues dans le ministère.

Malheureusement, ce sont vos confrères dans le leadership qui vous veulent le plus de mal. Même les non-croyants n'ont pas ces attitudes haineuses que les confrères et les collègues semblent avoir ! Dieu nous les a tous donnés pour que nous marchions vraiment dans l'amour envers tous les hommes. Si vous ne réussissez pas à marcher dans l'amour, votre ministère ne sera rien en présence de Dieu.

Et quand j'aurais le don de prophétie, la science de tous les mystères et toute la connaissance, quand j'aurais même toute la foi jusqu'à transporter des montagnes, si je n'ai pas la charité, je ne suis rien.

1 Corinthiens 13:2

4. Un leader amer aura un message déformé.

L'amertume est décrite dans l'Épître aux Hébreux comme une racine qui souille beaucoup de gens. Elle est comparable à du poison dans votre eau potable. L'une des choses que l'amertume empoisonne est votre message. Quelqu'un d'amer a un message décoloré et déformé. Ne laissez pas votre douleur vous empêcher de transmettre l'amour de Dieu aux gens.

Chapitre 35

Changer la manière de penser des gens

L'art de faire changer les gens d'avis est une compétence très importante que vous devez développer si vous vous considérez comme un leader. L'art de la persuasion est un art de base du leadership. Quand quelqu'un a une opinion sur quelque chose et que vous pouvez changer cette opinion, alors vous œuvrez en tant que leader.

L'opinion de Thomas était que la résurrection n'était pas réelle. Jésus travailla sur cela et finalement Thomas crut en la résurrection. Vous importe-t-il que les gens croient au Ciel ou à l'Enfer ? Si l'opinion des gens ne vous importe pas, vous ne pouvez pas être leader. Les gens ont peut-être de mauvaises impressions sur les hommes de Dieu. Un leader peut travailler sur l'avis de ces personnes jusqu'à ce qu'elles pensent correctement.

Le pasteur arrive souvent à changer l'avis des gens sur la vie. Son travail consiste à les faire aimer Dieu et Le servir. Ils étaient peut-être serviteurs de l'argent, mais par le ministère d'un vrai pasteur (leader), ils croient que le service de Dieu est plus important que tout.

Sept façons de faire changer l'avis aux gens

1. Enseignez-leur la Parole de Dieu.

Ne vous conformez pas au siècle présent, mais soyez transformés par le renouvellement de l'intelligence, afin que vous discerniez quelle est la volonté de Dieu, ce qui est bon, agréable et parfait.
Romains 12:2

Ce passage de l'Écriture enseigne que nous serons changés ou transformés quand nos esprits seront renouvelés. La Parole de Dieu est le meilleur outil pour faire changer l'avis des gens. Il y a une puissance dans la Parole de Dieu, c'est pourquoi Paul dit : « Je n'ai point honte de l'Évangile : *car il est la puissance de Dieu...* ».

2. **Faites-les aller à l'église.**

L'Église fournit un forum régulier pour changer l'avis de tout le monde. Montrez-moi votre église et je vous montrerai la façon dont vous pensez.

3. **Faites-les avoir certains amis.**

Votre compagnie vous influence plus que votre église. C'est parce que vous êtes avec vos amis plusieurs heures par semaine, alors que vous êtes peut-être à l'église deux heures par semaine. Comme dit le proverbe : « Montre moi ton ami et je te dirai qui tu es ».

Ne vous y trompez pas : les mauvaises compagnies corrompent les bonnes mœurs.
1 Corinthiens 15:33

4. **Présentez-les à des gens qui réussissent et qui ont le genre d'esprit que vous voulez qu'ils aient.**

C'est le secret du Full Gospel Businessmen Fellowship International. Ils présentent des hommes d'affaires chrétiens qui réussissent aux pécheurs, et ils leur montrent qu'il est possible d'être un homme d'affaires prospère. Grâce à cette méthode, beaucoup sont sauvés (en d'autres termes, ils changent d'avis).

5. **Partager votre propre témoignage.**

Un témoignage personnel est toujours un instrument puissant pour changer l'avis. Paul a utilisé cette méthode avec le roi Agrippa. Tout le chapitre 26 des Actes décrit Paul en train de partager son témoignage avec le roi. À la fin de ce puissant témoignage personnel, le roi Agrippa dit :

...Paul, tu vas bientôt me persuader de devenir

chrétien !

Actes 26:28

6. **Priez pour eux.**

L'état d'esprit est une chose très spirituelle. C'est pourquoi Paul a prié pour que les Éphésiens reçoivent un Esprit de révélation et de sagesse. Vous pouvez entendre une prédication et un enseignement, mais sans révélation, le changement ne se produit jamais.

Afin que le Dieu de notre Seigneur Jésus Christ, le Père de gloire, vous donne un esprit de sagesse et de révélation, dans sa connaissance.

Éphésiens 1:17

7. **Laissez-les faire certaines expériences.**

Quoi que vous disiez ou prêchiez, certains ne changeront jamais d'avis. Pour de telles personnes, l'école de l'expérience (et les coups durs !) est peut-être le seul professeur qu'ils vont écouter. Laisser les gens faire l'expérience de certaines choses est parfois le seul moyen de faire qu'ils pensent correctement. Je laisse parfois les pasteurs passer par certaines expériences. Par exemple, quand les gens ont l'expérience de commencer une église, ils apprécient souvent beaucoup de choses que j'enseigne.

Un jour, j'ai eu un pasteur qui n'appréciait pas la façon dont je traitais un autre assistant déloyal. Il pensait que je ne marchais pas dans l'amour envers ce rebelle. J'avais beau expliquer les problèmes à ce pasteur, il continuait de penser que je faisais la mauvaise chose. En fin de compte, je priai pour que Dieu lui donne sa part d'assistants rebelles. Dieu exauça vraiment cette prière et il fit ces expériences les unes après les autres.

Un jour, il m'appela au téléphone et me dit qu'après avoir eu sa propre expérience avec des gens déloyaux, il sentait que j'avais été trop indulgent et gentil avec mon pasteur rebelle. Je souris, parce que je me souvenais de son ancienne attitude envers ce sujet. L'avis de ce pasteur avait vraiment changé et il sentait maintenant que j'avais trop d'amour envers les rebelles.

C'est une méthode très biblique pour changer l'avis des gens. Vous devrez vous en servir, parce qu'il y a beaucoup de choses qu'on ne peut apprendre que par l'expérience. Le Père a même formé Jésus par cette méthode. La Bible dit que Jésus a appris l'obéissance par l'expérience.

Il a appris, bien qu'il fût Fils, l'obéissance par les choses qu'il a souffertes,

Hébreux 5:8

Un leader est quelqu'un qui se sert de tous les moyens à sa disposition pour faire que les gens changent d'avis. Avez-vous pu faire changer l'avis de quelqu'un sur quelque chose ?

Thomas, appelé Didyme, l'un des douze, n'était pas avec eux lorsque Jésus vint. Les autres disciples lui dirent donc : Nous avons vu le Seigneur. Mais il leur dit : si je ne vois dans ses mains la marque des clous, et si je ne mets mon doigt dans la marque des clous, et si je ne mets ma main dans son côté, je ne croirai point.

Huit jours après, les disciples de Jésus étaient de nouveau dans la maison, et Thomas se trouvait avec eux. Jésus vint, les portes étant fermées, se présenta au milieu d'eux, et dit : la paix soit avec vous !

Puis il dit à Thomas : avance ici ton doigt, et regarde mes mains ; avance aussi ta main, et mets-la dans mon côté ; et ne sois pas incrédule, mais crois. Thomas lui répondit : mon Seigneur et mon Dieu !

Jésus lui dit : Parce que tu m'as vu, tu as cru. Heureux ceux qui n'ont pas vu, et qui ont cru !

Jean 20:24-29

Chapitre 36

Ayez une petite idée de tout ce qui se passe

L'Esprit de l'Éternel reposera sur lui : Esprit de sagesse et d'intelligence, Esprit de conseil et de force, Esprit de connaissance et de crainte de l'Éternel.

Il respirera la crainte de l'Éternel ; Il ne jugera point sur l'apparence, Il ne prononcera point sur un ouï-dire.

Ésaïe 11:2-3

Savoir quelque chose sur tout, c'est avoir l'esprit de connaissance, l'esprit de sagesse et l'esprit d'intelligence. Savoir quelque chose sur tout vous édifiera. Les meilleurs leaders sont ceux qui savent quelque chose sur tout. Un leader doit savoir quelque chose sur tout. C'est pourquoi beaucoup d'organisations forment leurs leaders en les faisant passer par chaque service.

Les domaines dans lesquels vous devez avoir quelques connaissances

1. Vous devez avoir quelques connaissances en droit.

2. Vous devez avoir quelques connaissances en médicine.

3. Vous devez avoir quelques connaissances en architecture.

4. Vous devez avoir quelques connaissances en mécanique.

5. Vous devez avoir quelques connaissances en administration.

6. Vous devez avoir quelques connaissances en comptabilité.

7. Vous devez avoir quelques connaissances en informatique.

8. Vous devez avoir quelques connaissances en politique.

9. Vous devez avoir quelques connaissances en protocole.

10. Vous devez avoir quelques connaissances en musique.

J'ai quelques connaissances en droit, en médecine, en comptabilité, en gestion, en administration et en menuiserie. J'ai quelques connaissances en construction. J'ai beaucoup appris en mécanique et en architecture. J'ai aussi quelques connaissances en électronique, en équipement de musique, en informatique, et la liste continue. J'engage un débat avec tous les professionnels avec qui j'ai affaire. Ils savent que j'ai quelques connaissances dans leur domaine. Ils savent qu'ils ne peuvent pas me traiter comme un ignorant.

Vous ne serez jamais un bon leader si vous n'avez pas une idée de ce qui se passe. Le fait que vous êtes un profane dans un certain domaine veut dire que vous devez lire et vous éduquer.

Quand on prend une décision en votre nom dans le domaine de la comptabilité, vous êtes responsable. C'est pourquoi il est important d'avoir quelques connaissances en tout. Ne dites jamais : « Oh, c'est de la médecine. Je ne sais pas, je m'en fiche, et je ne veux pas savoir ! » Il y a beaucoup de choses que vous pouvez et devez savoir !

Chapitre 37

Leader, manifestez de l'émotion

Jésus PLEURA. Sur quoi les Juifs dirent : voyez comme il l'aimait !

Jean 11:35-36

Les gens sont attirés par ceux qui manifestent de l'émotion. N'ayez pas peur de manifester de l'émotion. Les gens vont se réunir autour de vous et écouter ce que vous avez à dire parce que vous êtes réel. Il n'est pas nécessaire de faire semblant parce que vous êtes leader. Toute personne née sur cette terre rit, pleure, se fâche et se réjouit. Il y a des hauts et des bas dans la vie de tout le monde.

Pour être un leader, vous devez faire preuve de réalité. Nous vivons dans un monde réel avec beaucoup de problèmes. Un leader est un être humain réel avec des émotions réelles. Un leader connaîtra toutes les émotions que ses fidèles ressentent. La plupart des gens ne savent pas quoi faire avec leurs émotions. S'ils trouvent quelqu'un qui réussit malgré les émotions réelles qu'il ressent, ils aimeraient entrer en relation avec' lui.

Huit raisons pour lesquelles ceux qui manifestent de l'émotion sont attrayants

1. **Ceux qui ne manifestent pas d'émotions sont souvent ennuyeux et pas intéressants.**

2. **Ceux qui ne manifestent pas d'émotions tuent l'atmosphère autour d'eux.**

Il y a beaucoup de tension quand vous êtes assis avec une personne stricte qui ne sourit pas et ne fait aucune contribution ou commentaire sur la conversation en cours.

3. **Les personnes sans émotions sont souvent strictes, sévères, autoritaires, exigeantes et rigoureuses.**

4. **Les gens sans émotions peuvent être faux et artificiels.**

   Les gens ne veulent tout simplement pas avoir affaire à quelqu'un qui fait semblant.

5. **Les gens pensent que si quelqu'un révèle ses vraies émotions, les choses qu'il dit seront vraies également.**

6. **Manifester de l'émotion suscite l'émotion des autres.**

   Quand les gens sont touchés émotionnellement, ils deviennent plus engagés.

7. **Les gens aiment écouter un prédicateur qui manifeste diverses émotions de joie, de colère, de tristesse et de suspense.**

8. **Jésus, notre grand exemple, a manifesté de l'émotion à maintes reprises.**

Cinq exemples où Jésus a manifesté de l'émotion

1. **Jésus fut très heureux quand il vit l'homme avec une grande foi.**

   Lorsque Jésus entendit ces paroles, il admira le centenier, et, se tournant vers la foule qui le suivait, il dit : Je vous le dis, même en Israël je n'ai pas trouvé une aussi grande foi.

   Luc 7:9

2. **Jésus pleura sur la ville.**

   Comme il approchait de la ville, Jésus, en la voyant, pleura sur elle.

   Luc 19:41

3. **Jésus fut touché de compassion pour les perdus et les impuissants.**

   Voyant la foule, il fut ému de compassion pour elle, parce qu'elle était languissante et abattue, comme des brebis qui n'ont point de berger. Alors il dit à ses disciples : La moisson est grande, mais il y a peu d'ouvriers.

Matthieu 9:36-37

4. **Jésus se mit en colère contre les hypocrites.**

La Pâque des Juifs était proche, et Jésus monta à Jérusalem. Il trouva dans le temple les vendeurs de bœufs, de brebis et de pigeons, et les changeurs assis. Ayant fait un fouet avec des cordes, il les chassa tous du temple, ainsi que les brebis et les bœufs ; il dispersa la monnaie des changeurs, et renversa les tables.

Jean 2:13-15

5. **Jésus pleura sur des hommes en particulier.**

Jésus PLEURA. Sur quoi les Juifs dirent : Voyez comme il l'aimait !

Jean 11:35-36

Chapitre 38

Prenez vos privilèges au bon moment et pour la bonne raison

Il est un mal que j'ai vu sous le soleil, comme une erreur provenant de celui qui gouverne : la folie occupe des postes très élevés, et des riches sont assis dans l'abaissement. J'ai vu des esclaves sur des chevaux, et des princes marchant sur terre comme des esclaves.

Ecclésiaste 10:5-7

Un leader doit être une personne humble mais aussi sûre d'elle. La Bible enseigne que c'est une folie quand un leader refuse de s'asseoir à l'endroit approprié qui lui est réservé. Quand il est temps de prendre vos privilèges, vous feriez mieux de les prendre, sinon on vous considérera comme un fou. Le leadership n'est pas seulement le sacrifice. Le leadership n'est pas seulement la responsabilité. Le leadership va de pair avec certains privilèges et certaines bénédictions.

L'obéissance est plus importante que le sacrifice

L'appel de Dieu est à l'obéissance et pas au sacrifice per se. Il y a des moments où obéir veut dire se sacrifier. Si vous vous sacrifiez quand Dieu ne vous l'a pas demandé, vous allez vous séparer de Dieu. N'oubliez pas comment Saul fut séparé de Dieu parce qu'il sacrifia des choses que Dieu ne lui avait pas demandé de faire.

Samuel dit : L'Éternel trouve-t-il du plaisir dans les holocaustes et les sacrifices, comme dans l'obéissance à la voix de l'Éternel ? Voici, l'obéissance vaut mieux que les sacrifices, et l'observation de sa parole vaut mieux que la graisse des béliers.

Car la désobéissance est aussi coupable que la divination, et la résistance ne l'est pas moins que l'idolâtrie et les théraphim. Puisque tu as rejeté la parole de l'Éternel, il te rejette aussi comme roi.

1 Samuel 15:22-23

Quand les princes doivent être à cheval

Il y a un temps où les princes doivent être à cheval et les serviteurs aller à pied. « J'ai vu des esclaves sur des chevaux, et des princes marchant sur terre comme des esclaves » (Ecclésiaste 10:7). N'hésitez pas à gagner de l'argent pour tout le dur travail que vous faites. J'éprouve de la sympathie pour les ministres de l'Évangile qu'on traite comme des mendiants qui ne méritent rien. Je connais des églises où les pasteurs ne reçoivent pas d'argent, mais on prend en charge tous leurs besoins domestiques. Les membres de l'Église viennent inspecter s'il y a assez de savon et de papier toilette dans la maison. Comme c'est pathétique ! Est-ce que les pasteurs n'ont pas assez de bon sens pour acheter leur propre papier toilette ?

L'erreur

J'ai vu église après église entrer en crise parce qu'on avait acheté une voiture pour le pasteur. On avait levé des fonds spéciaux et la voiture du pasteur est devenue une question controversée au sein de l'église. Quand les gens travaillent dans d'autres institutions, l'achat d'une voiture est-il un projet spécial ? N'est-ce pas leur dû ? Pourquoi traite-t-on les pasteurs comme des paresseux qui ne méritent rien ?

Je travaille dur en tant que ministre de l'Évangile. Je mérite d'être bien payé. La Bible enseigne que ceux qui annoncent l'Évangile doivent vivre de l'Évangile.

De même aussi, le Seigneur a ordonné à ceux qui annoncent l'Évangile de vivre de l'Évangile.

1 Corinthiens 9:14

Semer sans récolter

Il faut que le laboureur travaille avant de recueillir les fruits.

2 Timothée 2:6

Je dois pouvoir avoir une bonne voiture pour ma sécurité et mon confort. Je dois pouvoir construire une maison. Il n'y a rien de mal à cela ! Mais il y a quelque chose de mal quand un homme sème et ne récolte pas. Tout le monde le sait ! Un leader doit savoir quand il est temps de prendre sa place et de profiter de ses avantages. C'est une erreur de refuser vos privilèges et vos bénédictions quand c'est à votre tour de les avoir. Ce n'est pas moi qui appelle cela une erreur, c'est la Bible ! La Bible appelle cela l'erreur qui vient de celui qui gouverne !

Quand les princes mangent le matin

Certaines nations ont des leaders qui commencent leur gouvernement en buvant le sang de la nation. En un clin d'œil, les leaders ont tout détourné.

J'ai récemment visité un pays riche qui produit de grandes quantités de pétrole. Pourriez-vous croire que cette nation, l'un des principaux producteurs de pétrole au monde, ait de graves pénuries d'essence ? C'était incroyable ! Il y avait de très longues files d'attente dans chaque ville que j'ai visitée. On ne vendait l'essence que sur le marché noir.

On a rapporté plus tard que le chef d'état de cette nation disposait d'un milliard de dollars pour ses menues dépenses. Qu'est-ce qu'un président peut faire avec un milliard de dollars pour ses menues dépenses ? Ces vampires se sont remplis les poches tandis que les masses de la nation luttent pour joindre les deux bouts. N'est-il pas ironique qu'une nation qui fournit un pourcentage mondial important de pétrole souffre d'une pénurie d'essence ? C'est ce que la Bible désigne par « les princes mangent le matin ». Le prince représente le leader et le matin représente le mauvais moment.

Malheur à toi, pays dont le roi est un enfant, et dont les princes mangent dès le matin ! **Heureux toi, pays dont le roi est de race illustre, et dont les princes mangent au temps convenable, pour soutenir leurs forces, et non pour se livrer à la boisson !**

Ecclésiaste 10:16-17

Cher ami, quand une nation ou une église a un opportuniste à sa tête, préparez-vous à la frustration et à la pauvreté !

Dans notre église, nous avons une politique qui met l'église avant le pasteur. Qu'est-ce que je veux dire par là ?

Nous croyons que l'église doit passer avant le bien-être du pasteur. Cela veut dire que le bâtiment de l'église est construit et que l'église reçoit une base solide avant que les avantages du pasteur soient pris en considération.

Quand les princes mangent en leur temps

Les privilèges ne deviennent des bénédictions que lorsqu'ils arrivent au bon moment. Quand ils arrivent trop tôt, tout est détruit. Certains achètent des voitures, mais ils n'ont même pas l'argent pour les entretenir. Quelqu'un a dit : « N'achetez pas une voiture à moins de pouvoir en entretenir trois ». Certains vivent dans des maisons, mais ils n'ont pas l'argent pour les entretenir. Pourquoi vous créez-vous des soucis ? Pourquoi essayez-vous d'impressionner les gens ? Soyez vous-même et ne vous précipitez pas pour posséder certains privilèges. Quand le Seigneur vous élèvera, vous recevrez tout ce dont vous avez besoin au bon moment.

Il fait toute chose bonne en son temps...
Ecclésiaste 3:11

La beauté n'est la beauté que dans le contexte du « bon moment ». Avez-vous déjà remarqué que lorsque vous regardez des photos prises il y a vingt ans, vous semblez souvent bizarre ? Pourquoi cela ? Parce qu'elles sont sorties de leur « *temps* ».

Son temps est le bon moment

Cette voiture ou cette maison ne sera une véritable bénédiction que quand elle arrivera au bon moment. Si elle arrive trop tôt, elle ne sera pas une bénédiction. Elle vous causera des problèmes. Tout le monde est heureux quand une femme mariée est enceinte. C'est une bénédiction d'être enceinte. Cependant, quand une adolescente célibataire tombe enceinte, nous ne sommes pas heureux. Pourquoi cela ? Parce que la grossesse est sortie de son contexte du « bon moment ».

Êtes-vous un leader ou un vampire affamé ? Attendez patiemment de prendre vos privilèges au bon moment. Ne vous précipitez pas ; vous ne feriez que vous détruire, et détruire votre entreprise, votre église ou votre nation. Ne tuez pas la poule qui pond vos œufs d'or. Gardez-la en vie pour qu'elle puisse pondre des œufs d'or pour vous pendant de nombreuses années !

Chapitre 39

Échangez avec les individus et échangez avec la foule

Une femme de Samarie vint puiser de l'eau. Jésus lui dit : Donne-moi à boire. La femme samaritaine lui dit : Comment toi, qui es Juif, me demandes-tu à boire, à moi qui suis une femme samaritaine ? Les Juifs, en effet, n'ont pas de relations avec les Samaritains. Jésus lui répondit : Quiconque boit de cette eau aura encore soif ; mais celui qui boira de l'eau que je lui donnerai n'aura jamais soif, et l'eau que je lui donnerai deviendra en lui une source d'eau qui jaillira jusque dans la vie éternelle. La femme lui dit : Seigneur, donne-moi cette eau, afin que je n'aie plus soif, et que je ne vienne plus puiser ici.

Jean 4:7,9, 13-15

Jésus était quelqu'un qui s'occupait de grandes foules. Il avait une équipe de pasteurs qu'il formait. Jésus avait aussi un emploi du temps chargé. Mais quand il rencontra la femme de Samarie, il prit un peu de temps et lui parla en tant qu'individu. Un leader est quelqu'un qui sait comment échanger avec les individus. Jésus ne savait pas si cette femme était riche ou pauvre. Il la traita juste comme un être humain qui avait besoin de son aide.

Tout être humain est une composition complexe de l'esprit, de l'âme et du corps. Tout être humain a son histoire de peurs, d'erreurs et de réussites. Jésus parla à une femme avec beaucoup de problèmes. Il put l'aider. Si Dieu vous a appelé à être leader, vous devez aider les individus ayant des besoins. Ne traitez pas un être humain comme un simple numéro. Celui qui traite ses membres comme de simples personnes parmi la masse découvrira vite qu'il perd leur soutien.

Jésus a commencé son ministère pleinement conscient qu'il allait entrer en relation avec les pauvres. Il allait servir les gens au cœur brisé et les gens liés. Cher leader, n'oubliez pas que chaque individu mérite une attention particulière.

Jésus dit : faites-les asseoir. Il y avait dans ce lieu beaucoup d'herbe. Ils s'assirent donc, au nombre d'environ cinq mille hommes.

Jean 6:10

Jésus savait comment gérer de grands groupes de personnes ainsi que des individus. Quand vous gérez une foule, vous devez savoir comment vous comporter. Vous devez vous habiller correctement et parler à bon escient. Beaucoup de gens dans la foule veulent savoir ce qu'est la vérité. Un bon leader transmet les informations appropriées à la foule.

Les clés pour échanger avec la foule

1. **Donnez-leur des informations correctes et en temps opportun.**

Ne leur dites pas que vous allez augmenter leurs salaires si vous n'allez pas le faire.

2. **Ne faites pas de promesses inutiles.**

Les gens se lassent de vaines promesses.

3. **Annoncez autant de bonnes nouvelles que vous pouvez.**

Si une nouvelle branche a démarré, annoncez-le. Si un miracle a eu lieu, dites-le aux gens. Les gens ne le sauront pas si vous ne leur dites pas. Les bonnes nouvelles créent une bonne sensation dans la foule. Tout gouvernement sage dépense beaucoup d'argent pour informer la population sur ce qu'il veut qu'elle sache. Voilà comment ils peuvent garder les masses sous contrôle. Les bonnes nouvelles encouragent tout le monde. C'est la façon de contrôler les foules. Les mauvaises nouvelles découragent les fidèles.

4. Ne parlez pas aux gens d'un air hautain

Les gens aiment se sentir respectés. Même le ton de votre voix peut indiquer si vous respectez les gens ou non ! Si vous semez de l'amour et du respect, vous récolterez de l'admiration et beaucoup de cœurs vous « suivront ».

Chapitre 40

Surmontez les inconvénients de la jeunesse et de l'inexpérience en étudiant l'histoire

L e sujet le plus important pour un jeune leader est l'histoire. Un jeune n'a pas le bénéfice de l'expérience. Il doit puiser dans les expériences des autres. Sa seule chance d'éviter certaines erreurs est d'étudier ceux qui l'ont précédé.

Ce qui a été, c'est ce qui sera, et ce qui s'est fait, c'est ce qui se fera, il n'y a rien de nouveau sous le soleil. S'il est une chose dont on dise : Vois ceci, c'est nouveau ! Cette chose existait déjà dans les siècles qui nous ont précédés.

Ecclésiaste 1:9-10

Tout bon leader apprendra beaucoup de l'histoire. L'histoire elle-même nous enseigne que la plupart des gens n'apprennent pas d'elle. Si vous voulez être un bon leader, vous devez étudier l'histoire de l'église et l'histoire séculière.

Sept raisons pour lesquelles tout leader doit apprendre l'histoire

1. L'histoire est la plus grande source de connaissance et de sagesse, juste derrière les Écritures.

2. Les Écritures elles-mêmes contiennent beaucoup de leçons d'histoire qui nous guident.

3. Dieu a demandé à ses leaders d'enseigner l'histoire pour que les gens n'oublient pas. Oublier conduit à répéter les mêmes erreurs.

> Et ces commandements, que je te donne aujourd'hui, seront dans ton cœur. Tu les inculqueras à tes enfants, et tu en parleras quand tu seras dans ta maison, quand tu iras en voyage, quand tu te coucheras et quand tu te lèveras.
>
> Lorsque ton fils te demandera un jour : Que signifient ces préceptes, ces lois et ces ordonnances, que l'Éternel, notre Dieu, vous a prescrits ? Tu diras à ton fils : Nous étions esclaves de Pharaon en Égypte, et l'Éternel nous a fait sortir de l'Égypte par sa main puissante.
>
> L'Éternel a opéré, sous nos yeux, des miracles et des prodiges, grands et désastreux, contre l'Égypte, contre Pharaon et contre toute sa maison.
>
> Deutéronome 6:6-7,20-22

4. L'histoire se répète.

Vous marchez là où d'autres comme vous ont marché. Si vous savez ce qui leur est arrivé, alors vous saurez ce qui vous arrivera. Il y a un proverbe qui dit : «Ceux qui ne connaissent pas l'histoire sont condamnés à la répéter».

5. Parce que beaucoup de choses sont programmées en cycles.

Il y a un système cyclique dans le monde. Les planètes tournent autour du soleil. La lune tourne autour de la terre. Le corps humain a beaucoup de cycles biochimiques et hormonaux. Le cycle de Krebs et le cycle menstruel en sont des exemples. Votre vie peut faire partie d'un mauvais cycle à l'œuvre. Vous pouvez rompre tout cycle terrible de votre vie et de votre ministère en étudiant l'histoire.

6. Celui qui étudie l'histoire peut prédire l'avenir.

Vos intuitions prophétiques seront grandement améliorées quand vous étudierez l'histoire de l'église.

7. L'audace et la confiance sont les fruits de l'étude de l'histoire.

Vous pouvez diriger avec plus de confiance en vous servant des leçons que vous avez apprises de l'histoire.

Un jour, j'étais avec un vieux sage devant ma maison. Je lui ai parlais d'une crise que j'avais vécue dans ma fraternité. Il sourit et dit quelque chose que je n'oublierai jamais. Il dit : « Le diable n'a que quelques astuces. Et il utilise toujours les mêmes ».

Il poursuivit : « Je suis toujours surpris que la même astuce marche à chaque fois ».

Il m'expliqua : « Parce que les gens ne savent pas ce qui s'est passé dans le passé, ils continuent de tomber par les mêmes vieilles astuces ».

Cher ami, tomberez-vous pour la même astuce qui a fait tomber votre frère aîné ? Pourquoi ne lisez-vous pas ce qui s'est passé hier ? Cher politicien, ne voyez-vous pas comment votre prédécesseur a fini ? Il est temps de glaner de l'histoire les leçons de sagesse et de connaissance.

Ce qui a été, c'est ce qui sera, et ce qui s'est fait, c'est ce qui se fera, il n'y a rien de nouveau sous le soleil.

Ecclésiaste 1:9

Chapitre 41

Assumez la responsabilité et rendez des comptes

Vous devez réaliser que tout leader va rendre compte de ce qu'il ou elle fait. Êtes-vous prêt à rendre compte à Dieu pour les brebis qu'il vous a données ? Jésus ne cessait de dire qu'il n'avait perdu aucune des brebis sauf le fils de perdition. Paul ne cessait de dire qu'il aurait à rendre compte de ses actes.

Obéissez à vos conducteurs et ayez pour eux de la déférence, car ils veillent sur vos âmes comme devant en rendre compte; qu'il en soit ainsi, afin qu'ils le fassent avec joie, et non en gémissant, ce qui vous ne serait d'aucun avantage.

Hébreux 13:17

Le leadership est une grande responsabilité. Je me souviens il y a quelques années, j'ai vu plusieurs chefs et ministres d'état exécutés par un peloton d'exécution. C'était pathétique de voir des gens importants être humiliés et assassinés. Le citoyen ordinaire dans sa maison n'a pas reçu un tel traitement. C'est parce que l'homme ordinaire n'avait pas assumé la responsabilité de gouverner le pays. Cependant, ceux qui avaient assumé la responsabilité ont dû payer de leur vie.

Si vous êtes conscient du fait que vous devrez rendre compte de votre leadership, vous découvrirez que vous deviendrez un meilleur leader. Souvenez-vous toujours que le jour où vous devrez rendre compte approche. Cela vous fera faire la bonne chose. Je suis constamment conscient que je vais rendre compte de l'appel de Dieu sur ma vie. Je sais que je devrai rendre compte des brebis de mes églises. C'est pourquoi je fais de grands efforts pour m'occuper d'elles.

Êtes-vous leader ? Pensez-vous constamment au jour où vous devrez rendre compte ? Faites-le s'il vous plaît ! Vous serez transformé en un leader naturel et efficace.

Chapitre 42

Ne renoncez pas à la source de votre pouvoir !

Au reste, fortifiez-vous dans le Seigneur, et par sa force toute-puissante. Revêtez-vous de toutes les armes de Dieu, afin de pouvoir tenir ferme contre les ruses du diable.

Éphésiens 6:10-11

La parole de Dieu nous enseigne à être fort en revêtant l'armure et les armes. Un soldat ne doit jamais renoncer à ses armes. Ses armes sont la raison pour laquelle il a le pouvoir. Les chrétiens et les leaders ne doivent pas renoncer à la source de leur pouvoir qui est leurs armes.

Sept sources de pouvoir auxquelles vous ne devez pas renoncer

1. Ne renoncez pas à la vérité, parce que c'est une ceinture qui tient tout ensemble. (Éphésiens 6:14).

2. Ne renoncez pas à la justice, parce que c'est une arme qui vous donne la force de parler et de prêcher la Parole sur tous les sujets (Éphésiens 6:14).

3. Ne renoncez pas à votre foi, parce que c'est un bouclier qui vous protège (Éphésiens 6:16).

4. Ne renoncez pas à votre épée qui est la Parole de Dieu, parce que c'est l'arme par laquelle vous avancerez (Éphésiens 6:17).

5. Ne renoncez pas à votre salut, c'est la défense de votre vie même (Éphésiens 6:17).

6. Ne renoncez pas à votre zèle pour partager l'Évangile, parce que c'est votre chaussure spirituelle (Éphésiens 6:15)

7. Ne renoncez pas à votre vie d'intercession, parce que c'est un outil puissant auquel Jésus n'a jamais renoncé (Éphésiens 6:18)

Tout leader tire son pouvoir de quelque chose. Jésus savait que la source de son pouvoir était la prière. C'est pourquoi il ne cessait jamais de prier. C'est pourquoi il pria avec tant d'ardeur dans le jardin de Gethsémani.

L'apôtre Pierre savait que la source de son pouvoir était dans la prière et la Parole. C'est pourquoi il refusa d'y renoncer !

...Il n'est pas convenable que nous laissions la parole de Dieu pour servir aux tables. Et nous, nous continuerons à nous appliquer à la prière et au ministère de la parole.

Actes 6:2,4

Tout leader doit connaître la source de son pouvoir. Beaucoup de politiciens savent que la source de leur pouvoir est l'opinion populaire. C'est pourquoi ils sacrifieront tout pour garder l'opinion populaire. J'ai vu beaucoup d'hommes politiques sacrifier leurs familles et leurs amis pour pouvoir avoir le soutien populaire.

Il y a des années, j'ai parlé à un chrétien impliqué dans la politique. Il aidait notre église. Il nous a aidés jusqu'à un certain point. Puis un jour, il m'a dit : « Évêque, vu comme les choses vont, je ne peux plus vous aider ».

C'était un chrétien charismatique né de nouveau qui parlait en langues. Il était même leader dans son église. Il poursuivit : « Si cette affaire va plus haut, je crains ne plus pouvoir aider l'église ».

Je le regardai alors qu'il s'expliquait : « Vous savez, la politique c'est ma vie. Si cela va contre moi politiquement, je vais perdre mon emploi. Et cela est très important pour moi ».

Quelques semaines plus tard, l'affaire dégénéra. Ce politicien chrétien prit parti contre l'église et aida les politiciens à attaquer l'église. C'était malheureux, mais cela reflétait une vérité profonde. Cet homme pensait que son pouvoir venait de la politique et pas de Dieu. Il resta fidèle à ce qu'il pensait être la source de son pouvoir.

Beaucoup de politiciens pensent que le secret de leur pouvoir est dans le soutien populaire. Cela leur fait sacrifier leurs principes, leur morale et même leur foi. Un leader chrétien doit savoir que sa force vient de Dieu. Même les politiciens se trompent quand ils pensent que leur force vient des gens. En fin de compte, Dieu règne dans les affaires des hommes.

Tout ministre de l'Évangile doit être conscient que sa force vient du Seigneur et pas de l'argent ou des gens.

Quand un leader ne chérit pas la source de son pouvoir, il la perd. Samson joua avec la source de son pouvoir. Finalement, il perdit tout.

> **Il lui ouvrit tout son cœur, et lui dit : le rasoir n'a point passé sur ma tête, parce que je suis consacré à Dieu dès le ventre de ma mère. Si j'étais rasé, ma force m'abandonnerait, je deviendrais faible, et je serais comme tout autre homme.**
> **Juges 16:17**

Êtes-vous leader ? Découvrez la source de votre force, chérissez-la, protégez-la et n'y renoncez à aucun prix !

Chapitre 43

Soyez résolu ! C'est le plus grand attribut d'un leader

Être résolu est vraiment le plus grand attribut d'un leader. Beaucoup de gens ne peuvent pas prendre de décisions. Seuls les vrais leaders confrontent des réalités et prennent des décisions importantes. *Être incapable de prendre une décision, c'est être incapable de diriger.* Des entreprises bien gérées prennent souvent des décisions difficiles de licencier des employés quand elles se rendent compte qu'elles doivent le faire. Ce type de décision n'est pas facile et a des conséquences. Ne pas arriver à prendre une décision peut conduire à la destruction de tout ce que vous construisez.

Quatre raisons pour lesquelles vous devez être résolu

1. Dieu est un Dieu résolu.

Nous sommes censés être les imitateurs de Dieu, qui est connu pour sa capacité à prendre des décisions de grande portée.

Devenez donc les imitateurs de Dieu, comme des enfants bien-aimés.

Éphésiens 5:1

2. Tous les grands leaders sont résolus.

Nous devons suivre l'exemple de ceux qui ont accompli de grandes choses par la foi et la patience.

En sorte que vous ne vous relâchiez point, et que vous imitiez ceux qui, par la foi et la persévérance, héritent des promesses.

Hébreux 6:12

3. Ne pas arriver à décider, c'est ne pas arriver à diriger.
   Le leadership est quatre-vingts pour cent de décision et vingt pour cent de mise en œuvre. C'est pourquoi ne pas arriver à décider, c'est ne pas arriver à diriger.
4. Ne pas arriver à décider, c'est comme décider de ne rien faire.
   Comment pouvez-vous suivre quelqu'un qui a décidé de ne rien faire ? Vous pourriez tout aussi bien suivre un petit enfant dans la cour de récréation. C'est la même chose que de ne rien faire

Dix décisions de Jéhovah

1. Quand la terre était informe, vide et recouverte de ténèbres, Dieu prit la décision de créer le Ciel et la Terre.

   La terre était informe et vide : il y avait des ténèbres à la surface de l'abîme, et l'esprit de Dieu se mouvait au-dessus des eaux.
   Genèse 1:2

2. Quand Dieu se rendit compte que l'homme se sentait seul, il prit la décision de créer une femme.

   L'Éternel Dieu dit : il n'est pas bon que l'homme soit seul ; je lui ferai une aide semblable à lui.
   Genèse 2:18

3. Quand la terre fut remplie de méchanceté, Dieu prit la décision de tuer tous les êtres humains et de ne laisser en vie que Noé et sa famille.

   L'Éternel vit que la méchanceté des hommes était grande sur la terre, et que toutes les pensées de leur cœur se portaient chaque jour uniquement vers le mal.
   L'Éternel se repentit d'avoir fait l'homme sur la terre, et il fut affligé en son cœur.
   Et l'Éternel dit : J'exterminerai de la face de la terre l'homme que j'ai créé, depuis l'homme jusqu'au bétail,

aux reptiles, et aux oiseaux du ciel; car je me repens de les avoir faits.

Genèse 6:5-7

4. Quand Dieu vit le sacrifice de Noé, il prit la décision de ne plus détruire tous les êtres vivants.

L'Éternel sentit une odeur agréable, et l'Éternel dit en son cœur : Je ne maudirai plus la terre, à cause de l'homme, parce que les pensées du cœur de l'homme sont mauvaises dès sa jeunesse ; et je ne frapperai plus tout ce qui est vivant, comme je l'ai fait.

Genèse 8:21

5. Quand Dieu vit l'homosexualité dans Sodome et Gomorrhe, il prit la décision d'éliminer cette ville pour toujours.

Et l'Éternel dit : le cri contre Sodome et Gomorrhe s'est accru, et leur péché est énorme. C'est pourquoi je vais descendre, et je verrai s'ils ont agi entièrement selon le bruit venu jusqu'à moi ; et si cela n'est pas, je le saurai.

Genèse 18:20-21

6. Quand Dieu vit que les Israélites souffraient tant en Égypte, il prit la décision de les délivrer de la main de Pharaon.

Longtemps après, le roi d'Égypte mourut, et les enfants d'Israël gémissaient encore sous la servitude, et poussaient des cris. Ces cris, que leur arrachait la servitude, montèrent jusqu'à Dieu. Dieu entendit leurs gémissements, et se souvint de son alliance avec Abraham, Isaac et Jacob. Dieu regarda les enfants d'Israël, et il en eut compassion.

Exode 2:23-25

7. Quand Dieu faisait sortir les enfants d'Israël hors d'Égypte vers Canaan et qu'ils commencèrent à se plaindre, Dieu prit immédiatement la décision de les garder dans le désert pendant quarante ans.

Où vos pères me tentèrent, pour m'éprouver, et ils virent mes œuvres Pendant quarante ans. Aussi je fus irrité contre cette génération, et je dis : Ils ont toujours un cœur qui s'égare. Ils n'ont pas connu mes voies. Je jurai donc dans ma colère : ils n'entreront pas dans mon repos !

Hébreux 3:9-11

8. Quand Dieu vit que Lucifer était rebelle, il prit la décision de le chasser du Ciel.

   Ton cœur s'est élevé à cause de ta beauté, tu as corrompu ta sagesse par ton éclat ; je te jette par terre, je te livre en spectacle aux rois. Par la multitude de tes iniquités, par l'injustice de ton commerce, tu as profané tes sanctuaires ; je fais sortir du milieu de toi un feu qui te dévore, je te réduis en cendre sur la terre, aux yeux de tous ceux qui te regardent.

   Ézéchiel 28:17-18

9. Quand Dieu se rendit compte que les Israélites ne voulaient pas être gouvernés par un prophète, il prit la décision de changer le style de leadership et de passer de juges à rois.

   L'Éternel dit à Samuel : écoute la voix du peuple dans tout ce qu'il te dira ; car ce n'est pas toi qu'ils rejettent, c'est moi qu'ils rejettent, afin que je ne règne plus sur eux.

   1 Samuel 8:7

10. Quand Dieu vit que toute sa création allait être perdue par le péché, il prit la décision d'envoyer son Fils pour les regagner.

    Car Dieu a tant aimé le monde qu'il a donné son Fils unique, afin que quiconque croit en lui ne périsse point, mais qu'il ait la vie éternelle. Dieu, en effet, n'a pas envoyé son Fils dans le monde pour qu'il juge le monde, mais pour que le monde soit sauvé par lui.

    Jean 3:16-17

Beaucoup de pasteurs ne réussissent pas à se débarrasser d'éléments déloyaux dans leurs rangs. Quand vous n'arrivez pas à prendre la décision difficile de retirer des traîtres, vous serez détruits. Êtes-vous leader ? Aspirez-vous à être leader ? Si oui, alors bienvenue au club des décisions difficiles.

Six clés pour prendre des décisions

1. Soyez courageux.

Il faut du courage pour prendre de bonnes décisions. Le roi David ordonna à Salomon d'être fort. Il savait que Salomon aurait besoin de force pour être résolu. David savait que prendre des décisions était le plus grand attribut dont Salomon aurait besoin.

Je m'en vais par le chemin de toute la terre. Fortifie-toi, et sois un homme !

1 Rois 2:2

Parce que je suis leader, je comprends l'importance de cet ordre. Sans force, vous ne pouvez pas être résolu. Une église a besoin d'un leader fort pour la faire avancer. La démocratie et les comités n'aident pas ; vous avez besoin d'un leadership fort.

Salomon alla de l'avant et élimina son frère Adonias, qui avait essayé de lui prendre son trône auparavant. Le premier acte de force que Salomon réalisa fut d'éliminer tous les traîtres et les mauvais éléments possibles de son royaume. Certains d'entre vous êtes trop faibles pour vous débarrasser de ce mauvais homme dans votre vie. C'est pourquoi vous ne serez jamais un leader à succès. Prendre des décisions est le plus grand attribut d'un leader. Vous avez besoin de force pour obéir à la voix du Seigneur.

Quand Dieu me dit d'être pasteur, il me fallut beaucoup de force pour aller de l'avant et suivre la volonté de Dieu. Personne ne m'a soutenu ou aidé. Quand j'ai commencé dans le ministère, je me suis retrouvé entouré par des gens qui ne croyaient pas en moi. J'ai dû me débarrasser des railleurs dans ma vie, et c'est ce que j'ai fait ! Je me souviens avoir dit à un monsieur : « À partir d'aujourd'hui, vous ne faites plus partie de cette église ».

Je continuai : « Ne venez plus dans cette église. Vos services ne sont pas nécessaires ! »

Ce frère fut pris de court, mais c'était une étape très nécessaire pour ma propre survie. Personne ne peut prospérer si des railleurs déloyaux l'entourent. Vous avez besoin d'un environnement d'encouragement et de paix.

2. Voyez loin.

Sachez que la décision que vous prenez maintenant tournera en bien. Salomon savait que l'élimination de son frère Adonias tournerait en bien pour toute la nation. Si Salomon n'avait pas vu loin, il n'aurait pas pris cette décision. Un mauvais manager ne peut pas voir que s'il ne prend pas la décision difficile de réduire la main d'œuvre, par exemple, toute l'entreprise va fermer.

3. Considérez les conséquences si vous n'arrivez pas à prendre une décision.

Abraham était très proche de son neveu Lot. Un jour, il dut faire face à la réalité douloureuse que la présence de son neveu dans sa vie lui causait plus de mal que de bien. En bon leader, il prit la décision et se sépara de son neveu. La conséquence de ne pas prendre cette décision aurait été la lutte. Et elle n'en valait pas la peine.

Abram dit à Lot : qu'il n'y ait point, je te prie, de dispute entre moi et toi, ni entre mes bergers et tes bergers ; car nous sommes frères. Tout le pays n'est-il pas devant toi ? Sépare-toi donc de moi : si tu vas à gauche, j'irai à droite ; si tu vas à droite, j'irai à gauche.
Genèse 13:8-9

Remarquez que c'est après cette décision que Dieu lui parla en détails des terres et des bénédictions qui étaient siennes.

L'Éternel dit à Abram, après que Lot se fut séparé de lui...
Genèse 13:14

4. Agissez vite quand vous avez toute l'information nécessaire. Ne prenez pas de décisions basées sur une partie de l'information disponible. Vous ferez des erreurs désastreuses en faisant cela. Salomon fut conseillé par son père de se débarrasser de Joab. La seule information dont Salomon avait besoin était l'instruction de son père. Joab était quelqu'un qui avait désobéi à David à plusieurs reprises. David demanda à Salomon d'éliminer Joab.

> ...tu ne laisseras pas ses cheveux blancs descendre en paix dans le séjour des morts.
>
> 1 Rois 2:6

Quand l'occasion se présenta, Salomon exécuta Joab. Quand Salomon eut l'information, il prit la décision d'exécuter immédiatement Joab. David demanda aussi à Salomon de s'occuper de Shimeï. Shimeï était quelqu'un qui avait maudit le roi David quand il fuyait devant Absalom.

> ... tu as près de toi Schimeï... tu ne le laisseras pas impuni...
>
> 1 Rois 2:8-9

Vous remarquerez qu'après que Salomon ait obéi aux instructions de son père, le royaume d'Israël s'affermit sous son règne. Les décisions de Salomon au début de son règne le menèrent très loin.

> ...La royauté fut ainsi affermie entre les mains de Salomon.
>
> 1 Rois 2:46

Parce que Salomon était résolu, son royaume s'affermit. Une fois qu'il eut l'information, il prit la décision et la mit en œuvre.

5. Mettez en œuvre les décisions prises.

Salomon demanda à Shimeï de ne pas traverser le torrent de Cédron. Il lui dit que s'il le traversait, ce serait son dernier jour sur Terre. Lorsque l'information arriva que Shimeï avait franchi la limite, Salomon mit en œuvre la décision difficile qu'il avait déjà prise. Le côté résolu de Salomon était à l'œuvre.

6. Entourez-vous de gens pieux qui donnent de bons conseils.

Ne faites pas l'erreur de Roboam.

Roboam se rendit à Sichem, car tout Israël était venu à Sichem pour le faire roi. Lorsque Jéroboam, fils de Nebath, eut des nouvelles, il était encore en Égypte, où il s'était enfui loin du roi Salomon, et c'était en Égypte qu'il demeurait. On l'envoya appeler. Alors Jéroboam et toute l'assemblée d'Israël vinrent à Roboam et lui parlèrent ainsi : ton père a rendu notre joug dur; toi maintenant, allège cette rude servitude et le joug pesant que nous a imposé ton père. Et nous te servirons. Il leur dit : allez, et revenez vers moi dans trois jours.

Et le peuple s'en alla. Le roi Roboam consulta les vieillards qui avaient été auprès de Salomon, son père, pendant sa vie, et il dit : que conseillez-vous de répondre à ce peuple ? Et voici ce qu'ils lui dirent : si aujourd'hui tu rends service à ce peuple, si tu leur cèdes, et si tu leur réponds par des paroles bienveillantes, ils seront pour toujours tes serviteurs. Mais Roboam laissa le conseil que lui donnaient les vieillards, et il consulta les jeunes gens qui avaient grandi avec lui et qui l'entouraient. Il leur dit : que conseillez-vous de répondre à ce peuple qui me tient ce langage : allège le joug que nous a imposé ton père ?

Et voici ce que lui dirent les jeunes gens qui avaient grandi avec lui : tu parleras ainsi à ce peuple qui t'a tenu ce langage : ton père a rendu notre joug pesant, et toi, allège-le-nous ! Tu leur parleras ainsi : mon petit doigt est plus gros que les reins de mon père. Maintenant, mon père vous a chargés d'un joug pesant, et moi je vous le rendrai plus pesant ; mon père vous a châtiés avec des fouets, et moi je vous châtierai avec des scorpions. Jéroboam et tout le peuple vinrent à Roboam le troisième jour, suivant ce qu'avait dit le roi : revenez vers moi dans trois jours. Le roi répondit durement

au peuple. Il laissa le conseil que lui avaient donné les vieillards, et il leur parla ainsi d'après le conseil des jeunes gens : mon père a rendu votre joug pesant, et moi je vous le rendrai plus pesant ; mon père vous a châtiés avec des fouets, et moi je vous châtierai avec des scorpions. Ainsi le roi n'écouta point le peuple ; car cela fut dirigé par l'Éternel, en vue de l'accomplissement de la parole que l'Éternel avait dite par Achija de Silo à Jéroboam, fils de Nebath.

Lorsque tout Israël vit que le roi ne l'écoutait pas, le peuple répondit au roi : quelle part avons-nous avec David ? Nous n'avons point d'héritage avec le fils d'Isaïe ! À tes tentes, Israël! Maintenant, pourvois à ta maison, David ! Et Israël s'en alla dans ses tentes.

1 Rois 12:1-16

Deux erreurs communes aux leaders

1. Ne pas arriver à prendre une décision évidente.
2. Ne pas arriver à mettre en œuvre une décision qui a été prise.

Chapitre 44

Connaissez la puissance des habitudes et développez de bonnes habitudes

Une habitude est quelque chose que vous faites sans y penser ou sans avoir l'intention de le faire. Tout bon leader a beaucoup de bonnes habitudes. Ce sont ces bonnes habitudes qui l'ont transformé en ce qu'il est.

Deux habitudes de Jésus

1. **Aller régulièrement à l'église**

Saviez-vous que Jésus avait de bonnes habitudes ? La Bible nous enseigne qu'il avait l'habitude d'aller à l'église le jour du sabbat.

Il se rendit à Nazareth, où il avait été élevé, et, selon sa coutume, il entra dans la synagogue le jour du sabbat. Il se leva pour faire la lecture.

Luc 4:16

2. **Faire des retraites de prière**

Jésus avait aussi l'habitude d'aller dans un jardin particulier pour des retraites. C'était un endroit où il se rendait souvent. Et tout le monde connaissait son habitude de prier dans le jardin.

Lorsqu'il eut dit ces choses, Jésus alla avec ses disciples de l'autre côté du torrent du Cédron, où se trouvait un jardin, dans lequel il entra, lui et ses disciples.

Judas, qui le livrait, connaissait ce lieu, parce que Jésus et ses disciples s'y étaient souvent réunis.

Jean 18:1-2

L'habitude de Daniel

Daniel priait à des moments précis de la journée. C'était quelque chose qu'il avait l'habitude de faire. Ce fut l'un des plus grands secrets de sa vie.

Lorsque Daniel sut que le décret était écrit, il se retira dans sa maison, où les fenêtres de la chambre supérieure étaient ouvertes dans la direction de Jérusalem ; et trois fois le jour il se mettait à genoux, il priait, et il louait son Dieu, comme il le faisait auparavant.

Daniel 6:10

Dix choses que tout leader devrait savoir sur la puissance des habitudes

1. Une habitude est un acte qu'on répète facilement sans y penser ou sans le planifier.

2. Une habitude est un acte qui vous devient habituel, que vous en soyez conscient ou pas.

3. Une habitude est souvent un acte insignifiant qui semble ne pas avoir le pouvoir d'affecter l'avenir.

C'est pourquoi beaucoup de gens ne reconnaissent pas le concept d'avoir de bonnes habitudes comme un outil puissant pour les réalisations futures.

4. Une habitude peut être bonne ou mauvaise, naturelle ou spirituelle.

Les habitudes spirituelles sont des choses comme la prière du matin et avoir un temps de recueillement chaque jour. Les habitudes naturelles sont des choses comme se brosser les dents et prendre un bain chaque jour.

5. On répète les bonnes habitudes aussi facilement que les mauvaises habitudes.

6. Les mauvaises habitudes conduisent régulièrement à l'échec et à la défaite sans que la personne sache ce qui se passe.

7. Les bonnes habitudes conduisent régulièrement au succès et à la victoire sans que la personne se rende compte de ce qu'elle fait.

8. Les mauvaises habitudes sont faciles à former, mais il est difficile de vivre avec. Les bonnes habitudes sont difficiles à former, mais il est facile de vivre avec.

9. Tout leader qui réussit a un certain nombre de bonnes HABITUDES qui l'ont conduit au succès.

Il y a de nombreuses années, l'un de mes amis m'a appris à prendre un temps de recueillement avec Dieu chaque matin. J'ai développé cela en habitude personnelle et cela a été mon plus grand secret en tant que chrétien et plus tard en tant que ministre. Presque tout ce je prêche résulte de cette bonne habitude.

10. Les habitudes sont une procédure de sécurité pour les leaders.

C'est parce que même si un leader est sous pression, il fera certaines bonnes choses habituellement, naturellement et facilement. Quand il est sous pression, le leader n'a peut-être pas le temps de penser à ce qu'il faut faire ou comment agir. C'est une bonne habitude de prière ou de temps de recueillement qui peut le sortir des difficultés. Tout comme Jésus, j'ai moi aussi un endroit où je vais souvent prier. J'y vais souvent aussi avec mes pasteurs. Cette habitude m'aide à rester spirituellement protégé même quand je ne suis pas conscient du danger.

Vingt bonnes habitudes que tout leader devrait développer

1. Lisez votre Bible chaque jour de votre vie.

En temps de crise, c'est cette lecture de la Bible qui peut vous sauver.

2. Ayez un temps de recueillement personnel avec Dieu chaque jour.

Adoptez le principe du PBPD (Pas de Bible, Pas de Petit-déjeuner).

3. **Priez un minimum d'une heure chaque jour de votre vie.**

   Développez l'habitude de prier avant de manger.

4. **Jeûnez au moins une fois par semaine.**

   Vous pouvez par exemple choisir le vendredi comme jour de jeûne.

5. **Écoutez constamment des cassettes de prédication dans votre voiture ou à la maison.**

6. **Ayez constamment un livre que vous êtes en train de lire.**

   Dès que vous avez fini un livre, commencez-en immédiatement un autre. C'est une très bonne habitude qui augmentera inconsciemment vos connaissances et votre apprentissage.

7. **Jouez seulement de la musique chrétienne chez vous ou en voiture.**

   Ne laissez jamais jouer de la musique mondaine en votre présence, même si elle vient de la radio. Cette habitude vous aidera à créer tout le temps autour de vous un environnement propice à l'Esprit Saint. L'Esprit Saint viendra à vous parce que Dieu habite la louange et l'adoration. Vous chasserez aussi inconsciemment les mauvais esprits sans avoir l'intention de le faire. « Et lorsque l'esprit de Dieu était sur Saül, David prenait la harpe et jouait de sa main ; Saül respirait alors plus à l'aise et se trouvait soulagé, et le mauvais esprit se retirait de lui » (1 Samuel 16:23).

8. **Faites un long jeûne au début de l'année pour remettre le reste de l'année entre les mains de Dieu.**

9. **Ayez au moins un long temps de prière au moins une fois par semaine.**

10. **Que vos amis les plus proches soient du même sexe que vous.**

11. Parlez chaque jour avec votre femme.

J'ai découvert que le plus grand besoin d'une femme est qu'on lui parle, même si c'est sur « rien ». Les femmes naissent avec un don de parole. L'un de leurs dons est la parole. Quinze minutes de bavardage feraient beaucoup de bien à chaque femme.

12. Jouez et parlez avec vos enfants.

Si vous dépensez moitié moins d'argent pour vos enfants et si vous passez deux fois plus de temps avec eux, ils réussiront mieux.

13. Ayez régulièrement des relations sexuelles avec votre conjointe.

Vous pouvez le faire au moins tous les deux jours ou selon que votre force le permet.

14. Reposez-vous une fois par semaine.

Je me repose le lundi. J'ai appris que c'est un jour important pour moi. J'ai découvert que le travail n'a jamais de fin.

15. Donnez votre témoignage à tout non-croyant que vous rencontrez.

Faites-le, que vous ayez prié ou non. Ne laissez pas un non-croyant vous quitter sans avoir entendu l'évangile. Cette habitude conduira de nombreuses personnes à être sauvées sans que vous ne planifiiez de croisade de salut.

16. N'empruntez pas d'argent.

Certains ont l'habitude d'emprunter de l'argent à chaque fois qu'ils sont dans le besoin. Vous devez développer l'habitude de ne pas emprunter de l'argent.

17. Mettez de côté un certain temps pour spécialement être avec Dieu tous les deux ou trois mois.

À chaque fois que je fais cela, je m'en vais quelques jours passer du temps avec le Seigneur. C'est l'un des grands secrets de ma vie.

18. Mettez de l'argent de côté.

Mettez un peu d'argent de côté chaque mois.

19. Développez l'habitude de ne pas beaucoup regarder la télévision.

La télévision prend le temps que vous pourriez utiliser à lire, prier, vous recueillir, parler à Dieu, bavarder avec votre femme ou vos enfants. La télévision est aussi une mauvaise influence. Les gens trouvent les idées de divorce et d'autres maux en regardant la télévision.

20. Payez la dîme tous les mois.

Attribuez dix pour cent de votre revenu à Dieu.

Vous considérez-vous un leader ? Quelles sont vos bonnes habitudes ? Développez une vie remplie de bonnes habitudes. N'oubliez pas que tout leader qui réussit a de bonnes habitudes secrètes qui le font diriger avec succès.

Chapitre 45

Sachez où vous êtes ! Sachez où vous n'êtes pas ! Et vous saurez où aller

Vous connaîtrez la vérité, et la vérité vous affranchira.

Jean 8:32

La vérité vous dira où vous êtes et où vous n'êtes pas ! La vérité vous dira aussi où aller. Beaucoup de pasteurs doivent commencer à dire la vérité sur la taille de leur congrégation. Il est temps de cesser de faire de vagues suppositions sur le nombre de personnes dans votre église. Quand vous connaitrez le nombre réel d'âmes que vous servez, vous serez motivé pour travailler plus dur.

Un jour, je demandai à mon agent d'information de me dire combien de personnes étaient à l'église. Quand il me donna le chiffre, je fus déprimé pendant au moins une semaine. Je me rendis compte que notre église était très petite. J'avais encore un long chemin à faire !

Si vous ne pouvez pas vous dire la vérité, vous ne pouvez pas être un bon leader.

Beaucoup d'entreprises ne font pas du tout de profit ! Quand ils additionnent les coûts réels des opérations, ils se rendent compte qu'ils travaillent en fait à perte. Si les managers étaient honnêtes, ils prendraient les décisions difficiles nécessaires. Voilà ce qu'est le leadership.

Quelqu'un lui dit : Seigneur, n'y a-t-il que peu de gens qui soient sauvés ?...

Luc 13:23

Jésus répondit et lui dit qu'il y a une porte étroite et que peu de gens entrent par cette porte. C'était la vérité. Les leaders doivent faire face à la réalité. Sans chiffres réels, un directeur général ne peut pas prendre de bonnes décisions financières. Tout leader doit s'assurer qu'il connaît la situation réelle.

Chapitre 46

Motivez-vous vous-même. N'attendez pas à recevoir des orientations ou des encouragements de l'extérieur

Tout le monde attend de l'encouragement du leader, mais qui encourage le leader ? Un vrai leader est quelqu'un qui sait s'encourager lui-même quand c'est nécessaire. Je ne cherche pas de la motivation à l'extérieur. J'ai appris que je dois me motiver. Je ne peux pas dépendre de facteurs extérieurs pour m'encourager.

J'ai été de nombreuses fois complètement découragé et abattu dans le ministère. J'ai parfois des problèmes dont je ne peux parler à personne. Comme David, j'ai dû apprendre à m'encourager dans le Seigneur.

Vous ne pouvez pas encourager vos fidèles à moins d'avoir appris à vous encourager. David passa par une crise et il n'avait personne à qui parler. Il n'avait pas de choix sinon de s'encourager lui-même.

Sept étapes pour vous encourager vous-même

1. **Développez une relation personnelle avec l'Esprit Saint.**

    Mais le Consolateur, l'Esprit Saint, que le Père enverra en mon nom, vous enseignera toutes choses, et vous rappellera tout ce que je vous ai dit.
    Jean 14:26

    Écoutez-le vous parler personnellement. Vous ferez cela par la foi. Vous devez pouvoir dire que Dieu vous a parlé. Quand vous êtes tout seul et qu'il n'y a personne à qui parler, l'Esprit Saint sera le guide dont vous avez besoin. Il est là pour ça ! Soyez toujours conscient du Très Grand en vous. Vous avez vaincu parce qu'il est en vous.

Vous, petits enfants, vous êtes de Dieu, et vous les avez vaincus, parce que celui qui est en vous est plus grand que celui qui est dans le monde.

1 Jean 4:4

Dans mes moments les plus sombres, j'ai trouvé que l'Esprit Saint est quelqu'un qui me parle personnellement. Jésus a décrit l'Esprit Saint comme un *autre* Consolateur.

Et moi, je prierai le Père, et il vous donnera un autre Consolateur, afin qu'il demeure éternellement avec vous.

Jean 14:16

Jésus fut le premier Consolateur. Il était disponible quand on voulait lui parler. Il était là pour répondre aux questions. Il était là pour donner des conseils. Aujourd'hui, l'Esprit Saint fait ce travail. Les leaders sont souvent des gens solitaires. Je plains tout leader qui n'a pas l'Esprit Saint comme ami personnel à qui parler.

2. Recevez des messages vivants de Dieu par la simple lecture des Écritures.

Quand la Bible deviendra un message vivant de Dieu pour vous, vous aurez toujours une source de direction et d'encouragement. Quand j'ai besoin d'encouragement ou de direction, je crois que n'importe quelle partie de l'Écriture que je lis à ce moment-là est le message de Dieu pour moi. Cela fait de la Bible mon plus grand outil d'auto-encouragement et de motivation.

Je me souviens d'une fois où j'avais été terriblement accusé par certains membres d'une église. Quand j'arrivai dans cette église pour prêcher, j'étais très désorienté à cause des nombreuses histoires qui circulaient sur moi. Quand je m'assis à l'avant de l'église, je ne savais pas sur quoi prêcher, alors je feuilletai les pages de la Bible et mes yeux tombèrent sur ce passage :

Le juste néanmoins demeure ferme dans sa voie, celui qui a les mains pures se fortifie de plus en plus.

Job 17:9

Je sus instantanément que Dieu me parlait. Celui qui a les mains pures se fortifie de plus en plus en dépit de ce que les gens disent. Je savais que j'avais les mains pures par rapport à ce dont ils m'accusaient. Bien que je n'aie jamais vu ce passage de l'Écriture avant, je prêchai dessus et m'encourageai par le pouvoir que j'y trouvai. Vous devez apprendre à vous encourager avec des passages de l'Écritures que vous lisez dans vos temps de recueillement !

3. Souvenez-vous d'autres problèmes dont Dieu vous a délivré.

Il leur fit cette recommandation : gardez-vous avec soin du levain des pharisiens et du levain d'Hérode.

Les disciples raisonnaient entre eux, et disaient : c'est parce que nous n'avons pas de pains.

Jésus, l'ayant connu, leur dit : pourquoi raisonnez-vous sur ce que vous n'avez pas de pains ? Êtes-vous encore sans intelligence, et ne comprenez-vous pas ? Avez-vous le cœur endurci? Ayant des yeux, ne voyez-vous pas ? Ayant des oreilles, n'entendez-vous pas ? Et n'avez-vous point de mémoire ?

Quand j'ai rompu les cinq pains pour les cinq mille hommes, combien de paniers pleins de morceaux avez-vous emportés ? Douze, lui répondirent-ils.

Et quand j'ai rompu les sept pains pour les quatre mille hommes, combien de corbeilles pleines de morceaux avez-vous emportées ? Sept, répondirent-ils.

Et il leur dit : Ne comprenez-vous pas encore ?

Marc 8:15-21

Jésus avait nourri cinq mille personnes à une occasion et quatre mille à une autre occasion. Jésus s'attendait à ce que Ses disciples se souviennent de ce qu'Il avait fait pour eux dans le passé. Se souvenir de ces choses les encouragerait fortement. Remarquez comment il était en colère contre les disciples parce qu'ils ne se souvenaient pas des miracles passés. Quand vous vous souviendrez de ce que le Seigneur a fait dans le passé, vous serez encouragés.

4. Faites des confessions positives.

Je vous le dis en vérité, si quelqu'un dit à cette montagne : ôte-toi de là et jette-toi dans la mer, et s'il ne doute point en son cœur, mais croit que ce qu'il dit arrive, il le verra s'accomplir.

Marc 11:23

Votre foi doit parler quand vous avez besoin d'encouragement. La foi est le contraire de la dépression. La foi est un bouclier. Votre foi est une arme reçue de Dieu destinée à arrêter les attaques. C'est pourquoi la Bible appelle la foi un bouclier qui éteint les traits enflammés.

5. Apprenez à écouter les messages appropriés et soyez de nouveau enflammé.

La foi vient toujours des messages que vous entendez. Ouvrez-vous à de merveilleux messages de foi et vous serez grandement touchés.

Ainsi la foi vient de ce qu'on entend, et ce qu'on entend vient de la parole de Christ.

Romains 10:17

6. Jouez la musique appropriée au bon moment.

Le roi Saül souffrait beaucoup de dépression. Son antidote à la dépression était d'écouter la musique ointe de David. La musique ointe a certainement un effet sur votre humeur et votre niveau d'encouragement ou de découragement.

Et lorsque l'esprit de Dieu était sur Saül, David prenait la harpe et jouait de sa main ; Saül respirait alors plus à l'aise et se trouvait soulagé, et le mauvais esprit se retirait de lui.

1 Samuel 16:23

7. Évitez les personnalités dépressives et décourageantes qui ne font que vous attirer dans la tristesse la plus sombre.

Lorsque Sanballat apprit que nous rebâtissions la muraille, il fut en colère et très irrité. Il se moqua des Juifs, et dit devant ses frères et devant les soldats de Samarie : A quoi travaillent ces Juifs impuissants ? Les laissera-t-on faire ? Sacrifieront-ils ? Vont-ils achever ? Redonneront-ils vie à des pierres ensevelies sous des monceaux de poussière et consumées par le feu ? Tobija, l'Ammonite, était à côté de lui, et il dit : qu'ils bâtissent seulement ! Si un renard s'élance, il renversera leur muraille de pierres !

Néhémie 4:1-3

Sânballat et Tobija sont des exemples de ces terribles personnalités décourageantes que vous devez éviter. Ils décrivirent le mur de Néhémie comme étant si faible que même un renard pourrait le briser ! Néhémie et ses travailleurs furent très intimidés par ces commentaires malheureux. Vous devez éviter de telles personnes, et surtout éviter leurs paroles si vous voulez surmonter le découragement. Entourez-vous de personnes qui vous croient et vous soutiendront dans vos moments de faiblesse.

Chapitre 47

Soyez flexible, la rigidité coûte cher !

J'ai été faible avec les faibles, afin de gagner les faibles. Je me suis fait tout à tous, afin d'en sauver de toute manière quelques-uns.

1 Corinthiens 9:22

Remarquez la flexibilité de Paul ! Il se fit faible et agit comme un faible, pour pouvoir sauver ceux qui étaient faibles dans la foi. Il se fit tout à tous pour servir l'Évangile. Comment se fait-il que vous soyez si raide, immuable et rigide ?

Soyez flexible, parce que la rigidité coûte cher et elle est très dangereuse. La rigidité se définit comme un mauvais durcissement. En vieillissant, nos vaisseaux sanguins se rigidifient. En d'autres termes, les conduites deviennent plus rigides et inflexibles. C'est ce qui augmente la pression artérielle. Les AVC surviennent quand le sang jaillit des vaisseaux sanguins raidis et inflexibles, à une pression élevée. Devenir raide et inflexible, c'est développer un état dangereux et potentiellement mortel. Un jet peut se produire et vous êtes mort !

Un arbre ne peut pas plier quand il est vieux. Quand vous êtes dans l'église depuis longtemps, vous pouvez être rigide. Il faut de la grâce pour savoir que vous êtes rigide. Toute église qui existe depuis un certain temps devient raide. C'est pourquoi Dieu suscite toujours de nouvelles personnes pour faire Son œuvre - des gens qui seront souples entre Ses mains et feront Sa volonté. Dieu a de nouvelles façons de faire les vieux emplois.

Un vrai leader manifeste de la flexibilité. Être flexible ne veut pas dire que vous compromettez ce que vous croyez. Un leader ne doit pas être rigide. Un vieil arbre rigide se brisera, mais un jeune arbre souple peut plier. Paul dit qu'il se fit tout à tous pour pouvoir les sauver tous. Êtes-vous prêt à faire n'importe quoi pour obtenir de bons résultats ? Il y a des moments où vous devrez peut-être vous habiller autrement pour vous mêler aux gens. Vous n'avez pas toujours raison, vous savez !

Dans certaines cultures, les gens ne sont pas ponctuels. Quand vous dites que le programme commence à six heures, ils s'en vont de chez eux à six heures et arrivent à sept heures. Si vous êtes très rigide avec l'horaire, vous finirez par prêcher à des chaises vides et par achever votre service quand la majorité des gens arrive.

Un pasteur doit être souple avec les jeunes brebis ignorantes. Les brebis vous demanderont parfois de les conseiller sur des choses sur lesquelles vous venez juste de prêcher. Le message est très clair, mais ils veulent quand même que vous leur parliez de cela. Il y a des moments où vous devez être flexible et vous adapter à ces brebis. Sans flexibilité, vous ne pourrez pas suivre le libre flot de l'Esprit Saint dans un service de miracle. Si vous voulez vraiment que votre service dure deux heures, vous risquez de manquer certains mouvements de l'Esprit.

Un leader essaie de nouvelles choses. Essayez de nouvelles façons d'évangéliser. Soyez ouvert aux méthodes que vous n'avez pas inventées. Écoutez les jeunes qui ont des idées nouvelles. Ne pensez pas rigidement que Dieu parle seulement par un prophète de soixante ans aux cheveux gris. La flexibilité vous permettra de recevoir quelque chose d'un jeune oint de vingt ans.

Êtes-vous leader ? Vous devez alors être flexible et ouvert à de nouvelles idées.

Chapitre 48

Commandez vos troupes !

Et si la trompette rend un son confus, qui se préparera au combat ?

1 Corinthiens 14:8

Il y a des moments où faire des suggestions et donner des conseils ne marche pas. Vous devez donner un ordre clair aux troupes. Le Centurion dit à Jésus : « Je dis à l'un : 'Va', et il va. Je dis à un autre : 'Viens'', et il vient ». Il montrait juste à Jésus qu'il était un leader. Un leader est souvent un commandant. Si vous êtes trop faible pour donner des ordres, vous ne pouvez pas être un leader. Les leaders doivent donner des conseils et faire des suggestions. Mais un leader doit aussi donner des ordres. Il y a des moments où vous devez dire : « Allez ! »

J'ai donné un ordre

Une nuit, le Seigneur me révéla qu'un certain pasteur de mon entourage était déloyal envers moi. Il me dit : « Donne un ordre clair ». Je n'oublierai jamais cette nuit-là où l'Esprit de Dieu m'aida très clairement. Je ne pouvais pas dormir parce que l'Esprit de Dieu me parlait. J'étais éveillé au milieu de la nuit. Tout ce que le Seigneur me dit était de donner un ordre clair. Il me dit qu'après avoir donné l'ordre, l'élément déloyal se manifesterait.

Le lendemain, j'appelai deux pasteurs à mon bureau. Je leur dis : « Jusqu'à présent, je vous ai donné des suggestions et des conseils. Mais maintenant, je vous demande explicitement de sortir de cette ville et d'aller dans les villes voisines. Je poursuivis : « En d'autres termes, je vous transfère ».

Voyez-vous, j'occupais ma place de leader fort de mon église. Je leur dis : « Je vous transfère hors de cette ville ».

L'un des pasteurs accepta de partir, après avoir clarifié quelques points. L'autre pasteur sourit et me dit : « Eh bien, je suis déjà allé dans cette ville et j'y ai même travaillé. Je serais heureux d'y aller, mais je pense que c'est une bonne occasion de vous informer de ma décision de démissionner ».

Quand j'entendis cela, je me dis : « Il a craché le morceau ».

Ce jeune homme avait préparé un plan depuis un certain temps. Il n'avait pas eu le courage de le divulguer. Je savais que son cœur n'était pas avec moi. Donner un ordre clair avait fait sortir ce qui était en lui.

Fortifie-toi et prends courage...

Josué 1:6

Priez pour recevoir la force et le courage d'être un bon leader. Donner des conseils est très différent de donner des ordres. Faire des suggestions est très différent de donner des ordres. Il y a un temps pour conseiller et un temps pour commander. Donner des ordres établira votre position en tant que leader et exposera les éléments déloyaux de vos rangs. Développez l'art de commander. Bien sûr, vous ne devez pas commander tout le monde. Vous pouvez seulement commander vos propres troupes.

Chapitre 49

Équilibrez vos priorités

La balance fausse est en horreur à l'Éternel, mais le poids juste lui est agréable.

Proverbes 11:1

Le leadership est la capacité de savoir ce qui vient en premier et ce qui vient en second. Tout leader a une maison, une famille, une église, une entreprise, une école, et la liste continue. Qu'est-ce qui vient en premier ? Un leader sait que Dieu vient toujours en premier. Presque tout leader chevronné vous dira que la famille est de la plus haute importance. Certains mettent tellement l'accent sur la famille qu'ils négligent Dieu. D'autres négligent leurs familles au nom du service de Dieu. Ils ont tous tort. Et le leader est celui qui se lève et crée l'équilibre parfait.

Gardez le juste équilibre entre toutes les priorités que Dieu vous a données. Personne ne veut aller au Ciel pour s'entendre dire qu'il a négligé tout un secteur du ministère.

Vous considérez-vous un leader ? Gardez alors le juste équilibre entre toutes les choses que Dieu vous a données à faire. Nous serons heureux de suivre votre exemple. Personne ne veut aller au Ciel pour s'entendre dire qu'il a négligé tout un secteur du ministère. Même dans les bureaux du ministère, il est important d'équilibrer vos différents appels. Vous êtes peut-être évangéliste et pasteur ; vous devez équilibrer les deux et vous assurer que vous répondez à chaque appel au maximum. Je crois que Dieu m'a placé dans la charge de professeur. C'est ma priorité principale ! J'aime l'évangélisation et j'aime être pasteur. Mais Dieu m'a chargé de mettre les premières choses en premier !

Dix priorités spirituelles

1. Vous devez vous donner au Seigneur *AVANT* de vous donnez à un homme ou à une femme.

Et non seulement ils ont contribué comme nous l'espérions, MAIS ILS SE SONT *D'ABORD* DONNÉS EUX-MÊMES AU SEIGNEUR, puis à nous, par la volonté de Dieu.

2 Corinthiens 8:5

2. Vous devez payer vos dîmes *AVANT* de payer d'autres choses.

Que chacun de vous, le *premier* jour de la semaine, mette à part chez lui ce qu'il pourra, selon sa prospérité, afin qu'on n'attende pas mon arrivée pour recueillir les dons.

1 Corinthiens 16:2

3. Vous devez chercher le royaume de Dieu *AVANT* de chercher toute autre chose terrestre.

Cherchez *premièrement* le royaume et la justice de Dieu ; et toutes ces choses vous seront données par-dessus.

Matthieu 6:33

4. Vous devez pardonner *AVANT* d'essayer de prier, de louer ou d'offrir des sacrifices à Dieu.

Si donc tu présentes ton offrande à l'autel, et que là tu te souviennes que ton frère a quelque chose contre toi, Laisse là ton offrande devant l'autel, et va *d'abord* te réconcilier avec ton frère ; puis, viens présenter ton offrande.

Matthieu 5:23-24

5. Vous devez mettre le ministère apostolique *AVANT* les ministères prophétique et pastoral, avant l'enseignement et l'évangélisation.

Et Dieu a établi dans l'Église *premièrement* des apôtres, secondement des prophètes, troisièmement des docteurs, ensuite ceux qui ont le don des miracles, puis ceux qui ont les dons de guérir, de secourir, de gouverner, de parler diverses langues.

1 Corinthiens 12:28

6. Vous devez répondre à votre appel *AVANT* de prêter attention à d'autres aspects du ministère.

Je vous ai enseigné *AVANT* TOUT, COMME JE L'AVAIS AUSSI REÇU, que Christ est mort pour nos péchés, selon les Écritures.

1 Corinthiens 15:3

7. La prière dans la vie d'un ministre doit passer *AVANT* toute autre activité.

J'exhorte donc, *avant* toutes choses, à faire des prières, des supplications, des requêtes, des actions de grâces, pour tous les hommes.

1 Timothée 2:1

8. On doit éprouver le caractère de quelqu'un *AVANT* de le nommer à un poste.

Qu'on les ÉPROUVE *D'ABORD*, et qu'ils exercent ensuite leur ministère, s'ils sont sans reproche.

1 Timothée 3:10

9. Le caractère de quelqu'un doit se manifester à la maison *AVANT* qu'il soit acceptable.

Si une veuve a des enfants ou des petits-enfants, qu'ils apprennent *AVANT* TOUT À EXERCER LA PIÉTÉ ENVERS LEUR PROPRE FAMILLE, et à rendre à leurs parents ce qu'ils ont reçu d'eux ; car cela est agréable à Dieu.

1 Timothée 5:4

10. Le pasteur qui exerce un ministère doit recevoir des bénéfices *AVANT* que les autres bénéficient de l'existence de l'église.

Il faut que le laboureur travaille avant de recueillir les fruits.

2 Timothée 2:6

Chapitre 50

Suivez les lois logiques du travail d'équipe

Après cela, le Seigneur désigna encore soixante-dix autres disciples, et il les envoya deux à deux devant lui dans toutes les villes et dans tous les lieux où lui-même devait aller.

Luc 10:1

Jésus Christ a travaillé avec une grande équipe de travailleurs. Il avait trente-cinq équipes expérimentées dont le travail était de préparer le terrain pour Son arrivée. Les équipes expérimentées facilitaient et accéléraient les choses quand Jésus lui-même arrivait sur la scène. Si notre Seigneur Jésus a travaillé avec de grandes équipes, alors nous devons nous aussi apprendre à travailler en équipe.

Quatorze lois du travail d'équipe

1. Tout le monde dans l'équipe du ministère devrait savoir ce que vous essayez de faire.

Quand les gens comprennent ce que vous essayez de faire, cela les aide à suivre votre vision.

2. Chacun dans l'équipe du ministère doit savoir ce qu'il est censé faire.

Cela vous permet de savoir qui blâmer quand les choses vont mal et qui féliciter quand les choses marchent.

3. Tout le monde dans l'équipe du ministère doit savoir ce que tous les autres membres de l'équipe du ministère sont censés faire.

C'est pourquoi vous devez avoir des réunions avec les personnes individuellement, puis les rencontrer en groupe pour que les autres sachent ce qui se passe.

4. **Chacun doit avoir une section complète dans laquelle il a plein contrôle.**

   Déléguez des tâches aux gens. Donnez-leur le contrôle de la section que vous leur avez déléguée.

5. **Faites beaucoup d'éloges et donnez de la reconnaissance aux membres de votre équipe de ministère en public.**

   Si vous voulez que quelqu'un répète quelque chose de bien, félicitez-le pour cette chose.

6. **Critiquez vos collègues et faites-leur des reproches en privé.**

   Si vous voulez corriger quelqu'un, ne le faites pas en face de ses subordonnés. Cela affaiblira sa position d'autorité à leurs yeux.

7. **En tant que leader d'une équipe du ministère, ma critique doit être constructive.**

8. **En tant que leader d'une équipe du ministère, acceptez d'être responsable pour tout, et tout ce qui va mal.**

   Recevez le blâme et partagez la gloire.

9. **Ne vous plaignez pas des membres de votre équipe et ne les condamnez pas.**

10. **Décidez de toujours donner des conseils sur la façon de mieux faire les choses.**

11. **Traitez tout le monde comme étant très important.**

    Quand vous voyez quelqu'un qui ne semble pas important, soyez gentil avec lui. Il ne parait peut-être pas important, mais traitez-le comme s'il l'était.

12. **Replacez et déplacez les gens jusqu'à ce qu'ils soient où ils fonctionnent le mieux.**

13. **Donnez des emplois aux gens en fonction de leurs personnalités.**

   Certains sont allègres et joyeux, d'autres maussades et strictes. Il y a un travail qui convient à chacun.

14. **Pardonnez et fermez les yeux sur les erreurs des membres de l'équipe.**

Chapitre 51

Mettez-vous parfois en colère

Jésus entra dans le temple de Dieu. Il chassa tous ceux qui vendaient et qui achetaient dans le temple ; il renversa les tables des changeurs, et les sièges des vendeurs de pigeons. Et il leur dit : Il est écrit : Ma maison sera appelée une maison de prière. Mais vous, vous en faites une caverne de voleurs.

Matthieu 21:12-13

Si vous êtes leader, vous serez heureux de ce qui rend Dieu heureux. Vous serez aussi en colère contre ce qui met Dieu en colère. Voyez-vous, Jésus se mit en colère quand il vit le mal commis par des fidèles rétrogrades. Ils avaient transformé l'église en centre d'affaires.

La plupart des gens ne sont capables que de colère charnelle naturelle. Mais la Bible parle d'un autre genre de colère. C'est ce que j'appelle la sainte colère.

Dans ce passage de l'Écriture, on demande en fait aux chrétiens de se mettre parfois en colère. Ce qui est important, c'est de ne pas pécher quand vous êtes en colère. La sainte colère est la colère qui monte en vous contre le diable, le péché et la méchanceté dans le monde. La sainte colère est la colère qui monte contre l'injustice et l'oppression.

Quand la sainte colère monte en vous, vous êtes censé prendre certaines décisions. Tout comme Jésus chassa les changeurs du temple, il y a un temps pour chasser certaines personnes de vos organisations. Beaucoup d'entreprises et de compagnies échouent parce qu'elles n'arrivent pas à agir de manière appropriée avec une juste colère. Les leaders doivent savoir comment fonctionner avec une juste colère biblique.

Les lois de la colère

1. **Un leader est censé se mettre en colère contre le mal.**

   Et s'il a délivré le juste Lot, profondément attristé de la conduite de ces hommes sans frein dans leur dissolution

   2 Pierre 2:7

2. **La colère d'un leader ne doit pas l'amener à pécher.**

   Si vous vous mettez en colère, ne péchez point...

   Éphésiens 4:26

3. **La colère d'un leader ne doit pas être combinée avec le refus de pardonner. Un leader rempli de colère et qui ne pardonne pas est quelqu'un de dangereux et toutes ses décisions seront mauvaises.**

   Et, lorsque vous êtes debout faisant votre prière, si vous avez quelque chose contre quelqu'un, pardonnez, afin que votre Père qui est dans les cieux vous pardonne aussi vos offenses.

   Marc 11:25

4. **La colère d'un leader doit être de courte durée. La colère d'un chrétien doit le quitter vers 17 heures 30. Un homme continuellement en colère ne peut jamais être un bon leader. Toutes ses décisions seront mauvaises.**

   ...que le soleil ne se couche pas sur votre colère.

   Éphésiens 4:26

5. **La colère d'un leader ne doit pas se transformer en amertume. Quand la colère d'un leader se change en amertume, tout son leadership est coloré par cet esprit mauvais.**

   Veillez à ce que nul ne se prive de la grâce de Dieu ; à ce qu'aucune racine d'amertume, poussant des rejetons, ne produise du trouble, et que plusieurs n'en soient infectés.

   Hébreux 12:15

Chapitre 52

Contrôlez les gens que vous dirigez par le pouvoir de l'enseignement

Vous considérez-vous comme un leader ? Je vous conseille d'étudier l'art de communiquer, d'enseigner et de prêcher. Même un homme d'affaires doit faire comprendre à ses subordonnés ce qu'il cherche à réaliser. Voyez-vous, les gens vous comprennent en fonction de vos paroles.

Salomon était un roi, mais il enseignait aux gens. Il savait que son contrôle sur le peuple passerait par son enseignement.

Outre que l'Ecclésiaste [le Roi Salomon] fut un sage, il a encore enseigné la science au peuple, et il a examiné, sondé, mis en ordre un grand nombre de sentences.

Ecclésiaste 12:9

L'enseignement est l'art de façonner les gens en ce que vous voulez. Les gens ne sont pas faciles à diriger. Chacun a sa propre opinion et son propre ensemble d'idées. Enseigner fait entrer les gens dans le moule que vous voulez. Par le pouvoir de l'enseignement, vous pouvez amener les gens à faire presque n'importe quoi. *Sans le pouvoir de l'enseignement, vous seriez à peine capable de mener n'importe qui n'importe où.*

Il faut donc que l'évêque soit... propre à l'enseignement.

1 Timothée 3:2

L'autorité de conduire les gens se trouve dans votre capacité à les enseigner. Un leader doit pouvoir communiquer des informations dans un style simple et facile à comprendre. Même si votre charge n'est pas celle d'enseigner, vous devez apprendre à enseigner.

Comment j'ai conduit mon peuple au ministère de miracle

Quand j'ai commencé à travailler dans le ministère de miracle, je me suis rendu compte que beaucoup de pasteurs ne me suivaient pas. C'était quelque chose de nouveau. Sans même savoir ce que je faisais, je me lançai dans une série d'enseignements sur la puissance de l'Esprit Saint. J'ai enseigné sur l'onction ! J'ai enseigné sur la guérison ! J'ai enseigné sur la nécessité des miracles ! Ces enseignements ont beaucoup aidé. Aujourd'hui, toute l'église est toujours prête pour une séance de miracle.

Si vous voulez conduire les gens sur une certaine voie, vous devez souvent d'abord les enseigner. Le roi Salomon était sage, c'est pourquoi il enseigna la connaissance à son peuple. Êtes-vous un sage leader ? Alors enseignez la connaissance à votre peuple !

Chapitre 53

Soyez un grand leader, faites un mille de plus

Si quelqu'un te force à faire un mille, fais-en deux avec lui.

Matthieu 5:41

Tout leader véritable fait un mille de plus pour ses fidèles. Cela peut signifier un peu plus de sacrifice et un peu plus de temps. Un mille de plus pour quelqu'un que vous aimez n'est jamais de trop. Il n'est pas rare de trouver le chef d'une entreprise dans son bureau après l'heure de fermeture. Il fait un mille de plus.

Quand je suis devenu pasteur, je faisais souvent un mille de plus sans qu'on me le demande. Le mille en plus est le mille que vous n'êtes pas censé faire. Le mille en plus est le mille que vous n'êtes pas vraiment obligé de faire. C'est pourquoi on l'appelle le mille de plus !

Ma voiture servait de bus pour l'église. Mon système de stéréo servait d'équipement pour l'église. Ma salle privée servait de bureau pour l'église. Ce n'étaient pas des choses que j'étais tenu de faire, mais je les faisais avec plaisir parce que c'est ce que fait naturellement un leader. Sans même qu'on vous le demande, vous ferez des choses supplémentaires.

Pour que votre église ou votre entreprise marche bien, quelqu'un doit faire un mille de plus. Vous considérez-vous un leader ? Faites-vous le même nombre de milles que tout le monde ? Rappelez-vous qu'un vrai leader fait souvent des milles de plus.

Chapitre 54

À quoi avez-vous survécu ?

Tous les leaders peuvent être sûrs d'avoir un certain niveau de déloyauté dans les rangs de leurs fidèles. Le ministère de Jésus a survécu à la trahison de Judas. La trahison fait partie de la vie. Peu importe qui vous êtes ou le type de leadership que vous avez, vous ferez l'expérience de la trahison. Mais vous devez être un survivant !

L'Éternel est mon berger : je ne manquerai de rien. Il me fait reposer dans de verts pâturages, Il me dirige près des eaux paisibles. Il restaure mon âme, Il me conduit dans les sentiers de la justice, à cause de son nom.

Quand je marche dans la vallée de l'ombre de la mort, je ne crains aucun mal, car tu es avec moi : Ta houlette et ton bâton me rassurent.

Tu dresses devant moi une table, en face de mes adversaires ; Tu oins d'huile ma tête, et ma coupe déborde. Oui, le bonheur et la grâce m'accompagneront tous les jours de ma vie, et j'habiterai dans la maison de l'Éternel jusqu'à la fin de mes jours.

Psaume 23:1-6

Le roi David parlait de survivre dans la vallée de l'ombre de la mort. La survie est un thème central du ministère. Tous les ministres fidèles doivent avoir une mentalité de survie. Dieu ne nous a pas promis une route facile quand nous avons choisi de Le servir. Dieu attend de nous que nous survivions après les attaques.

...et tenir ferme après avoir tout surmonté.

Éphésiens 6:13

Si vous ne pouvez pas survivre, vous ne pouvez pas être leader, parce que le leadership implique la survie.

Dix choses que tout survivant doit faire

1. Un survivant doit continuer à exister ou à fonctionner malgré des conditions défavorables.

   Nous luttons contre un ennemi réel. Les conditions ne sont pas bonnes. Satan est le dieu de ce monde et dans un sens, nous sommes sur son terrain.

2. Tout survivant doit surmonter les problèmes et s'en sortir.

   Après avoir prêché dans une église, le pasteur me dit : « On dirait que vous êtes passé par l'enfer ». Je suis certes passé par beaucoup de choses, mais je suis toujours là.

3. Tout survivant doit persévérer et réussir.

4. Tout survivant doit continuer.

   Et il dit aux Juifs qui avaient cru en lui : Si vous demeurez dans ma parole, vous êtes vraiment mes disciples.

   Jean 8:31

5. Tout survivant doit rester en vie après les défis de la vie.

6. Tout survivant doit durer.

   Paul était un leader qui a duré.

7. Tout survivant doit survivre aux tempêtes.

   Quand la tempête est terminée, vous devez toujours être là.

8. Tout survivant doit récupérer et repartir.

9. Tout survivant doit vivre pour se battre à nouveau.

10. Tout survivant doit continuer à vivre ou à exister malgré le danger.

Quinze choses auxquelles Paul a survécu

1. Paul a survécu à de fréquents emprisonnements.
2. Paul a survécu après avoir été battu cinq fois par les Juifs.
3. Paul a survécu après avoir été battu trois fois à coups de verges.
4. Paul a survécu à la lapidation.
5. Paul a survécu à trois naufrages.
6. Paul a survécu après quarante-huit heures en haute mer.
7. Paul a survécu à plusieurs voyages.
8. Paul a survécu aux dangers des voleurs.
9. Paul a survécu aux dangers de la ville.
10. Paul a survécu aux dangers de ses propres concitoyens.
11. Paul a survécu aux dangers du désert.
12. Paul a survécu aux dangers des gens déloyaux.
13. Paul a survécu à la fatigue extrême.
14. Paul a survécu à beaucoup de souffrance.
15. Paul a survécu au froid et à la nudité.

Sont-ils ministres de Christ ? Je parle en homme qui divague. Je le suis plus encore : par les travaux, bien plus ; par les coups, bien plus ; par les emprisonnements, bien plus. Souvent en danger de mort, cinq fois j'ai reçu des Juifs quarante coups moins un.

Trois fois j'ai été battu de verges, une fois j'ai été lapidé, trois fois j'ai fait naufrage, j'ai passé un jour et une nuit dans l'abîme.

Fréquemment en voyage, j'ai été en péril sur les fleuves, en péril de la part des brigands, en péril de la part de

ceux de ma nation, en péril de la part des païens, en péril dans les villes, en péril dans les déserts, en péril sur la mer, en péril parmi les faux frères.

J'ai été dans le travail et dans la peine, exposé à de nombreuses veilles, à la faim et à la soif, à des jeûnes multipliés, au froid et à la nudité.

2 Corinthiens 11:23-27

Six choses auxquelles tout leader doit survivre

1. Survivre à la persécution.

J'ai été fortement persécuté pour mes croyances. J'ai été persécuté pour avoir fondé une église. J'ai été ridiculisé pour avoir fondé une association ministérielle. En 1988 et 1989, deux personnes différentes m'ont appelé « Jim Jones » ! L'une d'elles était mon camarade de classe, un étudiant en médecine comme moi. L'autre personne qui m'a appelé « Jim Jones » était professeur à la faculté de médecine et un ami de la famille. Par la grâce de Dieu, j'ai survécu à ces persécutions.

J'avais besoin d'une salle d'église pour mon mariage, mais ce professeur dit à mes parents qu'il ne m'aiderait que si je promettais de fermer mon église. Il était tellement convaincu que j'étais un autre « Jim Jones ». Qui était Jim Jones ? C'était un leader de secte qui a conduit des milliers de personnes à la mort. J'ai été dépeint comme un leader de secte et un fou. Ce furent des moments difficiles, mais je leur ai survécu. J'ai survécu à ces odieuses persécutions et je suis toujours là, par la grâce de Dieu.

Ne vous découragez pas à cause de vos persécutions. Un leader est censé être un survivant.

2. Survivre aux rejets.

J'ai survécu aux rejets en tant que ministre de l'Évangile. Quand je me suis marié, il n'y avait pas de ministre externe à qui je pouvais faire confiance pour officier à mon mariage. Mon pasteur associé dut officier à mon mariage. J'ai invité tous les pasteurs de la ville, mais aucun n'est venu. Ces ministres ne s'intéressaient pas à mon mariage. Quand le moment vint de prendre des photos avec tous les pasteurs, aucun n'était présent. Le maître de cérémonie appela tous les pasteurs, mais aucun ne vint. J'étais complètement rejeté. Mais j'ai survécu, et la plupart des gens qui m'ont rejeté alors me respectent aujourd'hui. Ne laissez pas le rejet tuer votre vision du leadership. Le leadership comprend la survie à tout ce qu'on vous jette.

3. Survivre aux mauvaises histoires.

Un leader est quelqu'un qui survit aux mauvaises histoires. Quand Jésus a ressuscité d'entre les morts, certains ont propagé une rumeur sur ses disciples. Ils disaient que les disciples étaient des voleurs de tombes qui avaient volé le corps de Jésus. En d'autres termes, ils voulaient dire qu'il n'était pas vraiment ressuscité d'entre les morts. Mais l'Évangile a survécu à cette histoire.

Ceux-ci, après s'être assemblés avec les anciens et avoir tenu conseil, donnèrent aux soldats une forte somme d'argent, en disant : Dites : Ses disciples sont venus de nuit le dérober, pendant que nous dormions. Et si le gouverneur l'apprend, nous l'apaiserons, et nous vous tirerons de peine. Les soldats prirent l'argent, et suivirent les instructions qui leur furent données. Et ce bruit s'est répandu parmi les Juifs, jusqu'à ce jour.

Matthieu 28:12-15

Avant que Pierre puisse commencer son ministère, beaucoup le considéraient comme un menteur et un voleur. D'autres voyaient en lui le plus grand imposteur de Jérusalem depuis des siècles. Pourtant, c'était un véritable ministre de l'Évangile qui ne proclamait que ce qu'il avait vu et entendu.

Tel est le lot de tous les vrais leaders ou ministres de l'Évangile. Vous devrez survivre aux histoires incroyables qui circulent sur vous. J'ai entendu des gens dire des choses étonnantes sur moi. Une fois, quelqu'un a dit que nous imprimions de l'argent dans notre église. Quelqu'un nous a même accusés d'être des trafiquants de drogue. Comment pouvons-nous expliquer toutes ces histoires ?

À quoi avez-vous survécu ?

Les responsables gouvernementaux décrivent parfois les leaders d'église comme des charlatans qui volent et violent les gens. C'est l'impression que beaucoup de gens ont de nous. Que pouvons-nous faire à ce sujet ? Nous ne pouvons que survivre ! Survivre veut dire vivre plus longtemps et être toujours là après toutes les tempêtes. Un leader est un survivant. Pour survivre, vous avez besoin de détermination et de beaucoup de foi. Vous devez croire en vous-même et vous devez croire que ce que vous faites est la bonne chose. Vous devez croire que Dieu va vous aider.

4. Survivre à chaque crise.

Un leader survit à chaque crise. Vous devez tenir bon au milieu de votre crise. Je sais que nous voulons tous la paix et l'harmonie parfaite. C'est comme cela que les choses devraient être, mais la vie a ses péripéties. Vous devez survivre. Vous avez besoin de confiance en vous-même et d'auto-détermination. Vous pouvez y arriver ! Si vous croyez, vous pouvez tout conquérir ! Un leader a besoin d'amis et de famille en temps de crise. J'ai trouvé que Dieu est votre meilleur ami dans ces moments-là.

Jésus était un survivant. Il a rencontré le rejet ferme et la haine. Les gens voulaient le tuer dès le premier jour, mais il a survécu. Quand Jésus a annoncé qu'il était oint et qu'il avait un ministère de guérison, beaucoup l'ont purement et simplement rejeté.

Et on lui remit le livre du prophète Ésaïe. L'ayant déroulé, il trouva l'endroit où il était écrit : L'Esprit du Seigneur est sur moi, parce qu'il m'a oint pour annoncer une bonne nouvelle aux pauvres ; Il m'a envoyé pour guérir ceux qui ont le cœur brisé, pour proclamer aux captifs la délivrance, et aux aveugles le recouvrement de la vue, pour renvoyer libres les opprimés, pour publier une année de grâce du Seigneur.

Ils furent tous remplis de colère dans la synagogue, lorsqu'ils entendirent ces choses. Et s'étant levés, ils le chassèrent de la ville, et le menèrent jusqu'au sommet de la montagne sur laquelle leur ville était bâtie, afin de le précipiter en bas.

> **Mais Jésus, passant au milieu d'eux, s'en alla.**
>
> Luc 4:17-19,28-30

Jésus a survécu ! Je vous vois survivre ! Vos enfants vont survivre ! Votre famille va survivre ! Jésus a survécu et vous survivrez aussi ! Un leader ne peut pas plaire à tout le monde ; il doit faire ce que Dieu lui a dit de faire.

5. **Survivre à l'envie, à la jalousie, à la déloyauté et à la trahison.**

> **Or, Moïse était un homme fort patient, plus qu'aucun homme sur la face de la terre.**
>
> Nombres 12:3

Quand vous monterez plus haut dans le ministère, vous attirerez beaucoup d'envie et de jalousie. La plupart viendra de vos propres frères et sœurs.

> **Israël aimait Joseph plus que tous ses autres fils, parce qu'il l'avait eu dans sa vieillesse ; et il lui fit une tunique de plusieurs couleurs. Ses frères virent que leur père l'aimait plus qu'eux tous, et ils le prirent en haine. Ils ne pouvaient lui parler avec amitié.**
>
> Genèse 37:3-4

Joseph fut favorisé et reçut une tunique de plusieurs couleurs. Il attira bientôt la haine de ses propres frères. Un leader doit survivre à l'envie et à la jalousie de ses frères.

Les gens qui ont dit les pires choses sur moi sont des ministres de l'Évangile dans ma propre ville. Les choses ont un moyen de venir à vos oreilles. Un ministre me dit : « Si vous saviez ce qu'un pasteur a dit sur vous, vous n'iriez plus jamais à son église ».

Un leader s'épanouit au milieu de la jalousie et de la haine. Joseph a survécu à l'épreuve de l'esclavage. Il a survécu à la prison. Il a survécu aux mensonges et aux mauvaises histoires de la femme de Putiphar. Un leader est un survivant ! La capacité de Joseph à diriger l'Égypte dans un moment de crise fut en partie due à sa capacité à survivre à l'envie et à la jalousie de tout le monde autour de lui.

Les gens veulent parfois que vous vous excusiez d'être béni. Comment puis-je présenter des excuses pour la bénédiction de Dieu sur ma vie ? Beaucoup de ce que j'ai aujourd'hui, je ne l'ai même pas demandé. Les choses me sont juste venues. Êtes-vous leader ? Ne soyez pas intimidé par la haine de ceux qui vous entourent. Le premier problème de David commença quand il tua Goliath. La Bible dit que Saül regarda David d'une mauvais œil après la victoire.

Les femmes qui chantaient se répondaient les unes aux autres, et disaient : Saül a frappé ses mille, et David ses dix mille. Saül fut très irrité, et cela lui déplut. Il dit : On en donne dix mille à David, et c'est à moi que l'on donne les mille ! Il ne lui manque plus que la royauté. Et Saül regarda David d'un mauvais œil, à partir de ce jour et dans la suite.

1 Samuel 18:7-9

Êtes-vous un leader ? Préparez-vous à affronter l'envie, la jalousie et la trahison quand vous deviendrez quelqu'un d'important. Pour survivre à tout cela, vous avez besoin de détermination et de beaucoup de foi.

Le ministère de Jésus a survécu à la trahison de Judas. La trahison fait partie de la vie. Peu importe qui vous êtes ou quel type de leadership vous avez, vous ferez l'expérience de la trahison. Si on peut considérer l'exemple de Judas, alors une personne sur douze est peut-être déloyale.

J'ai récemment entendu parler d'une église qui a voté pour un nouveau pasteur. Ce nouveau pasteur a reçu quatre-vingt onze pour cent des votes. Qu'est-ce que cela veut dire ? Cela veut dire que neuf pour cent ne voulaient pas vraiment ce nouveau pasteur. Ce pauvre pasteur ne saura même pas qui a voté contre lui. Cependant, il peut être sûr que le groupe désapprobateur sera au sein de la congrégation.

Tous les leaders peuvent être sûrs d'avoir un certain niveau de déloyauté dans les rangs de leurs fidèles. Gardez la déloyauté au minimum et survivez à la rébellion qui se lève contre votre leadership. Ne pleurez pas sur ça. Ne vous plaignez pas pour ça.

C'est le leadership. Jésus a été trahi. Et Paul a été trahi. Comment cela se ferait-il que vous ne passiez pas par la même chose ?

J'ai eu des amis qui étaient très proches de moi et qui se sont retournés contre moi. Les gens avec qui je mangeais, je dormais et jouais se sont tournés contre moi dans une haine amère.

Celui-là même avec qui j'étais en paix, qui avait ma confiance et qui mangeait mon pain, lève le talon contre moi.

Psaume 41:9

À un moment donné, j'ai pensé que je ne survivrais pas à la trahison. La trahison d'un ami m'a blessé comme d'un couteau au cœur. Je tombai malade pendant deux semaines alors que j'endurais les mensonges et les calomnies d'un vieil ami. Mais j'ai survécu ! Un leader est un survivant ! Un leader n'est pas quelqu'un pour qui tout est rose. Soyez déterminé, cher ami, à être un survivant. Vous survivrez à toute tempête que vous rencontrerez !

6. Survivre à la pression.

Les vrais leaders se trouvent souvent sous des pressions extrêmes et variées, parce qu'ils sont à l'avant. Ce sont eux qui reçoivent tous les coups. La pression est toujours sur eux. Si vous ne pouvez pas supporter la pression, alors vous ne pouvez pas être un leader.

Développez un front dur. Ne devenez pas fou. Ne devenez pas cinglé. Certains se brisent sous la pression. Dieu dit à Ézéchiel de ne pas avoir peur des visages des gens. Soyez plus dur que tout ce qui vient contre vous.

Affirmez avec hardiesse : « Je puis tout par celui qui me fortifie ». Dites à haute voix : « Je suis capable, je suis plus que capable de vaincre et de gagner cette bataille. Même si mille tombent à mon côté et dix mille à ma gauche, je vais survivre. Je suis un survivant au nom de Jésus. Dieu me fortifiera et me gardera dans toutes mes voies ! »

Chapitre 55

Reconnaissez les dons des autres

Au contraire, voyant que l'Évangile m'avait été confié pour les incirconcis, comme à Pierre pour les circoncis...

Galates 2:7

Pierre reconnut que le ministère des Gentils était clairement aux mains de l'apôtre Paul.

Pouvez-vous reconnaître que Dieu a donné quelque chose à quelqu'un d'autre ? Si vous le pouvez, vous êtes un leader. Un leader est quelqu'un qui peut reconnaître la grâce spéciale dans la vie d'un autre. Ma bibliothèque est remplie de livres d'autres ministres. J'ai les livres de chaque pasteur de ma ville. Je reconnais que Dieu se sert d'autres personnes en dehors de moi. Je veux apprendre ce qu'ils savent. Je reconnais publiquement et en privé qu'ils font de grandes choses pour le Seigneur.

Au lieu de reconnaître les dons des autres, les pasteurs se critiquent et se calomnient souvent les uns les autres.

Il y a des années, je me suis rendu compte qu'il y avait beaucoup de gens que je ne pouvais pas atteindre. Beaucoup de gens ne comprennent pas ma façon de prêcher. C'est pourquoi Dieu a suscité d'autres ministres. Il y a aussi beaucoup de gens qui ne comprennent pas la façon dont d'autres prêchent. C'est pourquoi ils ont rejoint mon église. Je trouve souvent amusant d'observer comment certains ministres reconnaissent mon don à contrecœur. Ils ont peur de reconnaître les dons des autres.

Pierre reconnut le ministère de Paul auprès des Gentils. Paul reconnut aussi le ministère de Pierre auprès des Juifs. Vous devez reconnaître ce que Dieu reconnaît et honorer ce que Dieu honore. Tel est le véritable leadership !

Chapitre 56

Soyez créatifs

Au commencement, Dieu créa les cieux et la terre.
Genèse 1:1

L'univers est gouverné par un Dieu créateur. Ce monde est gouverné par des gens créatifs. La créativité, c'est pouvoir penser à quelque chose de nouveau et de mieux et le réaliser. Quelqu'un d'ordinaire veut faire ce que tout le monde fait. Un leader est quelqu'un qui est prêt à être créatif et à ouvrir de nouveaux territoires.

Il y a deux groupes de gens dans ce monde. Un groupe créé de nouvelles choses. L'autre groupe ne créé rien. Les créatifs dominent les non-créatifs. Vous n'avez pas à chercher bien loin pour voir cette vérité.

Les créatifs gouvernent les non-créatifs. Soyez créatif dans votre entreprise. Soyez créatif dans votre travail. Soyez créatif en tant que ministre de l'Évangile. Le fait que quelque chose n'ait pas été fait avant ne veut pas dire que cette chose est mauvaise. Vous dominerez dans votre sphère de vie. Le ministère que je supervise est essentiellement composé de laïcs. J'ai moi-même commencé dans le ministère en tant que laïc. Quand j'ai commencé, les gens prêchaient sur moi dans leurs chaires, disant que je ne me concentrais pas sur mes études. Ils n'avaient jamais vu le ministère de laïcs à l'œuvre. Ils ne pouvaient que critiquer. Aujourd'hui, ce ministère laïc créatif a conduit à beaucoup de croissance dans mon ministère. Décidez d'être un leader créatif !

Sept étapes pour devenir un leader créatif

1. Demandez au Saint Esprit de vous enseigner quoi faire.

Réalisez que vous pouvez être dans un environnement non-créatif. Vous devrez peut-être vous battre contre un esprit de non-créativité toute votre vie.

2. Admirez la nature.

Intéressez-vous aux animaux, à la nature et au corps humain. Quand vous vous intéresserez à ce que Dieu a créé, cela suscitera l'esprit de créativité en vous. Les non-créatifs s'intéressent généralement peu à la nature.

3. Surmontez la résistance naturelle au changement.

La plupart des gens n'aiment pas le changement. Soyez honnête, et faites face à chaque trace de non-créativité et de réaction au changement dans votre vie.

4. Intéressez-vous aux superbes créations d'hommes ordinaires.

Intéressez-vous à la médecine, à la chirurgie, aux voitures, aux avions, aux ordinateurs, etc. Les non-créatifs ne s'intéressent généralement pas à ces choses.

5. Soyez ouvert aux façons nouvelles et inhabituelles de faire quelque chose.

N'ayez pas une attitude obscurantiste envers toute suggestion nouvelle. On s'est souvent moqué de moi quand je faisais de nouvelles suggestions. En fin de compte, ce sont ces mêmes suggestions qui ont été une bénédiction pour beaucoup de gens.

On se moque souvent des créatifs à cause de leurs idées.

6. Soyez prêt à vous lancer dans l'aventure.

L'aventure est la sœur de la créativité.

7. Essayez d'introduire des variations dans des modèles déjà existants.

La variation est la sœur de la créativité.

Un leader créatif est quelqu'un qui peut trouver des idées nouvelles. Les idées nouvelles contiennent souvent les solutions dont nous avons besoin. Avez-vous de nouvelles idées ?

Chapitre 57

Respectez les principes et vous bâtirez une grande organisation

Trois définitions d'un principe

1. Un principe est une règle fondamentale qui devient la base d'une action.
2. Un principe est la vérité fondamentale qui est à la base de notre raisonnement.
3. Un principe est une loi générale qui est le fondement d'une décision.

Sept types d'organisations qui ne durent pas

Les organisations sont détruites par *des leaders qui ne fondent pas leurs décisions et leur raisonnement sur des principes*. *Pour construire une organisation, une église ou une nation durable, vous devez fonder votre raisonnement, vos actions et vos décisions sur des principes.* Les principes survivent au favoritisme, à l'impartialité et à l'opportunisme politique. Si vous brisez les principes, les principes vous briseront.

1. Une organisation régie par l'opportunisme politique plutôt que par les principes est vouée à l'échec.

« Ce n'est pas politiquement opportun ! », disent beaucoup de leaders politiques. Ces leaders prennent de mauvaises décisions qui détruisent des nations entières. Quand on prend des décisions dans un pays pour gagner la faveur politique plutôt que pour faire la bonne chose, le pays est souvent voué à l'échec.

2. **Une organisation régie principalement par le don de faveurs à des proches plutôt que par les principes sera détruite.**

Quand un leader décide de placer les membres de sa famille dans certaines positions pour lesquelles ils ne sont pas qualifiés, il met de côté les principes et gère son organisation par les émotions. La Bible enseigne que la partialité et l'hypocrisie ne sont pas la sagesse.

La sagesse d'en haut est premièrement... exempte de duplicité, d'hypocrisie.

Jacques 3:17

Votre nation, votre entreprise ou votre église se brisera quand vous traiterez avec les gens sur la base de relations familiales plutôt que sur des principes importants.

3. **Une organisation régie par un leader qui prend des décisions pour obtenir un avantage financier personnel finira par s'effondrer.**

Je connais un projet qui aurait dû ne coûter que quarante millions de dollars à une organisation. Cependant, il finit par lui coûter cinquante millions de dollars. Pourquoi ? Parce que quelqu'un a été soudoyé pour accepter un chiffre plus élevé. Une telle organisation finira pauvre avec une dette très importante. Elle n'est pas gérée par des principes, mais par des leaders qui cherchent à se remplir les poches. Si je cherchais à m'enrichir plutôt qu'à construire l'église, je verrais l'église s'effondrer.

4. **Quand une nation est régie par la cupidité plutôt que par des principes, elle finit dans une grande pauvreté.**

C'est l'histoire de certaines nations. C'est l'histoire de leaders avides qui ont bu le sang des nations qu'ils ont gouvernées. Au lieu d'un leadership fondé sur des principes, nous avons des vampires et des vautours avides de boire chaque goutte de sang. Les despotes ont laissé leur pays dans la désolation, alors qu'ils ont amassé des millions de dollars qu'ils ne pourront jamais dépenser au cours de leur vie.

5. Une nation régie par l'égoïsme plutôt que par des règles et des principes est vouée à l'échec.

Des leaders africains égoïstes envoient leurs enfants à l'école en Europe et en Amérique, tandis que le système éducatif de leur propre pays s'écroule. Ces ministres égoïstes s'en fichent si dix millions d'enfants ne sont pas scolarisés. Les hôpitaux des pays en voie de développement tombent en décrépitude, alors que les fonctionnaires du gouvernement cherchent de l'aide médicale pour eux-mêmes et leurs favoris à l'hôpital Cromwell de Londres. L'égoïsme n'est pas un fondement pour un bon leadership.

La démocratie est un système politique ou de gouvernement basé sur l'octroi du pouvoir au peuple par des élections. La nature même de ce système corrompt les leaders. L'égoïsme les pousse à rester au pouvoir indéfiniment. Des leaders soi-disant démocratiques essaient de plaire aux masses avec de belles paroles. C'est pourquoi beaucoup de leaders démocratiquement élus sont des menteurs et des hypocrites. Beaucoup de promesses ne sont jamais tenues.

6. Une organisation régie par le favoritisme et la partialité plutôt que par des principes est vouée à l'échec.

Quand un leader privilégie une ou deux personnes qu'il aime parce que ce sont des amis ou des camarades de classe, il gouverne son organisation par le favoritisme plutôt que par les principes. Les gens doivent être promus sur le mérite et non sur la base du favoritisme. Quand tout dépend de qui vous connaissez et de qui sont vos amis, l'organisation se détériore.

7. Une organisation régie par l'appartenance ethnique plutôt que par les principes est vouée à la division et à la guerre.

Un leader dont l'esprit fonctionne selon des divisions ethniques plutôt que selon des principes détruit son organisation. Ceux qui ne sont pas de son origine ethnique le haïront peu à peu. C'est la base de la plupart des guerres civiles en Afrique et en Europe. Beaucoup de leaders raisonnent en fonction des divisions ethniques plutôt que d'après des lignes de principe.

Beaucoup de pays ont dégénéré en zones de guerre à cause de ce genre de leadership. La seconde guerre mondiale s'est développée quand Hitler a essayé d'éliminer les Juifs et les autres groupes qu'il considérait indésirables. Le conflit des Balkans a grandi quand les Musulmans, les Croates et les Serbes ont essayé de se débarrasser les uns des autres. Les Tutsis et les Hutus du Rwanda sont un autre sombre rappel que le leadership fondé sur l'appartenance ethnique peut détruire toute une région.

Trois principes dont vous avez besoin pour batir votre organisation

1. **Tout le monde doit avoir une chance égale de réussir au mieux dans votre organisation.**

2. **Tout le monde doit être promu et récompensé selon son mérite plutôt qu'autre chose.**

3. **Les résultats obtenus, le travail acharné, la loyauté, la productivité et une bonne attitude doivent toujours être récompensés.**

Chapitre 58

Ne pensez pas à l'argent que vous pouvez obtenir des gens que vous dirigez. Pensez à l'aide que vous pouvez leur offrir

Voyant la foule, il fut ému de compassion pour elle, parce qu'elle était languissante et abattue, comme des brebis qui n'ont point de berger.
                                                                Matthieu 9:36

Jésus avait une raison de prier. Il avait des raisons de faire ce qu'il a fait. Il voulait aider les gens. Il était ému de compassion. Cela veut dire que Jésus éprouvait de la pitié, de la miséricorde, de la bonté et de la tendresse envers les gens. Il est évident que Jésus ne pensait pas à obtenir de l'argent d'eux. Il pensait à les aider.

Êtes-vous un leader ? Quelles pensées vous traversent l'esprit ? Pensez-vous à combien d'argent vous pouvez obtenir des gens que vous dirigez ? Pensez-vous à combien d'argent vous serez payé pour chaque chose que vous faites ? Votre esprit est-il rempli de pensées de gain et de profit personnel ? Si c'est le cas, alors vous n'êtes pas un leader du type de Jésus ! Vos motivations sont très importantes.

L'apôtre Paul a décrit qu'il portait le fardeau de son peuple, les Israélites. Si vous dirigez les gens pour une raison autre que le désir de les aider, je crains que vous ayez le mauvais emploi. Vous devez être préoccupé par les autres et leurs problèmes, même si vous n'avez pas ces problèmes.

Je dis la vérité en Christ, je ne mens point, ma conscience m'en rend témoignage par le Saint Esprit: J'éprouve une grande tristesse, et j'ai dans le cœur un chagrin continuel.

Car je voudrais moi-même être anathème et séparé de Christ pour mes frères, mes parents selon la chair.

Romains 9:1-3

Puisque Dieu regarde le cœur, vos motivations sont très importantes. Dieu a clairement fait savoir que les ministres ne devraient pas être dans le ministère pour l'argent.

Paissez le troupeau de Dieu qui est sous votre garde, non par contrainte, mais volontairement, selon Dieu ; non pour un gain sordide, mais avec dévouement.

1 Pierre 5:2

C'est pourquoi j'encourage tellement le ministère laïc. Le ministère laïc sert de filtre. Si vous êtes dans le ministère pour des raisons financières, vous ne serez pas heureux d'être un ministre laïc. Les laïcs fidèles qui désirent servir Dieu au plus haut niveau devraient être ceux qui embrassent le ministère à plein temps.

Chapitre 59

Développez votre influence !

...voici, le monde est allé après lui.

Jean 12:19

Jésus exerça de l'influence sur un grand nombre de personnes. Un leader augmente son champ d'influence à mesure qu'il grandit dans l'art du leadership. La Bible nous dit que tout le monde alla après Jésus. Les pharisiens en étaient très perturbés. Le diable aura peur de l'influence d'un vrai leader. C'est pourquoi les gouvernements ont peur des pasteurs qui sont de vrais leaders. Ils savent qu'un vrai leader influence un grand nombre de personnes.

La clé de la croissance de votre influence est le développement de celle-ci sur des sous-groupes plus petits. L'effet cumulatif de votre influence et de votre contrôle sur ces sous-groupes vous donnera une plus grande sphère d'influence.

Quand quelqu'un est un leader dans l'âme, même les supérieurs de ce leader le suivront. L'apôtre Paul a enseigné Timothée à établir son influence sur des sous-groupes de son église. Dans notre église, nous les appelons les groupes de Timothée.

Huit groupes of personnes que vous devez influencer

1. Les vieillards

Ne réprimande pas rudement le vieillard, mais exhorte-le comme un père ; exhorte les jeunes gens comme des frères.

1 Timothée 5:1

2. Les jeunes

Ne réprimande pas rudement le vieillard, mais exhorte-le comme un père; exhorte les jeunes gens comme des frères.
1 Timothée 5:1

3. Les femmes âgées

Les femmes âgées comme des mères, celles qui sont jeunes comme des sœurs, en toute pureté.
1 Timothée 5:2

4. Les jeunes femmes

Les femmes âgées comme des mères, celles qui sont jeunes comme des sœurs, en toute pureté.
1 Timothée 5:2

5. Les serviteurs

Que tous ceux qui sont sous le joug de la servitude regardent leurs maîtres comme dignes de tout honneur, afin que le nom de Dieu et la doctrine ne soient pas blasphémés.
1 Timothée 6:1

6. Les pauvres

Honore les veuves qui sont véritablement veuves.
1 Timothée 5:3

7. Les riches

Recommande aux riches du présent siècle de ne pas être orgueilleux, et de ne pas mettre leur espérance dans des richesses incertaines, mais de la mettre en Dieu, qui nous donne avec abondance toutes choses pour que nous en jouissions.
1 Timothée 6:17

8. Les leaders

Que les anciens qui dirigent bien soient jugés dignes d'un double honneur, surtout ceux qui travaillent à la prédication et à l'enseignement.
                                    1 Timothée 5:17

Timothée développa son ministère jusqu'à ce que toutes sortes de gens fassent partie de son église. L'apôtre Paul dut lui montrer comment gérer tous les différents types de personnes qui répondaient à son don de leadership.

Ne réprimande pas rudement le vieillard, mais exhorte-le comme un père; exhorte les jeunes gens comme des frères, les femmes âgées comme des mères, celles qui sont jeunes comme des sœurs, en toute pureté.
                                    1 Timothée 5:1-2

Je vous vois développer votre art du leadership jusqu'à ce que toutes sortes de personnes répondent à votre influence.

Clés pour influencer différents groupes de personnes

1. **Montrez du respect à ceux qui le méritent particulièrement.**

Les personnes âgées, par exemple, méritent plus de respect en raison de leur âge et de leur expérience. N'attendez pas d'eux la même énergie que vous recevriez des plus jeunes. Considérez les citoyens honorables que Dieu conduit au milieu de vous. Le fait que Nicodème et Joseph d'Arimathie ont été mentionnés dans la Bible nous révèle que leur soutien de Jésus était inhabituel et reçut donc une reconnaissance spéciale. Cela ne veut pas dire que vous devez avoir des préjugés contre les riches et les puissants. Cela veut dire que vous devez honorer ceux à qui l'honneur est dû.

Rendez à tous ce qui leur est dû: l'impôt à qui vous devez l'impôt, le tribut à qui vous devez le tribut, la crainte à qui vous devez la crainte, l'honneur à qui vous devez l'honneur.
                                    Romains 13:7

2. Étudiez les particularités des différents groupes.

Il y a de grandes différences entre les hommes et les femmes. Celles-ci doivent être considérées par tous ceux qui veulent les servir. Il y a aussi de grandes différences entre les femmes âgées et les jeunes femmes. La vision des jeunes femmes est le mariage, les époux et les enfants. La désillusion des femmes âgées est souvent le mariage, les maris et parfois les enfants. J'ai trouvé que les femmes âgées ont moins d'illusions sur ce que le mariage et les maris peuvent offrir. Elles sont plus enclines au service de Dieu que les plus jeunes. C'est pourquoi la Bible dit que les femmes âgées devraient enseigner les jeunes femmes.

3. Respectez les différences qui existent entre les différents groupes de personnes.

Ne méprisez pas les particularités ou les faiblesses de chaque groupe. De façon très générale, les femmes s'intéressent plus à des choses comme le bavardage, le shopping et les vêtements, tandis que les hommes s'intéressent plus à leur travail, l'argent, les voitures, le sexe, etc. Vous ne pouvez pas avoir un ministère pour les femmes réussi, si vous méprisez les caractéristiques données par Dieu aux femmes. Vous devez les respecter et célébrer la féminité.

4. Développez des enseignements spécifiques à chaque groupe.

L'évêque TD Jakes est un exemple de ministre qui manifeste beaucoup de compréhension envers les besoins des femmes. C'est pourquoi il a un ministère qui a du succès auprès des femmes. Il a développé des enseignements et écrit des livres spécialement pour les femmes.

5. Développez une forte influence sur les leaders.

Tout pasteur doit développer un fort ministère d'enseignement pour les leaders. Il y a des pasteurs qui ne savent pas quoi dire à leurs leaders. J'aime enseigner mes leaders. Plus je leur enseigne, plus j'ai d'influence, parce que chaque leader a sa sphère d'autorité.

Chapitre 60

Développez des proverbes personnels et des énigmes

Outre que l'Ecclésiaste fut un sage, il a encore enseigné la science au peuple, et il a examiné, sondé, mis en ordre un grand nombre de sentences.

Ecclésiaste 12:11

Ce prédicateur était quelqu'un qui a développé beaucoup de proverbes. Qu'est-ce qu'un proverbe? C'est un dicton sage avec un sens profond. J'ai entendu une fois un vieil homme dire : « Vous n'avez pas besoin d'argent pour construire une maison, vous avez besoin de sagesse ». C'était une parole sage d'un homme qui avait ouvert la voie à la construction de nombreuses maisons.

En devenant un leader à succès, vous développerez votre sagesse par l'expérience. Cette sagesse se transmettra par vos proverbes.

Que le sage écoute, et il augmentera son savoir, Et celui qui est intelligent acquerra de l'habileté. Pour saisir le sens d'un proverbe ou d'une énigme, Des paroles des sages et de leurs sentences.

Proverbes 1:5-6

Dix énigmes

Il faut du temps pour comprendre toute énigme. Les énigmes sont données par les pères, les gens expérimentés et les sages. De profondes sources de sagesse et de conseil y sont cachées. Une énigme est un dicton qu'on ne comprend pas immédiatement. Certaines sont même des déclarations choquantes. C'est pourquoi on les appelle des énigmes. Vous méditerez peut-être sur certaines d'entre elles et découvrirez ce qu'elles veulent dire. Voici quelques énigmes que j'ai entendues.

1. Le vieil homme au pied de l'iroko voit plus loin que le jeune homme qui a grimpé au sommet de l'arbre !

2. Un visiteur a des yeux mais il ne voit pas !

3. Quand vous voyez une chèvre au soleil, elle est en sueur, mais vous ne pouvez pas voir qu'elle sue.

4. Quand quelqu'un d'expérimenté parle, ses paroles ressemblent souvent à celles d'un fou !

5. Vous n'avez pas besoin d'argent pour construire une maison. Vous avez besoin de sagesse pour construire une maison !

6. Une grenouille ne saute pas partout sur la pelouse l'après-midi sans bonne raison !

7. C'est seulement quand vous êtes au bord du fleuve que vous pouvez entendre les crabes tousser !

8. Toute affaire menée par un Libanais est une bonne affaire !

9. Quand un crocodile vient de sous l'eau et vous dit qu'il y a un serpent en-dessous, vous devez le croire.

10. Un vieil homme conseilla son fils alors qu'il se préparait au mariage, et lui dit : « Le seul conseil que je peux te donner est : n'épouse pas une vierge ! » Oh !

Chapitre 61

Négociez avec les autorités au nom de vos fidèles

C'est un élément essentiel du leadership. Vous devrez toujours traiter avec les autorités. Apprenez à être quelqu'un qui résout les problèmes. Priez pour recevoir la sagesse de traiter avec des autorités déraisonnables et difficiles. Dieu vous donnera la sagesse à chaque fois.

Si quelqu'un d'entre vous manque de sagesse, qu'il la demande à Dieu...
Jacques 1:5

Obtenir l'approbation de différentes autorités est l'une des tâches d'un bon leader. Quand j'étais étudiant, j'ai dû obtenir la permission de directeurs d'écoles d'utiliser leurs salles de classe pour les réunions que je voulais organiser. Obtenir l'autorisation pour ce que vous voulez faire n'est pas toujours aussi simple que cela puisse paraître. Vous devriez peut-être traiter avec des urbanistes, la police et les autorités locales.

En bon leader, vous pouvez faire en sorte que les autorités supérieures vous fassent assez confiance, pour vous accorder ce dont vous avez besoin pour accomplir votre vision.

Cinq façons de traiter avec les autorités

1. Reconnaissez que vous devez traiter avec les autorités.

Il est impossible de faire quoi que ce soit dans ce monde séculier sans traiter avec les autorités en place. Vous devez reconnaître ce fait et vous y préparer. Vous ne pouvez pas les éviter ou les contourner.

Et le roi me dit : Que demandes-tu ? Je priai le Dieu des cieux, puis je dis au roi : Si le roi le trouve bon, qu'on

me donne des lettres pour les gouverneurs de l'autre côté du fleuve...

Néhémie 2:4,7

Remarquez comment Néhémie put obtenir la permission du roi de faire ce qu'il voulait. Certains ne peuvent obtenir aucune approbation ou autorisation. Un bon leader doit réussir dans ce domaine du leadership, sinon vous ne construirez rien pour Dieu.

2. Décidez de vous conformer aux lois et règlements en vigueur.

La Bible dit que ces autorités sont là pour notre bien

Que toute personne soit soumise aux autorités supérieures ; car il n'y a point d'autorité qui ne vienne de Dieu, et les autorités qui existent ont été instituées de Dieu.

Romains 13:1

3. Utilisez les personnes compétentes pour vous aider à faire face à ces autorités.

Par exemple, si vous avez affaire à des questions juridiques impliquant le gouvernement, vous devrez employer de bons avocats ou des personnes à l'esprit juridique.

4. Développez et maintenez des relations personnelles et cordiales avec toutes les autorités pertinentes.

Souvenez-vous d'elles à Noël et d'autres occasions importantes.

5. Traitez avec elles spirituellement.

Il est important de traiter avec les autorités en priant pour elles. Au fil des années, j'ai appris à traiter avec les autorités en priant pour elles. Il y a une promesse directe dans la Parole pour ceux qui prient pour les autorités. La promesse est que vous pourrez vivre dans la piété, l'honnêteté et le contentement.

J'exhorte donc, avant toutes choses, à faire des prières, des supplications, des requêtes, des actions de grâces, pour tous les hommes, pour les rois et pour tous ceux qui sont élevés en dignité, afin que nous menions une vie paisible et tranquille, en toute piété et honnêteté.

1 Timothée 2:1-2

Chapitre 62

Convainquez les gens de faire de grands sacrifices

Si quelqu'un vient à moi, et s'il ne hait pas son père, sa mère, sa femme, ses enfants, ses frères, et ses sœurs, et même à sa propre vie, il ne peut être mon disciple.

Luc 14:26

Sous le leadership de Jésus, beaucoup de gens ont donné leur vie pour une grande cause. Beaucoup de gens ont perdu la vie parce qu'ils croyaient en Lui. Je connais beaucoup de missionnaires qui sont morts en servant le Seigneur dans les champs de la mission. Un leader est quelqu'un qui peut convaincre les gens de faire des sacrifices pour une grande cause.

Je dis un jour à un jeune médecin d'aller vivre dans une ville éloignée du Ghana et d'y démarrer une église. Ce médecin avait la possibilité d'aller aux États-Unis pour devenir un riche consultant. Il fit un grand sacrifice et alla dans cette ville parce que je le lui avais demandé. Je crois qu'un jour, quand nous arriverons au Ciel, il sera très heureux d'avoir fait ce sacrifice !

Je me souviens il y a quelque temps quand notre église passait par une crise et que nous avions besoin d'un énorme apport financier. Je dû parler à beaucoup de personnes et leur demander de sacrifier leurs projets de construction et de grosses sommes d'argent pour l'Évangile. Ils le firent avec plaisir. Dieu les a aussi bénis avec plus que ce qu'ils pouvaient porter, en raison des sacrifices qu'ils avaient faits !

La clé principale pour amener les gens à faire des sacrifices

Êtes-vous le type de leader pour lequel les gens feraient des sacrifices ? Permettez-moi de vous donner une clé pour devenir ce type de leader. C'est simple. Vous devez avoir fait vous-même de grands sacrifices. Les gens vous évaluent sur vos paroles ! Ils sont convaincus quand ils se rendent compte que vous pratiquez ce que vous prêchez.

En vérité, en vérité, je te le dis, quand tu étais plus jeune, tu te ceignais toi-même, et tu allais où tu voulais ; mais quand tu seras vieux, tu étendras tes mains, et un autre te ceindra, et te mènera où tu ne voudras pas. Il dit cela pour indiquer par quelle mort Pierre glorifierait Dieu. Et ayant ainsi parlé, il lui dit : Suis-moi.

Jean 21:18-19

Jésus dit très clairement à Pierre que le suivre conduirait à une mort horrible sur la croix. Pierre était prêt à mourir parce que Jésus le conduisait.

En 1840, douze missionnaires de Bâle en Suisse ont été envoyés sur la Côte-de-l'Or au Ghana. Seuls deux ont survécu. On raconte qu'on demanda ceci à une classe de la Mission de Bâle : « Qui se portera volontaire pour aller en Côte-de-l'Or ? » Personne ne répondit. On posa une autre question : « Qui est prêt à être envoyé en Côte-de-l'Or ? » Plusieurs répondirent. Ces missionnaires étaient prêts à mourir si quelqu'un les y envoyait.

Voyez-vous, les gens sont prêts à faire des sacrifices si on les y conduit. Vous avez besoin d'un leader fort pour envoyer des gens dans un endroit qui a englouti la vie des autres. Remerciez Dieu pour un leadership fort. Soyez un leader qui convainc les gens de faire des sacrifices pour une bonne cause.

Chapitre 63

Emmenez tout le monde au sommet avec vous

Quand Dieu bénira votre leadership, vous atteindrez le sommet. Il est important de ne pas aller au sommet seul. Si vous y allez seul, vous serez isolé. Vous serez le seul à avoir prospéré et goûté aux fruits de la réussite.

Trois raisons pour lesquelles vous devez emmener tout le monde au sommet avec vous

1. Pour éviter l'isolement.

Quand vous êtes isolé, vous vous sentez seul et vous n'avez personne avec qui partager vos joies. La joie partagée est redoublée et la peine partagée diminue de moitié. Je suis heureux d'avoir des gens avec qui je peux partager mes bons moments. Je peux parler librement des bénédictions de Dieu sur ma vie, parce que je ne suis pas le seul à être béni. Les gens autour de moi peuvent comprendre ces bénédictions, parce qu'ils les connaissent aussi.

Quand j'ai commencé à jouer au golf, j'ai essayé d'inviter tous mes pasteurs à plein temps à jouer aussi. Je suis heureux d'avoir aujourd'hui des gens avec qui je joue et m'amuse. J'aurais été très solitaire là-bas tout seul !

2. Pour éviter de devenir une cible facile.

Quand vous êtes isolé au sommet, vous devenez une cible facile. Vous êtes facile à repérer, parce que vous êtes le seul à avoir certains avantages. Quand vous êtes le seul à avoir une belle voiture ou une maison, vous êtes facile à repérer. Beaucoup de membres de mon personnel ont une maison ou une voiture aussi belle que la mienne. Je ne suis pas le seul dans mon église à voyager à travers le monde. Beaucoup de mes pasteurs voyagent partout dans le monde tandis que je reste à la maison. Ils me téléphonent de différentes parties du monde pendant que je tiens le fort en Afrique.

3. **Pour éviter d'être tiré vers le bas.**

Quand vous êtes le seul au sommet, vous êtes entouré de gens désespérés. Les gens désespérés sont dangereux et ils peuvent vous faire du mal à tout moment. Ils vont essayer de vous tirer en bas vers leur niveau de frustration. Cependant, si vous êtes tous en haut, ils ne peuvent que vous tirer sur le côté et pas vers le bas.

Jésus essaya six fois d'emmener tout le monde au sommet avec lui

1. **Jésus emmena ses disciples dans de beaux endroits comme des noces.**

Il ne les a pas juste emmenés dans les synagogues, les réunions de prière au jardin de Gethsémani ou aux réunions du personnel de la Grande Commission.

Et Jésus fut aussi invité aux noces avec ses disciples.

Jean 2:2

2. **Jésus emmena ses disciples à des engagements de la haute société.**

Et Jésus fut aussi invité aux noces avec ses disciples.

Jean 2:2

3. **Jésus mangeait toujours avec ses disciples.**

Il emmena ses disciples avec lui à des dîners et des réceptions organisés en son honneur.

Pendant qu'ils mangeaient, Jésus prit du pain ; et, après avoir rendu grâces, il le rompit, et le donna aux disciples, en disant : Prenez, mangez, ceci est mon corps.

Matthieu 26:26

4. **Jésus demanda à son père si son personnel pourrait aller au Ciel avec lui**

   Père, je veux que là où je suis ceux que tu m'as donnés soient aussi avec moi...

   Jean 17:24

5. **Jésus invita toutes sortes de personnes au fameux banquet de Luc 14.**

   Il essaya d'inviter les handicapés, les mendiants, les prostituées et tous ceux qui voulaient venir avec lui au banquet.

   Et Jésus lui répondit : Un homme donna un grand souper, et il invita beaucoup de gens.

   Luc 14:16

6. **Jésus invita le voleur sur la croix à aller au paradis avec lui.**

   Jésus voulait vraiment emmener tout le monde au sommet avec lui.

   Jésus lui répondit : Je te le dis en vérité, aujourd'hui tu seras avec moi dans le paradis.

   Luc 23:43

Chapitre 64

Construisez quelque chose si vous êtes un leader !

Beaucoup pensent qu'il faut de l'argent et des richesses pour construire une maison. D'après mon expérience, je sais que l'argent en soi n'est pas nécessaire, mais la sagesse oui. Ceux qui peuvent rassembler leurs ressources et les utiliser avec sagesse deviennent souvent des constructeurs. Une telle personne est souvent leader. Avez-vous construit une maison ? Avez-vous construit une église ? Ce que vous construirez témoignera de votre leadership. Décidez de construire quelque chose pour Dieu dans votre vie.

Ce que construire révèle sur vous

1. **Construire révèle que vous êtes frugal.**
2. **Construire révèle que vous avez une grande sagesse.**

C'est ce que dit la Bible. Il faut toute la sagesse d'une personne pour construire quelque chose. Construire est toujours une indication d'une personne sage quelque part. Les pays développés qui ont construit leurs villes et leurs nations démontrent leur sagesse par ce qu'ils ont construit. Les nations qui ne peuvent pas s'organiser pour construire leurs routes, leurs hôpitaux et leurs nations démontrent un manque flagrant de sagesse. Une nation qui a besoin des autres pour construire ses toilettes révèle une situation malheureuse de ses affaires. Les nations qui ont besoin des autres pour construire leurs routes, leurs ponts et leurs barrages, puis qui les offrent en cadeau, révèlent un manque de sagesse.

C'EST PAR LA SAGESSE QU'UNE MAISON S'ÉLÈVE, et par l'intelligence qu'elle s'affermit ; c'est par la science que les chambres se remplissent de tous les biens précieux et agréables.

Proverbes 24:3-4

Ce verset démontre que quand vous ne construisez pas, vous n'avez pas de sagesse.

> J'exécutai de grands ouvrages : je me bâtis des maisons ; je me plantai des vignes ; je me fis des jardins et des vergers, et j'y plantai des arbres à fruit de toute espèce ; je me créai des étangs, pour arroser la forêt où croissaient les arbres.
>
> **Ecclésiaste 2:4-6**

3. **Construire révèle que vous avez vaincu la malédiction de Cham.**

> Et il dit : Maudit soit Canaan ! QU'IL SOIT L'ESCLAVE DES ESCLAVES de ses frères !
> Il dit encore : Béni soit l'Éternel, Dieu de Sem, et que Canaan soit leur esclave !
>
> **Genèse 9:25-26**

La malédiction de Cham était de faire de Cham et de Canaan des esclaves d'esclaves. Combien d'esclaves construisent des maisons ? Un esclave ne peut généralement pas construire de maison. Parce que la malédiction de Cham est à l'œuvre sur beaucoup de personnes, elles sont incapables de construire leurs écoles et leurs maisons. Levez-vous et construisez quelque chose de grand pour ceux qui cherchent en vous un modèle. Démontrez à tout le monde que vous avez vaincu cette malédiction d'être incapable de construire quelque chose de substantiel dans votre vie.

4. **Construire révèle que vous êtes prudent et pragmatique. Cela montre que vous êtes pratique.**

> Alors le royaume des cieux sera semblable à dix vierges qui, ayant pris leurs lampes, allèrent à la rencontre de l'époux.
>
> **CINQ D'ENTRE ELLES ÉTAIENT folles, et cinq SAGES.**
>
> **Matthieu 25:1-2**

Les dix vierges avaient été invitées à un mariage, mais cinq d'entre elles avaient ce que la Bible appelle de la *phronimos*.

La *phronimos* est l'application pratique de la sagesse. Cinq des vierges manifestèrent de la sagesse pratique en prenant des précautions pour avoir de l'huile supplémentaire. Elles planifiaient pour l'avenir et prirent des mesures concrètes, même si elles étaient des vierges spécialement invitées à ce dîner. Si vous n'arrivez pas à prendre des mesures concrètes, votre vocation et votre élection prendront fin. L'appel de Dieu peut avorter parce que vous n'êtes pas arrivé à être pratique !

Des théoriciens irréalistes se contentent de proposer des théories sur ce qui doit être fait. Mais il faut quelqu'un de pratique, sage et judicieux dans les affaires pratiques pour amener à la construction et au développement. C'est pourquoi les gens des universités les plus élevées et les meilleures du monde ne sont pas nécessairement de grands bâtisseurs. Il faut une personne qui comprenne les réalités pratiques pour réellement poser les fondations et construire quelque chose d'utile.

5. Construire révèle que vous prévoyez l'avenir.

L'HOMME PRUDENT VOIT LE MAL ET SE CACHE, mais les simples avancent et sont punis.

Proverbes 22:3

Prudence évoque quelqu'un qui prévoit l'avenir. Si vous êtes dirigé par quelqu'un qui ne prévoit pas l'avenir, vous serez sans toit. La femme qui dépend d'un tel mauvais leader finira sans abri et à la merci de la charité. L'église qui dépend d'un tel mauvais leader finira sans bâtiment d'église et à la merci des propriétaires. Une nation dirigée par des hommes qui ne prévoient pas l'avenir finira sans routes, sans hôpitaux ni électricité. On coupera l'électricité n'importe quand, parce que la nation est dirigée par des gens qui ne prévoient pas l'avenir.

Les qualités de leadership font acquérir au pasteur un bâtiment pour son église. Acheter des bus ou des instruments de musique pour votre église n'est pas la même chose que de construire un bâtiment pour l'église. Un gestionnaire sage acquiert des propriétés pour son entreprise. Je peux vous assurer que cela demande la force du leadership pour bâtir une nation. Les leaders faibles ne peuvent rien construire du tout ! Décidez aujourd'hui d'être constructeur. Un mari qui construit une maison pour sa femme et ses enfants est un vrai leader.

Le premier président du Ghana, Kwame Nkrumah, est souvent salué comme un grand leader. L'une des choses qu'il fit fut de construire beaucoup de choses pour la nation. Par exemple, il construisit le barrage d'Akosombo, le plus grand lac artificiel au monde. Les choses qu'il construisit témoignent du fait que le Ghana avait jadis un grand leader. *Le leadership se manifeste par la présence de bâtiments.* Un bon leader laisse quelque chose après lui.

Les pays occidentaux ont une infrastructure bien développée qui témoigne du genre de leadership dont ils ont bénéficié. Les pays sous-développés, qui ont été dirigés par des dictateurs analphabètes et des despotes semblables à des vampires, ont très peu d'infrastructures. Les bâtiments et le développement sont vraiment un signe de bon leadership. Salomon fut un sage leader.

J'exécutai de grands ouvrages : je me bâtis des maisons ; je me plantai des vignes ; je me fis des jardins et des vergers, et j'y plantai des arbres à fruit de toute espèce ; je me créai des étangs, pour arroser la forêt où croissaient les arbres.

Ecclésiaste 2:4-6

Parce que j'ai été impliqué dans la construction, je peux comprendre pourquoi la plupart des gens y répugnent. Mais je crois que Dieu a appelé les leaders à construire. Néhémie, l'un des grands leaders de la Bible, motiva le peuple de Dieu à se lever et à construire. Son fameux sermon fut simple : levons-nous et construisons !

... Le Dieu des cieux nous donnera le succès. Nous, ses serviteurs, nous nous lèverons et nous bâtirons...

Néhémie 2:20

6. Quelqu'un qui construit une église est un homme bon, un bon leader et un bon pasteur.

Un mauvais leader ne construira jamais rien pour vous. Les Juifs dirent que le centurion était digne. Ils dirent que c'était un homme bon. Il méritait d'avoir un miracle. Pourquoi ? Parce qu'il avait construit une synagogue pour les gens. Quand vous construisez une église, vous êtes une bonne personne. Un bon leader construit des églises, des maisons, des écoles, des hôpitaux, des routes et tout ce qui est nécessaire à ses fidèles. Lisez-le vous-même dans la Bible !

Ils arrivèrent auprès de Jésus, et lui adressèrent d'instantes supplications, disant : IL MÉRITE que tu lui accordes cela ; car il aime notre nation, et c'est lui qui a bâti notre synagogue.

Luc 7:4-5

7. Construire révèle que vous êtes humble.

Celui qui bâtit une église a la grâce de Dieu sur sa vie.

SI L'ÉTERNEL NE BÂTIT la maison, ceux qui la bâtissent travaillent en vain ; si l'Éternel ne garde la ville, celui qui la garde veille en vain.

Psaume 127:1

L'Écriture nous dit que c'est la puissance de Dieu qui vous aide à travailler et à construire. Grâce à la puissance de Dieu, vous pourrez construire ce qu'Il vous a appelés à construire. Ayez confiance en Dieu et marchez par l'Esprit. Si vous êtes conduits par l'Esprit, vous construirez beaucoup de choses pour le Seigneur

8. Construire révèle que vous êtes courageux et audacieux.

Considère maintenant que l'Éternel t'a choisi, afin que tu bâtisses une maison qui serve de sanctuaire. Fortifie-toi et agis.

1 Chroniques 28:10

9. Construire révèle la force.

David dit à Salomon, son fils : Fortifie-toi, prends courage et agis ; ne crains point, et ne t'effraie point. Car l'Éternel Dieu, mon Dieu, sera avec toi ; il ne te délaissera point, il ne t'abandonnera point, jusqu'à ce que tout l'ouvrage pour le service de la maison de l'Éternel soit achevé

1 Chroniques 28:20

10. Construire révèle la jeunesse.

Cela veut dire que vous êtes assez jeune et que vous allez vivre assez longtemps. Si vous étiez vieux, Dieu ne dirait rien.

Le roi David dit à toute l'assemblée : Mon fils Salomon, le seul que Dieu ait choisi, est jeune et d'un âge faible, et l'ouvrage est considérable, car ce palais n'est pas pour un homme, mais il est pour l'Éternel Dieu.

1 Chroniques 29:1

Chapitre 65

Soyez constamment conscient de votre vision et de votre but

Comment Jésus se rappelait son but

1. **Jésus Christ a déclaré Son but à ses parents.**

   Il leur dit : Pourquoi me cherchiez-vous ? Ne saviez-vous pas qu'il faut que je m'occupe des affaires de mon Père ?

   Luc 2:49

2. **Jésus Christ a déclaré Son but à d'autres personnes religieuses, comme Nicodème.**

   Car Dieu a tant aimé le monde qu'il a donné son Fils unique, afin que quiconque croit en lui ne périsse point, mais qu'il ait la vie éternelle. Dieu, en effet, n'a pas envoyé son Fils dans le monde pour qu'il juge le monde, mais pour que le monde soit sauvé par lui.

   Jean 3:16-17

3. **Jésus Christ a déclaré Son but à ses disciples.**

   Dès lors Jésus commença à faire connaître à ses disciples qu'il fallait qu'il allât à Jérusalem, qu'il souffrît beaucoup de la part des anciens, des principaux sacrificateurs et des scribes, qu'il fût mis à mort, et qu'il ressuscitât le troisième jour.

   Matthieu 16:21

4. **Jésus Christ a déclaré Son but à des non-croyants comme Zachée.**

   Mais Zachée, se tenant devant le Seigneur, lui dit : Voici, Seigneur, je donne aux pauvres la moitié de mes biens, et, si j'ai fait tort de quelque chose à quelqu'un, je lui rends le quadruple.

Jésus lui dit : Le salut est entré aujourd'hui dans cette maison, parce que celui-ci est aussi un fils d'Abraham. Car le Fils de l'homme est venu chercher et sauver ce qui était perdu.

Luc 19:8-10

5. Jésus Christ a déclaré Son but à des ennemis comme Pilate.

Pilate lui dit : Tu es donc roi ? Jésus répondit : Tu le dis, je suis roi. Je suis né et je suis venu dans le monde pour rendre témoignage à la vérité. Quiconque est de la vérité écoute ma voix.

Jean 18:37

Jésus savait pourquoi il était dans ce monde. Même dans les moments de grand stress, il pouvait expliquer le but de sa vie. Un leader est quelqu'un qui est constamment conscient de son but. Je suis toujours conscient de ce que Dieu m'a appelé à faire. Je passe chaque jour de ma vie à essayer de répondre à l'appel de Dieu sur ma vie. Quand vous êtes conscient de ce que vous êtes censé faire, vous êtes correctement guidé pour utiliser votre temps de manière appropriée.

Si vous vous souvenez que vous êtes pasteur seulement quand vous arrivez à l'église, alors vous n'êtes probablement pas un vrai pasteur. Quand j'étais laïc et que je travaillais à l'hôpital, j'étais constamment conscient de mon appel au ministère. Même enfant, Jésus dit : « Il faut que je m'occupe des affaires de mon Père ».

Comment Paul se rappelait son but

1. Paul rappela le but de sa vie à Timothée.

Mais j'ai obtenu miséricorde, afin que Jésus Christ fît voir en moi le premier toute sa longanimité, pour que je servisse d'exemple à ceux qui croiraient en lui pour la vie éternelle.

1 Timothée 1:16

L'art du leadership

2. **Paul rappela aux autres leur but et ministère.**

Je t'ai laissé en Crète, afin que tu mettes en ordre ce qui reste à régler, et que, selon mes instructions, tu établisses des anciens dans chaque ville.

Tite 1:5

3. **Paul rappela sa vision et son but d'apôtre aux Corinthiens.**

Paul, appelé à être apôtre de Jésus Christ par la volonté de Dieu, et le frère Sosthène, à l'Église de Dieu qui est à Corinthe, à ceux qui ont été sanctifiés en Jésus Christ, appelés à être saints, et à tous ceux qui invoquent en quelque lieu que ce soit le nom de notre Seigneur Jésus Christ, leur Seigneur et le nôtre.

1 Corinthiens 1:1-2

4. **Paul rappela sa vision et son but d'apôtre aux Éphésiens.**

Paul, apôtre de Jésus Christ par la volonté de Dieu, aux saints qui sont à Éphèse et aux fidèles en Jésus Christ.

Éphésiens 1:1

5. **Paul rappela sa vision et son but d'apôtre aux Colossiens.**

Paul, apôtre de Jésus Christ par la volonté de Dieu, et le frère Timothée, aux saints et fidèles frères en Christ qui sont à Colosses ; que la grâce et la paix vous soient données de la part de Dieu notre Père !

Colossiens 1:1-2

Cher leader, quel est le but de votre vie ? Êtes-vous un homme d'affaires qui essaie de gagner de l'argent ? Alors pourquoi est-ce que votre entreprise fonctionne comme un organisme de bienfaisance ? Pourquoi ne réduisez-vous pas vos dépenses et commencez à faire des profits ? Êtes-vous ministre de l'Évangile ? Alors ne vous laissez pas emporter par l'amour de l'argent. Dieu ne vous a pas appelé à acquérir une grande richesse. Il vous a appelé à servir dans le ministère. Servez dans le ministère, même si vous devez vivre dans la pauvreté.

Dieu me donna un rêve. Dans le rêve, je me voyais marcher sur une longue route. Il y avait beaucoup de monceaux d'or le long de cette route. En avançant sur le chemin, j'allais passer devant ces monceaux d'or. Le Seigneur me dit expressément : « Ne t'arrête devant aucun de ces monceaux. Il y a beaucoup de monceaux d'or sur cette route. Tu n'auras pas besoin de t'arrêter devant aucun ».

Voyez-vous, Dieu me montrait que je devrais rester fidèle à ma vision. Il me disait de ne pas dévier dans les affaires ou la recherche de l'argent. Êtes-vous un leader ? Alors que votre vision vous remplisse le cœur et l'esprit pour ne pas dévier de votre appel originel. Si vous êtes ministre, rappelez-vous les âmes, les âmes et encore plus d'âmes. Pas l'argent, l'argent et encore plus d'argent !

Chapitre 66

Ayez toujours une longueur d'avance

Ne sortez pas avec précipitation, Ne partez pas en fuyant ; car L'ÉTERNEL IRA DEVANT VOUS, Et le Dieu d'Israël fermera votre marche.

Ésaïe 52:12

Parce que Dieu nous conduit, Il est toujours en avance sur nous. Un leader est quelqu'un qui a une longueur d'avance sur ses disciples. C'est ce que fait de lui un leader. On doit voir que vous avez au moins une longueur d'avance sur ceux que vous dirigez. Jésus fut un bon leader. Il avait certainement une longueur d'avance dans la prière. Il priait plus que ses disciples. Il prêchait plus que ses disciples. Il s'est sacrifié plus que ses disciples.

Un leader chrétien a des domaines invisibles dans lequel il doit avoir une longueur d'avance. C'est son leadership dans ces domaines invisibles qui font de lui un vrai leader.

Dix domaines où tout leader chrétien doit avoir une longueur d'avance

1. Ayez une longueur d'avance dans la prière.

2. Ayez une longueur d'avance dans la lecture de la Bible.

3. Ayez une longueur d'avance dans la lecture de livres chrétiens.

4. Ayez une longueur d'avance dans l'écoute de cassettes.

5. Ayez une longueur d'avance dans le sacrifice à Dieu.

6. Ayez une longueur d'avance dans les dons.

7. Ayez une longueur d'avance dans l'attente de Dieu.

8. Ayez une longueur d'avance dans la sainteté.
9. Ayez une longueur d'avance dans l'amour de Dieu.
10. Ayez une longueur d'avance dans votre relation à Dieu.

Êtes-vous un leader ? Si oui, alors vous devez avoir au moins une longueur d'avance ! Vous devez non seulement avoir une longueur d'avance en public, mais aussi en privé. Si vous priez dans le secret, vos disciples s'en rendront compte et ils feront de même.

Il y a quelques années, quelqu'un m'a donné des conseils alors que je me rendais à l'église. Il me dit : « Écoutez tout ce que le prêtre dit. Fais ce qu'il dit, mais ne fais pas ce qu'il fait ». Un vrai leader doit pouvoir dire comme Paul : « Suivez-moi comme je suis le Christ ».

Soyez mes imitateurs, comme je le suis moi-même de Christ.

1 Corinthiens 11:1

Si vous n'êtes pas prêt à redresser votre vie pour que les gens puissent voir ce qui est bon et le suivre, alors vous n'êtes pas prêt à être un leader.

Chapitre 67

Évitez les distractions

Alors il lui dit : Viens avec moi à la maison, et tu prendras quelque nourriture. Mais il répondit : Je ne puis ni retourner avec toi, ni entrer chez toi. Je ne mangerai point de pain, je ne boirai point d'eau avec toi en ce lieu-ci ; car il m'a été dit, par la parole de l'Éternel : Tu n'y mangeras point de pain et tu n'y boiras point d'eau, et tu ne prendras pas à ton retour le chemin par lequel tu seras allé.

Et il lui dit : Moi aussi, je suis prophète comme toi ; et un ange m'a parlé de la part de l'Éternel, et m'a dit : Ramène-le avec toi dans ta maison, et qu'il mange du pain et boive de l'eau. Il lui mentait. L'homme de Dieu retourna avec lui, et il mangea du pain et but de l'eau dans sa maison.

Comme ils étaient assis à table, la parole de l'Éternel fut adressée au prophète qui l'avait ramené. Et il cria à l'homme de Dieu qui était venu de Juda : Ainsi parle l'Éternel : Parce que tu as été rebelle à l'ordre de l'Éternel, et que tu n'as pas observé le commandement que l'Éternel, ton Dieu, t'avait donné ; parce que tu es retourné, et que tu as mangé du pain et bu de l'eau dans le lieu dont il t'avait dit : Tu n'y mangeras point de pain et tu n'y boiras point d'eau, ton cadavre n'entrera pas dans le sépulcre de tes pères. Et quand le prophète qu'il avait ramené eut mangé du pain et qu'il eut bu de l'eau, il sella l'âne pour lui.

L'homme de Dieu s'en alla : et il fut rencontré dans le chemin par un lion qui le tua. Son cadavre était étendu dans le chemin ; l'âne resta près de lui, et le lion se tint à côté du cadavre.

1 Rois 13:15-24

Sept distractions qu'un ministre devrait éviter

1. **Évitez les distractions qui viennent de ceux qui, à l'inverse de vous, n'ont pas entendu Dieu parler.**

   Bien que beaucoup d'autres soient ministres comme moi, je me rends compte que nous ne sommes pas au même niveau. Je ne fais pas quelque chose simplement parce que d'autres le font. Un jour, j'ai raconté à un ami pasteur comment nous essayions de toucher certains villages. Il sourit et remarqua que ce genre de choses ne l'intéressait pas. J'étais découragé et me demandais si je faisais la bonne chose. Mais je me suis fortifié dans le Seigneur et ai persisté dans l'appel que Dieu m'avait donné. Je suis heureux de l'avoir fait.

2. **Éviter les distractions qui viennent en essayant de rivaliser.**

   Cela vous entrainera dans toutes sortes d'activités dans lesquelles vous essaierez de surpasser un autre ministre.

3. **Les distractions des appels téléphoniques.**

   Le téléphone est une distraction moderne qui vous éloignera de la présence de Dieu. Tout ministre qui n'a pas appris à mettre le téléphone à sa juste place dans sa vie sera constamment distrait de la prière et de l'étude de la Bible.

4. **Les distractions des faux frères.**

   Les faux frères sont ceux qui sont envoyés par l'ennemi pour vous faire perdre votre temps. Le temps que vous auriez dû passer avec les vraies brebis est consacré aux fausses brebis qui accaparent tout votre temps et votre énergie. Ce sont les mêmes qui un jour se tourneront contre vous, vous accuseront et seront ingrats. Ils ne se souviennent pas des heures que vous avez investies dans leur vie.

5. **Les distractions des leaders charnels et de ceux qui ne sont pas aussi engagés que vous.**

   Quand je parle avec des ministres qui ont mon niveau d'engagement, ils m'aident à me perfectionner et je les aide aussi. Communiquer avec des gens qui ne se soucient pas des choses de Dieu autant que vous, vous amènera à vous demander si vous êtes normal. Si vous êtes censé être un ministre à plein temps et que vous parlez à certains ministres laïcs, vous pouvez vous demander si vous faites la bonne chose.

6. **Évitez les distractions des discussions et querelles improductives.**

> **Repousse les discussions folles et inutiles, sachant qu'elles font naître des querelles.**
>
> **2 Timothée 2:23**

Je déteste les discussions et j'ai rarement de temps pour un débat. J'aime le passage de l'Écriture qui dit que vous ne pouvez rien faire contre la vérité.

> **Car nous n'avons pas de puissance contre la vérité ; nous n'en avons que pour la vérité.**
>
> **2 Corinthiens 13:8**

Cela veut dire que discuter, crier et affirmer votre opinion n'affecte pas sa vérité. La vérité survivra à tous les mensonges ! Tout vrai ministre sera ridiculisé, méprisé et accusé. Quand vous monterez dans le ministère, de plus en plus de mensonges se répandront sur vous.

> **La lèvre véridique est affermie pour toujours, mais la langue fausse ne subsiste qu'un instant.**
>
> **Proverbes 12:19**

7. **Évitez de faire le travail des autres.**

C'est l'une des plus grandes distractions des leaders. Si j'emploie quelqu'un pour ma sécurité et que je dois faire le tour de la maison pour vérifier les portes moi-même, alors je fais le travail de quelqu'un d'autre en plus du mien. Beaucoup de leaders sont distraits parce qu'ils font des choses inutiles pour compenser le peu d'application des travailleurs non-performants ou irresponsables.

Les pasteurs qui sont appelés à des choses spirituelles doivent éviter de faire des travaux séculiers et administratifs que les autres peuvent faire. Je suis pasteur, donc je ne vois pas pourquoi je devrais devenir comptable, secrétaire, banquier, agent de sécurité ou agent de protocole. C'est exactement ce que fit Pierre quand il refusa l'emploi de service des tables pour éviter d'être distrait des choses saintes.

Les douze convoquèrent la multitude des disciples, et dirent : Il n'est pas convenable que nous laissions la parole de Dieu pour servir aux tables. Et nous, nous continuerons à nous appliquer à la prière et au ministère de la parole.

Actes 6:2,4

Chapitre 68

Faites que les gens vous obéissent quand vous êtes absent

Il est beau d'avoir du zèle pour ce qui est bien et en tout temps, et non pas seulement quand je suis présent parmi vous.

Galates 4:18

Faire que les gens accomplissent ce que vous voulez même quand vous n'êtes pas avec eux est un art que tout leader doit maîtriser. Sans cette faculté, vous ne pouvez pas diriger beaucoup de personnes. Après tout, combien vont rester tout le temps en votre présence ?

Quatre clés pour faire que les gens vous obéissent quand vous êtes absent

1. **Enseignez la loyauté.**

   Quand les gens vous sont fidèles, ils vous aiment et essaient de faire ce que vous voulez, même quand vous êtes loin d'eux.

2. **Enseignez aux gens qu'ils ont affaire à Dieu et non aux hommes.**

   Dieu est partout et il voit tout ce que nous faisons. Quand les gens sont conscients de cela, ils vont essayer de vivre dans le droit chemin. Quand quelqu'un a un cœur fidèle, il va vous obéir, parce qu'il comprend qu'il a en fait affaire à Dieu. C'est quand les gens pensent qu'ils ont affaire à des êtres humains qu'ils ont tendance à semer la pagaille.

   Serviteurs, obéissez à vos maîtres selon la chair, avec crainte et tremblement, dans la simplicité de votre cœur, comme à Christ, non pas seulement sous leurs yeux, comme pour plaire aux hommes, mais comme des serviteurs de Christ, qui font de bon cœur la volonté de Dieu.

Éphésiens 6:5-6

3. **Enseigner aux gens qu'ils seront directement promus par Dieu et pas par les hommes.**

Quand ils comprennent que Dieu est celui qui va les bénir, leur attitude sera la même, que vous soyez en leur présence ou non. Vous devez former votre personnel à comprendre que la promotion ne vient pas de l'est ou de l'ouest, mais de Dieu. Ils n'auront pas besoin de vous voir pour être motivé. Ils savent que les yeux du Seigneur sont partout.

Car ce n'est ni de l'orient, ni de l'occident, ni du désert, que vient l'élévation.

Psaume 75:6

J'ai appris il y a longtemps que celui à qui j'ai affaire, c'est Dieu et non l'homme. Dieu est celui qui m'a promu dans le ministère. Les hommes m'ont plutôt découragé et attaqué. Dès que vous aurez une révélation du fait que vous avez affaire à Dieu, votre vie changera pour toujours. Si vous voulez que les gens vous suivent et vous obéissent, même quand vous ne pouvez pas les voir, enseignez-leur ce grand principe : c'est à Dieu que vous avez affaire.

…tout est à nu et à découvert aux yeux de celui à qui nous devons rendre compte.

Hébreux 4:13

Quand Jésus quitta la terre, il donna des ordres au sujet de la Grande Commission. Il nous a laissé ce grand commandement. Beaucoup ont obéi et continuent d'obéir, même si nous ne pouvons pas voir Jésus. Devenez un leader à qui on obéit, que l'on vous voit ou pas.

4. **Cherchez des signes et des symptômes.**

Un symptôme est une révélation de choses cachées. À chaque fois que vous ne voyez pas quelque chose directement, vous devez développer un système pour chercher des signaux d'alerte. Quand les gens font ce qui est bien, il y en a généralement des indications. Je cherche tout le temps des symptômes. Je n'ai pas besoin de tout voir, je sais que je ne le peux pas de toute façon.

Chapitre 69

Cachez-vous et prospérez comme un serpent

Voici, je vous envoie comme des brebis au milieu des loups. Soyez donc prudents comme les serpents, et simples comme les colombes.

Matthieu 10:16

Jésus a dit : « Soyez prudents comme les serpents ». Qu'est-ce, la prudence d'un serpent ? *La prudence d'un serpent est la capacité à fonctionner sans trop attirer l'attention de votre ennemi. Les serpents sont partout.* Nous voulons tous tuer le prochain serpent que nous verrons ! Telle est l'inimitié entre les êtres humains et les serpents ! Pourtant, les serpents prospèrent et sont abondants tout autour de nous. Comment font-ils cela ? Par leur prudence !

Trois raisons pour lesquelles un leader devrait se cacher et prospérer comme un serpent

1. **Parce que le monde hait les chrétiens.**

Un leader chrétien ne devrait jamais sous-estimer la somme de haine que Satan et ses agents ont envers l'homme de Dieu. Quand vous voyez la presse détruire un homme de Dieu sans pitié, vous comprenez qu'il y a une haine instinctive et inhérente envers le royaume de Dieu.

Vous serez haïs de tous, à cause de mon nom...

Matthieu 10:22

2. **Pour éviter d'être attaqué trop tôt dans le ministère.**

Votre leadership ne survivra pas à certaines attaques à un certain stade de votre ministère. Si vous bottez le chiot d'un Doberman pinscher ou d'un berger allemand, il va probablement mourir. Mais si ce même berger allemand ou Doberman a pu se développer et grandir, il pourrait probablement vous tuer. Il y a certaines attaques dont vous n'avez pas besoin à un certain stade de votre ministère.

Quand notre église se rassemblait dans la cantine de l'école de médecine, nous ne placions jamais de panneau ou de bannière devant l'église. Je ne voulais pas attirer l'attention. Je savais que si nous attirions indûment l'attention, des gens nous chasseraient par haine. C'est par la prudence que nous avons pu diriger une grande église charismatique au milieu d'un hôpital universitaire pendant presque quatre ans. C'était la prudence du serpent à l'œuvre, la prudence de se cacher et de prospérer. Quand les attaques ont commencé, nous étions une église plus grande et plus forte.

Des étudiants en médecine s'étaient suicidés et le doyen de l'école de médecine appréciait maintenant la présence de notre église au sein de l'hôpital. Il sentait que nous faisions face à un besoin de la communauté médicale. Cela le rendit favorable à notre présence. Il refusa de s'opposer à nous.

Plus tard, nous avons été confrontés à des attaques plus fortes pour se débarrasser de nous à l'hôpital. Mais notre église avait prospéré et nous avions un membre du conseil de l'école de médecine dans notre église. Je dis à ce membre du conseil d'administration que nous étions chassés de la cantine de l'école de médecine. Elle appela aussitôt les autorités et leur demanda pourquoi ils harcelaient son église.

« Quelle église ? » demandèrent-ils, surpris.

« Mon église » répondit-elle. « L'église dans la cantine est mon église ! C'est là que je vais à l'église ! Pourquoi est-ce que vous nous harcelez ? »

Ils étaient choqués. « Nous ne savions pas que vous alliez à l'église là-bas ! Nous allons examiner la question ».

Cela ralentit la pression qui montait contre nous. Cela nous laissa assez de temps pour acquérir notre propre bâtiment d'église et partir de là.

Quand nous avons quitté la cantine, une autre église décida de se réunir au même endroit. J'aperçus bientôt leurs grandes bannières affichées à l'extérieur. Peu de temps après, la communauté de l'hôpital remarqua les activités de cette église. La haine de Satan n'est pas contre une église en particulier, mais contre toutes les églises. Malheureusement, ils furent mis à la porte de la cantine de l'hôpital quelques mois après, avant d'avoir eu la chance de prospérer. Apprenez la prudence du serpent : la prudence de se cacher et de prospérer !

3. Pour éviter d'attirer un ennemi que vous ne pouvez pas affronter.

Les serpents savent qu'ils ne peuvent pas survivre en présence d'êtres humains. Personnellement, je tuerais tout serpent que je vois, qu'il soit venimeux ou non, et vous en feriez autant. C'est la raison pour laquelle les serpents vivent dans l'herbe et sous les pierres, où on ne peut pas les voir. Les serpents passent un bon temps, ils font tout ce qu'ils veulent et se multiplient dans leur environnement protégé. Ils n'attirent pas les êtres humains, des ennemis qu'ils ne peuvent pas affronter.

J'ai arrêté une fois mes émissions de télévision nationale, parce que je pensais que nous attirions de grands ennemis qui haïssaient notre succès. Après mon analyse, j'ai senti que la vue de notre croissance et de notre ministère soulevait trop d'ennemis potentiels, comme le gouvernement et la presse. Je savais que mon ministère n'avait pas besoin de la télévision pour prospérer. Alors j'ai mis fin à ces émissions ! La prudence d'un serpent est la prudence de se cacher et de prospérer. Je n'ai pas besoin d'ennemis que je ne peux pas affronter.

Chapitre 70

Surmontez l'effet des rumeurs, des questions et des controverses sur votre personne

Quand Pierre commença son ministère, il y avait des rumeurs qu'il volait les tombes et qu'il avait volé le corps de Jésus. Beaucoup de gens ont cru cette histoire, même jusqu'à ce jour.

Ceux-ci, après s'être assemblés avec les anciens et avoir tenu conseil, donnèrent aux soldats une forte somme d'argent, en disant : Dites : Ses disciples sont venus de nuit le dérober, pendant que nous dormions. Et si le gouverneur l'apprend, nous l'apaiserons, et nous vous tirerons de peine.

Les soldats prirent l'argent, et suivirent les instructions qui leur furent données. Et ce bruit s'est répandu parmi les Juifs, jusqu'à ce jour.

Matthieu 28:12-15

Mais Pierre dut exercer son ministre malgré les controverses et les rumeurs qui circulaient sur lui. Tout ministre qui réussit doit apprendre à surmonter les rumeurs, les histoires, les questions et les controverses qu'il peut rencontrer.

Sept façons de surmonter les rumeurs, les controverses et les questions

1. Ne mentionnez jamais le sujet de la controverse.

2. Arrêtez de parler de vos erreurs passées.

3. Ne répétez pas les mauvaises choses que les gens disent sur vous.

4. Reconnaissez que tout le monde a ses limites, d'une façon ou d'une autre.

5. N'ajoutez rien aux questions ni aux rumeurs sur votre vie ou votre ministère.

   Ce n'est même pas la peine d'en parler.

6. N'annoncez pas les rumeurs développées par vos ennemis.

7. Remettez cela à Dieu. Il se battra pour vous.

   L'Éternel combattra pour vous ; et vous, gardez le silence.

   Exode 14:14

Apprenez de Jésus

Comme il y pensait, voici, un ange du Seigneur lui apparut en songe, et dit : Joseph, fils de David, ne crains pas de prendre avec toi Marie, ta femme, car l'enfant qu'elle a conçu vient du Saint Esprit.

Matthieu 1:20

1. **Jésus est né d'une vierge.**

   Voici, la vierge sera enceinte, elle enfantera un fils, et on lui donnera le nom d'Emmanuel, ce qui signifie Dieu avec nous.

   Matthieu 1:23

2. **Des centaines se sont probablement moqués de Joseph pour avoir épousé Marie.**

3. **Jésus était probablement considéré comme le fils d'une femme infidèle ou peut-être le fils d'un inconnu.**

4. **Certains l'appelaient le fils de Marie.**

   N'est-ce pas le charpentier, le fils de Marie, le frère de Jacques, de Joseph, de Jude et de Simon ? Et ses sœurs ne sont-elles pas ici parmi nous ? Et il était pour eux une occasion de chute.

   Marc 6:3

5. Ils se moquaient sans doute de lui et l'appelaient : « Le gamin sans père qui se proclame fils de Dieu ».

6. Mais Jésus n'a jamais soulevé la question ! Jésus n'a jamais parlé de Joseph.

7. Aucun passage de l'Écriture ne soulève la question de son origine ou de son ascendance.

8. La question de son père et de sa mère n'est pas soulevée une seule fois dans aucun des enseignements de Jésus.

Chapitre 71

Prenez cette décision ! De toute façon, la plupart des décisions exigeront de choisir entre deux mauvaises options !

Il est important de réaliser que les choses ne sont pas parfaites. La plupart des décisions que le leader aura à prendre ne sont pas des décisions entre un bien et un mal évident. La plupart des choses ne sont pas un choix clair entre le noir et le blanc ou la lumière et les ténèbres. Un bon leader doit reconnaître le besoin de décider quand il est confronté à de tels choix. Un bon leader sait comment choisir le moindre de deux maux. Souvent, la vie nous présente deux mauvais choix. *Beaucoup de leaders sont paralysés et n'agissent pas, à cause des choix imparfaits qui leur sont présentés.* Ils refusent de franchir cette étape importante, parce qu'ils ne peuvent pas voir deux alternatives très contrastées.

Le mariage est l'une de ces décisions. Dieu n'a pas créé de mauvaises femmes et de bonnes femmes. Les hommes ne choisissent pas entre la bonne et la mauvaise. Dieu n'a pas créé la beauté et la laideur.

Le choix n'est pas entre une princesse et une grenouille. Chaque femme a quelque chose d'attrayant. Malheureusement, toute belle femme a aussi quelques aspects peu attrayants. Certains sont paralysés et finissent célibataires, parce qu'ils recherchent la femme parfaite. Elle n'existe pas. Certaines de ces soi-disant beautés ont des défauts horribles.

La même chose s'applique aux femmes pour se décider envers un mari. L'homme parfait n'existe pas. Chère sœur, vous allez devoir choisir entre deux options imparfaites. Le « grand et beau » peut venir avec des querelles et des coups. Le « petit et trapu » peut venir avec des difficultés financières à vie. L'homme à la cicatrice sur le visage peut venir avec la paix et la spiritualité.

La vie est comme ça ! Vous n'avez pas besoin d'être paralysée et refuser d'agir parce que vous ne voyez pas deux choses manifestement différentes. Vous devez prendre une décision ! Choisissez la meilleure des deux. Quand vous n'arrivez pas à choisir, vous choisissez de ne rien avoir. C'est peut-être pour cela que vous n'avez rien aujourd'hui.

Jésus l'a enseigné

Jésus nous a clairement dit qu'il valait mieux aller au Ciel avec un bras que d'aller en Enfer avec deux.

Si ton œil droit est pour toi une occasion de chute, arrache-le et jette-le loin de toi ; car il est avantageux pour toi qu'un seul de tes membres périsse, et que ton corps entier ne soit pas jeté dans la géhenne.

Matthieu 5:29

Aller au Ciel avec un seul bras n'est pas une bonne chose ! Quand tout le monde lèvera les mains pour la louange, vous aurez un seul bras ! Quand les saints applaudiront, vous devrez vous battre la poitrine ! C'est vraiment une tragédie !

Cependant, aller en Enfer est encore pire. Avoir deux bras ou deux jambes ne sera rien pour vous dans les feux de l'Enfer. Jésus nous a appris à choisir la meilleure de ces deux options. Jésus nous a appris à choisir le Ciel avec un bras plutôt que l'Enfer avec deux bras ! Certains n'ont pas prospéré, parce qu'ils n'ont pas compris ce principe important. Ils ne comprennent pas que s'ils ne choisissent pas le moindre mal, ils n'auront qu'une autre option qui sera bien pire.

Il y a des années, notre église fut expulsée de la cantine de l'école de médecine. Nous étions sous la pression des autorités de quitter l'hôpital universitaire de Korle-Bu. Nous avons trouvé un vieux cinéma décrépit et à ciel ouvert, près d'une décharge et de toilettes qui débordaient. J'y emmenai des amis et leur demandai : « Que pensez-vous de cet endroit ? » « Horrible ! », fut la réponse générale de tout le monde. Cependant, en tant que leader, j'étais face à deux mauvais choix. Acquérir cette affreuse structure délabrée et nous y installer ou rester à la cantine et faire face à l'effondrement possible de l'église. Je choisis le bâtiment délabré près de la décharge. Ce fut l'une des meilleures décisions de mon ministère.

Voulez-vous être un bon leader ? Vous devez alors vous rendre compte qu'il n'y a souvent que deux mauvaises options. Soyez analytique ! Vous devez vite vous rendre compte que vous n'avez pas beaucoup de choix dans ce monde imparfait.

Un jour, j'ai conseillé à un pasteur qui avait un problème de déménager dans une autre ville. Ce frère ne pouvait pas voir qu'il avait deux options difficiles. Je lui dis : « C'est votre chance de continuer votre ministère ». Il n'est pas facile de déménager. Il n'est pas facile de s'installer dans une nouvelle ville. Je lui expliquai : « Vous serez mieux accepté dans ce nouveau lieu, parce que votre réputation est ternie ici ». Je lui dis : « Vous devez partir et prendre un nouveau départ... Dieu vous donne une seconde chance ! » Malheureusement, ce pasteur ne pouvait pas voir que déménager était une meilleure option que la perte totale de son ministère. Il ne m'a pas écouté et son ministère s'est détérioré jusqu'à devenir un proverbe et un objet de raillerie.

Exemples de sept décisions entre deux options imparfaites

1. Qui épouser

Chaque partenaire de mariage vient avec des bénédictions et des difficultés particulières. Vous ne choisissez pas entre un prince et une grenouille.

2. Où vivre

Chaque pays a ses avantages et ses inconvénients. L'Europe est développée, mais c'est un endroit plus stressant et une société sans Dieu. L'Afrique a plus de gens qui craignent Dieu et un mode de vie moins stressant, mais elle est aussi moins développée.

3. Quel emploi choisir

Être avocat peut vous rendre riche, mais vous pouvez devenir acariâtre. Être médecin peut vous faire prospérer, mais vous pouvez passer la plupart de votre vie à l'hôpital, à superviser la misère et la mort.

4. Quoi étudier à l'école

Il peut être plus rapide et plus court d'étudier la menuiserie. Mais en fin de compte, il peut être plus rentable d'étudier la médecine qui est plus difficile et nécessite de nombreuses années d'étude.

5. Quelle église fréquenter

Chaque église a ses points forts. Vous pouvez être dans une église qui est forte dans l'onction, mais faible dans l'enseignement. Certaines églises n'ont pas de miracles, mais elles enseignent la Parole.

6. Pour qui voter

Chaque parti politique a ses bons et ses mauvais côtés. Ne vous faites pas d'illusion en pensant que vous choisissez entre le bien et le mal. La plupart des élections sont un choix entre deux mauvaises options.

7. Quelle voiture conduire

Une voiture coréenne peut être moins chère, mais pas aussi robuste qu'une voiture allemande. Les voitures japonaises ne sont pas aussi robustes que les voitures allemandes, mais elles sont plus faciles à manipuler et moins coûteuses à entretenir.

Chapitre 72

Ne détruisez pas votre ministère en disant les mauvaises choses en public

Si tu es enlacé par les paroles de ta bouche, si tu es pris par les paroles de ta bouche
Proverbes 6:2

Un leader doit être prudent par rapport à ce qu'il dit. Vous êtes piégé par vos paroles, et vous serez jugé par vos paroles. Méfiez-vous de ce que vous dites.

Nabal répondit aux serviteurs de David : Qui est David, et qui est le fils d'Isaïe ? Il y a aujourd'hui beaucoup de serviteurs qui s'échappent d'auprès de leurs maîtres. Et je prendrais mon pain, mon eau, et mon bétail que j'ai tué pour mes tondeurs, et je les donnerais à des gens qui sont je ne sais d'où ?
1 Samuel 25:10-11

Cette déclaration coûta presque la vie de Nabal.

David avait dit : C'est bien en vain que j'ai gardé tout ce que cet homme a dans le désert, et que rien n'a été enlevé de tout ce qu'il possède ; il m'a rendu le mal pour le bien. Que Dieu traite son serviteur David dans toute sa rigueur, si je laisse subsister jusqu'à la lumière du matin qui que ce soit de tout ce qui appartient à Nabal !
1 Samuel 25:21-22

Si vous êtes leader, choisissez vos mots avec soin. Si vous ne savez pas quoi dire, ni comment le dire, alors ne dites rien. Les gens cherchent une occasion de vous prendre au piège par vos paroles. Ils veulent écrire un article sur vous et vous faire passer pour quelque chose que vous n'êtes pas.

Il n'est pas nécessaire de dire à tout le monde en quelle classe vous voyagez en avion. Il n'est pas nécessaire de dire aux gens le coût de vos vêtements. Il n'est pas nécessaire de dire à la congrégation ce que vous avez acheté pour votre femme. Tout le monde n'apprécie pas ce genre de choses. Certains vous détestent, parce qu'ils sentent que vous avez une bonne vie avec leur argent. Vos amis les plus proches peuvent apprécier les bénédictions de Dieu sur votre vie, mais la plupart des gens pensent que les ministres devraient être pauvres.

Je dis souvent ce que je pense. Je ne veux pas être amené à donner des réponses stupides à des questions stupides. Même l'apôtre Paul dut parfois faire cela, parce qu'il était tellement agacé par la stupidité de certains.

Oh ! Si vous pouviez supporter de ma part un peu de folie ! Mais vous, me supportez !
2 Corinthiens 11:1

Je ne vois pas pourquoi je devrais aller à un entretien où on me demande seulement où je vis, quelle voiture je conduis et ce que je mange au petit-déjeuner. J'ai entendu à maintes reprises ces questions posées à des ministres et je considère qu'elles sont triviales. Apprenez l'art de dire la bonne chose en public ou de ne rien dire du tout ! Un leader est quelqu'un qui dit les bonnes choses. Construisez votre ministère en disant les bonnes choses en public.

Chapitre 73

Évitez le leadership artificiel

Ce que Jésus dit du leadership artificiel

1. **Les leaders artificiels ne vont pas au bon endroit et ils empêchent aussi les gens d'aller au bon endroit.**

   Malheur à vous, scribes et pharisiens hypocrites ! Parce que vous fermez aux hommes le royaume des cieux ; vous n'y entrez pas vous-mêmes, et vous n'y laissez pas entrer ceux qui veulent entrer.
   Matthieu 23:13

2. **Les leaders artificiels sont comme des vampires qui prennent pour proie les faibles et les vulnérables.**

   Malheur à vous, scribes et pharisiens hypocrites ! Parce que vous dévorez les maisons des veuves, et que vous faites pour l'apparence de longues prières ; à cause de cela, vous serez jugés plus sévèrement.
   Matthieu 23:14

3. **Les leaders artificiels suscitent encore plus de leaders artificiels.**

   Malheur à vous, scribes et pharisiens hypocrites ! Parce que vous courez la mer et la terre pour faire un prosélyte ; et, quand il l'est devenu, vous en faites un fils de la géhenne deux fois plus que vous.
   Matthieu 23:15

4. **Les leaders artificiels sont hypocrites.**

   Malheur à vous, conducteurs aveugles ! Qui dites : Si quelqu'un jure par le temple, ce n'est rien ; mais, si quelqu'un jure par l'or du temple, il est engagé.
   Matthieu 23:16

5. **Les leaders artificiels sont une génération d'hommes fourbes, sournois et méchants comme des serpents.**

   Serpents, race de vipères ! Comment échapperez-vous au châtiment de la géhenne ?

   Matthieu 23:33

6. **Les leaders artificiels mettent l'accent sur des détails mineurs, mais ils oublient leur véritable but et vision.**

   Malheur à vous, scribes et pharisiens hypocrites ! Parce que vous payez la dîme de la menthe, de l'aneth et du cumin, et que vous laissez ce qui est plus important dans la loi, la justice, la miséricorde et la fidélité : c'est là ce qu'il fallait pratiquer, sans négliger les autres choses.

   Matthieu 23:23

7. **Les leaders artificiels se soucient de faire une bonne impression à l'extérieur, mais ils sont remplis de l'opposé à l'intérieur.**

   Malheur à vous, scribes et pharisiens hypocrites ! Parce que vous nettoyez le dehors de la coupe et du plat, et qu'au dedans ils sont pleins de rapine et d'intempérance.

   Matthieu 23:25

8. **Les leaders artificiels sont aveugles aux vrais problèmes.**

   Pharisien aveugle ! Nettoie premièrement l'intérieur de la coupe et du plat, afin que l'extérieur aussi devienne net.

   Matthieu 23:26

9. **Les leaders artificiels sont remplis de mal et d'impureté.**

   Malheur à vous, scribes et pharisiens hypocrites ! Parce que vous ressemblez à des sépulcres blanchis, qui paraissent beaux au dehors, et qui, au dedans, sont pleins d'ossements de morts et de toute espèce d'impuretés.

   Matthieu 23:27

10. **Les leaders artificiels honorent les gens du passé, mais ils sont incapables de reconnaître et de faire la bonne chose aujourd'hui.**

Malheur à vous, scribes et pharisiens hypocrites ! Parce que vous bâtissez les tombeaux des prophètes et ornez les sépulcres des justes, et que vous dites : Si nous avions vécu du temps de nos pères, nous ne nous serions pas joints à eux pour répandre le sang des prophètes.

Matthieu 23:29-30

Le leadership artificiel et le vrai leadership

1. Un vrai leader inspire et parle spontanément. Il agit sur sa croyance, il est pratique et prêche par l'exemple. Il fait de grands sacrifices pour ses convictions et se prend pour exemple.

2. Un vrai leader est fait et nommé par Dieu, et il dit ce qu'il croit. Il aime les gens et n'est pas motivé par l'argent.

3. Un vrai leader se préoccupe authentiquement des gens et de ce qui est réel. Il tient à l'analyse. Il veut accomplir le travail.

4. Un vrai leader ne s'intéresse pas au titre qu'on lui donne, mais il s'intéresse plus au travail.

5. Un leader artificiel est ennuyeux et lit souvent ses discours. Il ne manifeste habituellement pas d'émotion, il prépare des discours idéaux, il dit les bonnes choses, mais il ne fait rien. Il dit souvent ce que les gens veulent lui entendre dire et suit ce que tout le monde accepte.

6. Un leader artificiel est théorique, il organise des séminaires et des conférences, mais il ne prend aucune mesure. Il se complaît dans les titres, il se préoccupe d'une fonction officielle, mais pas d'une manière réelle, et souvent il n'aime pas les gens.

7. Un leader artificiel ne se prend jamais pour exemple (puisqu'il n'est pas un bon exemple). Il est fait et nommé par l'homme

et il évite la critique. Il se préoccupe des cérémonies, mais pas du travail. Un leader artificiel se préoccupe surtout des salaires et des avantages sociaux.

Comment devenir un vrai leader

1. **Formez-vous une opinion et développez une conviction sur quelque chose.**

   C'est votre conviction qui vous fait vous démarquer.

2. **Observez les leaders naturels. Admirez les leaders naturels. Notez ce qu'ils font et ne font pas. Regardez les leaders artificiels et ne faites pas ce qu'ils font.**

3. **Fréquentez les leaders naturels. Écoutez les grands leaders naturels.**

   Ne manquez pas une occasion de passer quelques instants avec de grands leaders.

4. **Étudiez la vie des vrais leaders.**

5. **Fréquentez les grands leaders à travers leurs livres et leurs cassettes.**

Chapitre 74

Méfiez-vous de la fatigue et de la lassitude

Six mises en garde contre la lassitude

1. **L'une des principales stratégies du diable est de vous lasser du ministère et de la vie.**

   Il prononcera des paroles contre le Très Haut, il OPPRIMERA LES SAINTS du Très Haut, et il espérera changer les temps et la loi; et les saints seront livrés entre ses mains pendant un temps, des temps, et la moitié d'un temps.

   Daniel 7:25

2. **Ne vous lassez pas du ministère, parce que vous avez reçu la miséricorde du Seigneur. Votre fatigue est un petit prix à payer pour votre amour du Seigneur. Y a-t-il une comparaison entre être en enfer et être fatigué ?**

   C'est pourquoi, ayant ce ministère, selon la miséricorde qui nous a été faite, nous ne perdons pas courage.

   2 Corinthiens 4:1

3. **Ne vous lassez pas du ministère, parce que vous allez récolter les fruits de ce grand travail si vous ne défaillez pas ou n'abandonnez pas.**

   Ne nous lassons pas de faire le bien ; car nous moissonnerons au temps convenable, si nous ne nous relâchons pas.

   Galates 6:9

4. **Ne vous lassez pas et ne défaillez pas, pour le bien de ceux qui vous suivent et comptent sur vous.**

   Car tout cela arrive à cause de vous, afin que la grâce en se multipliant, fasse abonder, à la gloire de Dieu, les actions de grâces d'un plus grand nombre. C'est pourquoi nous ne perdons pas courage. Et lors même que notre homme extérieur se détruit, notre homme intérieur se renouvelle de jour en jour.

2 Corinthiens 4:15-16

5. **Ne vous lassez pas des problèmes, des épreuves et des difficultés du ministère, parce que ce sont précisément ces choses qui vous apporteront la gloire.**

   Aussi je vous demande de ne pas perdre courage à cause de mes tribulations pour vous : elles sont votre gloire.

   Éphésiens 3:13

6. **Ne vous lassez pas du ministère, parce que vous risquez de perdre votre position si vous vous plaignez. Élie fut remplacé par Élisée le jour où il se plaignit d'en avoir assez.**

   Pour lui, il alla dans le désert où, après une journée de marche, il s'assit sous un genêt, et demanda la mort, en disant : C'EST ASSEZ ! MAINTENANT, Éternel, prends mon âme, car je ne suis pas meilleur que mes pères.

   1 Rois 19:4

« Le monde est dirigé par des gens fatigués » quelqu'un a dit. Si vous n'êtes pas un vrai leader, vous ne donnerez votre vie pour rien. Un non-leader n'est pas prêt à travailler, parce qu'il est fatigué. Ne laissez pas la fatigue être une excuse. Si la fatigue est une excuse, alors vous ne pouvez pas être leader. Si je m'étais servi de l'excuse de la fatigue, je n'aurais pas accompli soixante-dix pour cent de ce que j'ai accompli.

Jésus dit : « Je suis le bon berger. Le bon berger donne sa vie pour ses brebis ».

Jean 10:11

La fatigue fait partie du don de votre vie pour les brebis. Dès que vous commencez à donner votre vie, vous vous en ressentez. Je ne dis pas que chaque leader doit être épuisé. Je veux dire que le leadership est très exigeant. Je vois parfois des non-leaders murmurer contre la fatigue. Tout ce qu'ils veulent faire, c'est partir. C'est un fait connu que beaucoup de travailleurs ne s'intéressent pas à leurs lieux de travail, sinon pour leur salaire. Ces personnes (qui ne sont généralement pas des leaders) ne sont pas prêtes à devenir trop fatiguées.

C'est pourquoi nous ne perdons pas courage. Et lors même que notre homme extérieur se détruit, notre homme intérieur se renouvelle de jour en jour.

2 Corinthiens 4:16

Au moment où j'écris ce livre, je peux vous assurer que je suis épuisé. Mais je sais que je dois le faire. Un bon leader fait souvent beaucoup de travail difficile en secret. Ce sont ces travaux cachés et les pressions invisibles qui fatiguent nos leaders. Si vous voulez une vie de détente et de facilité, vous n'êtes probablement pas leader.

Les chefs d'état, les chefs d'entreprise et les leaders de premier plan sont souvent considérés comme des jet-setteurs chics qui ont beaucoup de privilèges à leur disposition. Je peux vous assurer que ces privilèges sont une très petite compensation pour le véritable leader qui donne sa vie pour une grande cause. Êtes-vous un leader ? Si vous vivez une vie d'aisance et de plaisir constant, peut-être que vous êtes loin du vrai leadership.

Chapitre 75

Prenez votre vie domestique en main

Il faut qu'il dirige bien sa propre maison, et qu'il tienne ses enfants dans la soumission et dans une parfaite honnêteté ; car si quelqu'un ne sait pas diriger sa propre maison, comment prendra-t-il soin de l'Église de Dieu ?

1 Timothée 3:4-5

L'une des premières qualifications que Paul a données pour le leadership était d'avoir une femme et des enfants soumis. Il est intéressant de noter que les qualifications pour le ministère étaient simples et domestiques.

Sept signes que vous avez votre situation domestique en main

1. Le signe d'avoir une épouse ou un mari.

2. Le signe d'un foyer stable.

3. Le signe d'un mariage qui se porte bien.

4. Le signe d'un étudiant qui réussit bien à l'école.

5. Le signe de la stabilité financière

6. Le signe de ne pas avoir de dette.

7. Le signe d'un emploi stable.

Avez-vous pu insuffler la paix et l'ordre dans votre propre maison ? Votre mariage se porte-t-il bien ? Si vous êtes étudiant, avez-vous votre vie académique en main ?

J'étais pasteur quand j'étais étudiant en médecine. J'ai fait en sorte de réussir tous mes examens. J'ai fait en sorte de n'avoir aucun problème à l'école. Le leadership commence par prendre ses affaires domestiques en main. Regardez vos affaires domestiques : votre école, votre emploi, votre maison et votre mariage. Si vous les avez en main, alors vous êtes bien sur la voie du leadership.

Chapitre 76

Soyez sincère, ne soyez pas hypocrite

Quand Jésus était en vie, il y avait un groupe de gens avec qui il ne s'entendait pas. C'étaient les pharisiens et les sadducéens hypocrites.

> **Malheur à vous, scribes et pharisiens hypocrites ! Parce que vous ressemblez à des sépulcres blanchis, qui paraissent beaux au dehors, et qui, au dedans, sont pleins d'ossements de morts et de toute espèce d'impuretés.**
>
> **Matthieu 23:27**

Tôt ou tard, les gens verront les différents critères que vous suivez. Ils verront la beauté à l'extérieur, mais la laideur à l'intérieur. Cela a le potentiel de chasser tous les fidèles. Un leader veut avoir des fidèles. L'hypocrisie est un vice repoussant. Elle a le pouvoir de disperser tous vos fidèles en un court moment. Assurez-vous de faire au dehors ce que vous êtes à l'intérieur.

La raison pour laquelle tant d'enfants n'obéissent pas à leurs parents est qu'ils n'apprécient pas ce qu'ils voient à la maison. Ils voient l'hypocrisie. Ils entendent leurs parents parler de valeurs idéales en public, mais il n'y a que de la laideur à la maison. Cela conduit beaucoup d'enfants à décider en eux-mêmes : *je ne serai jamais comme papa et je ne serai jamais comme maman.* Ils se détournent de toutes les normes élevées et des attentes de leurs parents. Vous considérez-vous un leader ? Sortez tous les squelettes de votre placard. Soyez aussi pur à l'intérieur qu'à l'extérieur, et vous aurez beaucoup de fidèles.

Un bon leader peut maintenir la confiance sur une longue période. Malheureusement, avec le temps, la confiance s'érode. Mais Dieu suscite une nouvelle génération de leaders qui font ce qu'ils disent et disent ce qu'ils font.

Vingt-cinq signes d'un leader hypocrite

1. **Les leaders hypocrites ne pratiquent pas ce qu'ils prêchent.**

   Faites donc et observez tout ce qu'ils vous disent ; mais n'agissez pas selon leurs œuvres. Car ils disent, et ne font pas.

   Matthieu 23:3

2. **Les leaders hypocrites veulent juste se faire remarquer des hommes.**

   Ils font toutes leurs actions pour être vus des hommes. Ainsi, ils portent de larges phylactères, et ils ont de longues franges à leurs vêtements.

   Matthieu 23:5

3. **Les leaders hypocrites aiment les titres et les positions d'honneur.**

   Ils aiment s'asseoir à la table d'honneur lors des dîners d'église, savourer les positions les plus importants, se pomponner sous les feux de la flatterie publique, recevoir des diplômes honorifiques et se faire appeler « Docteur » et « Révérend ».

   Mais vous, ne vous faites pas appeler Rabbi ; car un seul est votre Maître, et vous êtes tous frères.

   Matthieu 23:8

4. **Les leaders hypocrites exploitent les pauvres.**

   Malheur à vous, scribes et pharisiens hypocrites ! Parce que VOUS DÉVOREZ LES MAISONS DES VEUVES, et que vous faites pour l'apparence de longues prières ; à cause de cela, vous serez jugés plus sévèrement.

   Matthieu 23:14

5. Les leaders hypocrites aiment de longues prières impressionnantes en public.

Malheur à vous, scribes et pharisiens hypocrites ! Parce que vous dévorez les maisons des veuves, et que VOUS FAITES POUR L'APPARENCE DE LONGUES PRIÈRES ; à cause de cela, vous serez jugés plus sévèrement.

Matthieu 23:14

6. Les leaders hypocrites coulent le moucheron et avalent le chameau.

Conducteurs aveugles ! Qui coulez le moucheron, et qui avalez le chameau.

Matthieu 23:24

7. Les leaders hypocrites n'ont ni justice, ni miséricorde, ni loyauté.

Malheur à vous, scribes et pharisiens hypocrites ! Parce que vous payez la dîme de la menthe, de l'aneth et du cumin, et que vous laissez ce qui est plus important dans la loi, la justice, la miséricorde et la fidélité : c'est là ce qu'il fallait pratiquer, sans négliger les autres choses.

Matthieu 23:23

8. Les leaders hypocrites disent qu'ils n'auraient jamais fait le mal que d'autres ont fait.

Malheur à vous, scribes et pharisiens hypocrites ! Parce que vous bâtissez les tombeaux des prophètes et ornez les sépulcres des justes, et que vous dites : si nous avions vécu du temps de nos pères, nous ne nous serions pas joints à eux pour répandre le sang des prophètes.

Matthieu 23:29-30

9. Les leaders hypocrites aiment l'argent.

Les pharisiens, qui étaient AVARES, écoutaient aussi tout cela, et ils se moquaient de lui.

Luc 16:14

10. Les leaders hypocrites pensent qu'ils sont meilleurs que les autres.

Jésus lui répondit : Pourquoi m'appelles-tu bon ? Il n'y a de bon que Dieu seul.

Luc 18:19

11. Les leaders hypocrites s'enorgueillissent par rapport aux autres.

Je vous le dis, celui-ci descendit dans sa maison justifié, plutôt que l'autre. Car quiconque s'élève sera abaissé, et celui qui s'abaisse sera élevé.

Luc 18:14

12. Les leaders hypocrites se glorifient dans des choses extérieures.

Vous de même, au dehors, vous paraissez justes aux hommes, mais, au dedans, vous êtes pleins d'hypocrisie et d'iniquité.

Malheur à vous, scribes et pharisiens hypocrites ! Parce que vous bâtissez les tombeaux des prophètes et ornez les sépulcres des justes.

Matthieu 23:28-29

13. Les leaders hypocrites ne se mêlent pas aux pécheurs.

Les pharisiens virent cela, et ils dirent à ses disciples : Pourquoi votre maître mange-t-il avec les publicains et les gens de mauvaise vie ?

Matthieu 9:11

14. Les leaders hypocrites critiquent les autres sur de petites choses.

Les pharisiens, voyant cela, lui dirent : Voici, tes disciples font ce qu'il n'est pas permis de faire pendant le sabbat.

Matthieu 12:2

15. Les leaders hypocrites sont motivés par la jalousie et la haine.

Les pharisiens sortirent, et ils se consultèrent sur les moyens de le faire périr.

Matthieu 12:14

16. Les leaders hypocrites sont soupçonneux et imaginent le pire sur les autres.

Les pharisiens, ayant entendu cela, dirent : Cet homme ne chasse les démons que par Béelzébul, prince des démons.

Matthieu 12:24

17. Les leaders hypocrites négligent leurs familles au nom d'activités religieuses.

Alors des pharisiens et des scribes vinrent de Jérusalem auprès de Jésus, et dirent : Pourquoi tes disciples transgressent-ils la tradition des anciens ? Car ils ne se lavent pas les mains, quand ils prennent leurs repas.

Il leur répondit : Et vous, pourquoi transgressez-vous le commandement de Dieu au profit de votre tradition ? Car Dieu a dit : Honore ton père et ta mère ; et : Celui qui maudira son père ou sa mère sera puni de mort.

Mais vous, vous dites : Celui qui dira à son père ou à sa mère : Ce dont j'aurais pu t'assister est une offrande à Dieu, n'est pas tenu d'honorer son père ou sa mère. Vous annulez ainsi la parole de Dieu au profit de votre tradition.

Hypocrites, Ésaïe a bien prophétisé sur vous, quand il a dit : Ce peuple m'honore des lèvres, Mais son cœur est éloigné de moi.

C'est en vain qu'ils m'honorent, en enseignant des préceptes qui sont des commandements d'hommes.

Matthieu 15:1-9

18. Les leaders hypocrites s'offensent facilement.

Alors ses disciples s'approchèrent, et lui dirent : Sais-tu que les pharisiens ont été scandalisés des paroles qu'ils ont entendues ? Il répondit : Toute plante que n'a pas plantée mon Père céleste sera déracinée. Laissez-les : ce sont des aveugles qui conduisent des aveugles ; si un aveugle conduit un aveugle, ils tomberont tous deux dans une fosse.

Matthieu 15:12-14

19. Les leaders hypocrites disent une chose, mais ils en croient une autre.

Ce peuple m'honore des lèvres, mais son cœur est éloigné de moi.

Matthieu 15:8

20. Les leaders hypocrites se vantent de leur droiture.

Le pharisien, debout, priait ainsi en lui-même : O Dieu, je te rends grâces de ce que je ne suis pas comme le reste des hommes, qui sont ravisseurs, injustes, adultères, ou même comme ce publicain ; je jeûne deux fois la semaine, je donne la dîme de tous mes revenus.

Luc 18:11-12

21. Les leaders hypocrites se justifient eux-mêmes.

Jésus leur dit : Vous, vous cherchez à paraître justes devant les hommes, mais Dieu connaît vos cœurs ; car ce qui est élevé parmi les hommes est une abomination devant Dieu.

Luc 16:15

22. Les leaders hypocrites attachent plus d'importance à leurs traditions qu'à la Parole de Dieu.

Il leur dit encore : Vous anéantissez fort bien le commandement de Dieu, pour garder votre tradition.

Marc 7:9

23. Les leaders hypocrites sont jaloux de ceux qui ont reçu l'onction et la puissance des miracles.

Alors les principaux sacrificateurs et les pharisiens assemblèrent le sanhédrin, et dirent : Que ferons-nous ? Car cet homme fait beaucoup de miracles.

Jean 11:47

24. Les leaders hypocrites sont remplis d'accusations.

Alors les scribes et les pharisiens amenèrent une femme surprise en adultère ;
Et, la plaçant au milieu du peuple, ils dirent à Jésus : Maître, cette femme a été surprise en flagrant délit d'adultère.
Moïse, dans la loi, nous a ordonné de lapider de telles femmes: toi donc, que dis-tu ?
Ils disaient cela pour l'éprouver, afin de pouvoir l'accuser.
Mais Jésus, s'étant baissé, écrivait avec le doigt sur la terre.

Jean 8:3-6

25. Les leaders hypocrites se battre contre ceux qui ne les écoutent pas.

Ils lui répondirent : Tu es né tout entier dans le péché, et tu nous enseignes ! Et ils le chassèrent.

Jean 9:34

Chapitre 77

Reconnaissez votre besoin d'aide

Sept types d'aide dont vous avez besoin

1. **Vous avez besoin de l'aide du Seigneur.** Si le Seigneur ne vous aide pas, qui peut vous aider ?

   L'Éternel est ma force et mon bouclier ; en lui mon cœur se confie, et JE SUIS SECOURU ; j'ai de l'allégresse dans le cœur, et je le loue par mes chants.
   Psaume 28:7

2. **Vous avez besoin de l'aide d'une femme. Malgré les problèmes liés au mariage et au divorce, une femme est capitale pour aider tout homme à accomplir la vision et le but de sa vie.**

   L'Éternel Dieu dit : Il n'est pas bon que l'homme soit seul ; je lui ferai UNE AIDE semblable à lui.
   Genèse 2:18

3. **Vous avez besoin de l'aide du Saint Esprit. Sans l'aide du Saint Esprit, personne ne peut être saint, personne ne peut faire ce qui est juste ni être une bonne personne.**

   Cependant je vous dis la vérité : il vous est avantageux que je m'en aille, car si je ne m'en vais pas, LE CONSOLATEUR ne viendra pas vers vous ; mais, si je m'en vais, je vous l'enverrai.
   Jean 16:7

4. **Vous avez besoin de l'aide d'un ministre d'aide. Sans l'aide de ce ministre, les ministères des apôtres, pasteurs et prophètes commencent à stagner et à diminuer. Le ministre d'aide est la clé d'un ministère de plus en plus fécond.**

   Et Dieu a établi dans l'Église premièrement des apôtres, secondement des prophètes, troisièmement des docteurs, ensuite ceux qui ont le don des miracles, puis ceux qui ont les dons de guérir, de secourir, de gouverner, de parler diverses langues.

1 Corinthiens 12:28

5. **Vous avez besoin de l'aide de la technologie. La technologie est une grande aide pour ceux qui reconnaissent son utilité. Tout mon ministère est grandement facilité par la technologie moderne.**

Ozias leur procura pour toute l'armée des boucliers, des lances, des casques, des cuirasses, des arcs et des frondes.

Il fit faire à Jérusalem des machines inventées par un ingénieur, et destinées à être placées sur les tours et sur les angles, pour lancer des flèches et de grosses pierres. Sa renommée s'étendit au loin, car IL FUT MERVEILLEUSEMENT SOUTENU jusqu'à ce qu'il devînt puissant.

2 Chroniques 26:14-15

6. **Vous avez besoin de l'aide d'un voisin. Votre voisin qui est près de chez vous est plus précieux que tout parent qui est loin.**

ILS S'AIDENT L'UN L'AUTRE, et chacun dit à son frère : Courage !

Ésaïe 41:6

7. **Vous avez besoin de l'aide de la nature. Le terrain, la terre, le temps et la nature peuvent lutter contre votre but et causer votre défaite et votre destruction. Vous devez être prudent du rôle que joue la nature dans votre propre vie.**

Et LA TERRE SECOURUT la femme, et la terre ouvrit sa bouche et engloutit le fleuve que le dragon avait lancé de sa bouche.

Révélation 12:16

Vous devez reconnaître votre besoin d'aide. Vous avez besoin d'aide parce que vous êtes limité. Tout leader a ses limites.

Dieu ne nous a pas faits des surhommes. Même Jésus savait que son heure était venue. Il savait que le temps était venu que le Consolateur prenne le relais. Il a commencé à parler du Consolateur, qui est l'Esprit Saint. Il a promis que le Consolateur ferait une grande différence dans leur vie. Malheureusement, les disciples ne pouvaient pas croire qu'il pourrait y avoir un meilleur remplaçant de Jésus.

Cependant je vous dis la vérité : il vous est avantageux que je m'en aille, car si je ne m'en vais pas, le consolateur ne viendra pas vers vous ; mais, si je m'en vais, je vous l'enverrai.

Jean 16:7

Combien de leaders se rendent compte quand il est temps pour eux de quitter la scène ? Combien de leaders sont prêts à accepter que d'autres leaders avec des talents différents sont nécessaires ? Vous serez récompensé pour l'accomplissement de votre appel. Vous ne recevrez pas une récompense céleste parce que vous avez impressionné les êtres humains.

Jésus leur dit : Vous, vous cherchez à paraître justes devant les hommes, mais Dieu connaît vos cœurs ; car ce qui est élevé parmi les hommes est une abomination devant Dieu.

Luc 16:15

Les sourires admiratifs des gens qui vous entourent n'ont aucune influence sur les opinions de votre Père céleste. C'est pourquoi je ne me soucie pas vraiment de ce que les autres pensent de moi. Parce que je suis humain, je pense que les gens peuvent me trouver bizarre. Je pense souvent que beaucoup de mes collègues médecins me trouvent étrange. Qu'est-ce que cela peut faire ?

N'essayez plus de plaire aux gens ! Essayez de plaire au Seigneur. Quand il est temps que les autres jouent leur rôle, laissez-les faire. N'entravez pas les autres. Voyez-vous édifier le Royaume de Dieu et renforcer le Corps du Christ.

Reconnaissez que vous ne pouvez pas tout faire. Laissez les autres jouer un rôle. Ils seront bénis et vous aussi !

Moïse laissa soixante-dix autres hommes l'aider dans le ministère. Cette décision prolongea certainement sa vie.

Quand Jésus a appelé les services du Consolateur, il ne reconnaissait pas sa défaite. Il y a des pasteurs qui n'ont pas de compétences pour l'administration et la gestion. Si vous n'employez pas les services de personnes compétentes, votre ministère peut s'effriter.

Vous considérez-vous un grand leader ? Reconnaissez vos limites.

Chapitre 78

Soyez audacieux ! Soyez courageux !

Voulez-vous diriger les gens ? Vous allez avoir besoin de beaucoup de courage. Dieu a exhorté Josué à être courageux trois fois.

Les sept fois où vous avez besoin d'audace

1. **Vous avez besoin d'audace pour entrer en présence de Dieu.** En raison de votre nature pécheresse, vous manquerez toujours de confiance quand vous vous approchez de Dieu.

   APPROCHONS-NOUS DONC AVEC ASSURANCE DU TRÔNE DE LA GRÂCE afin d'obtenir miséricorde et de trouver grâce, pour être secourus dans nos besoins.
   Hébreux 4:16

2. **Vous avez besoin de hardiesse pour prêcher l'Évangile de Jésus Christ.** Pierre et Jean eurent besoin de hardiesse pour dire la vérité de la Parole de Dieu. Aujourd'hui, vous avez besoin de hardiesse pour prêcher l'évangile pour une raison différente. L'évangile le plus fréquent aujourd'hui est de motiver, d'inspirer et de prêcher sur une vie meilleure sur terre. Il faut tellement plus d'audace pour continuer à parler et à enseigner sur la croix et le sang de Jésus Christ.

   Lorsqu'ils virent L'ASSURANCE DE PIERRE ET DE JEAN, ils furent étonnés, sachant que c'étaient des hommes du peuple sans instruction ; et ils les reconnurent pour avoir été avec Jésus.
   Actes 4:13

3. **Vous avez besoin de hardiesse pour élargir votre ministère et prendre de nouveaux territoires que vous connaissez peu.** Quand j'ai étendu l'évangélisation à différents pays, j'ai toujours ressenti de la peur. J'ai eu besoin de hardiesse pour persévérer dans de nouveaux territoires.

Fortifie-toi et prends courage, car c'est toi qui mettras ce peuple en possession du pays que j'ai juré à leurs pères de leur donner.

Fortifie-toi seulement et aie bon courage... Ne t'ai-je pas donné cet ordre : Fortifie-toi et prends courage ? Ne t'effraie point...

Josué 1:6-7,9

4. **Vous avez besoin de hardiesse pour suivre l'onction et œuvrer dans l'onction.** Il faut beaucoup de hardiesse pour œuvrer dans les dons de prophétie, la parole de connaissance et les miracles. L'étape vers l'onction la plus profonde et le Saint des Saints est toujours une étape de hardiesse. Sans hardiesse, vous ne verrez jamais de miracles et la puissance de Dieu.

Ainsi donc, frères, puisque nous avons, au moyen du sang de Jésus, une libre entrée dans le sanctuaire...

Hébreux 10:19

5. **Vous avez besoin de hardiesse pour conseiller les gens et annoncer la parole de Dieu.**

Et la plupart des frères dans le Seigneur, encouragés par mes liens, ont plus d'assurance pour annoncer sans crainte la parole.

Philippiens 1:14

6. **Vous avez besoin de hardiesse pour vous détourner de certains.**

Paul et Barnabas leur dirent avec assurance : C'est à vous premièrement que la parole de Dieu devait être annoncée ; mais, puisque vous la repoussez, et que vous vous jugez vous-mêmes indignes de la vie éternelle, voici, nous nous tournons vers les païens.

Actes 13:46

7. Vous aurez besoin de hardiesse au jour du Jugement.

Tel il est, tels nous sommes aussi dans ce monde : c'est en cela que l'amour est parfait en nous, afin que nous ayons de l'assurance au jour du jugement.

1 Jean 4:17

Ce fut le début de la vie de Josué comme leader. De toute évidence, le courage était très important pour que le ministère de Josué réussisse. Il faut une personne courageuse pour avancer dans des circonstances terribles et effrayantes. Il faut du courage pour avancer quand l'issue est incertaine. Vous avez besoin de beaucoup de courage quand l'échec semble être une vraie option.

Quand la défaite se mobilise pour vous accueillir, vous devez être audacieux pour persévérer vers la victoire. Nous savons tous que les spectateurs attendent notre chute. Il faut du courage pour continuer sur une certaine ligne de conduite. Sans courage, vous ne pouvez pas vous appeler leader. Il faut du courage pour commencer une église ou une entreprise. Et s'il échoue ? Et s'il n'échoue pas ? Il faut du courage pour suivre une idée nouvelle.

Seuls des courageux peuvent être leaders. Le succès ou l'échec dépend du courage. Il faut du courage pour défendre la vérité. La raison pour laquelle beaucoup n'essaient pas de nouveaux aspects du ministère est qu'ils manquent de courage. Il faut du courage pour prier pour les malades. Il faut du courage pour servir l'Esprit. Il faut du courage pour se lancer ! Et si personne n'était guéri ?

Demandez à Dieu de recevoir l'Esprit de Josué. Vous vous trouverez avancer à des hauteurs plus élevées quand vous serez très courageux !

Chapitre 79

Amenez les gens à vous suivre quelque part

Jésus put amener les gens à Le suivre. Si vous êtes leader dans le Corps du Christ, vous devez pouvoir faire en sorte que les gens vous suivent. Comment faire ?

Jésus leur dit : Suivez-moi, et je vous ferai pêcheurs d'hommes.

Marc 1:17

Trois étapes pour faire que les gens vous suivent

1. Soyez vous-même.

Quand un jeune homme demande une jeune femme en mariage, il essaie de faire en sorte qu'elle le suive. La demande doit venir du fond de votre cœur. Je n'ai pas lu un discours à ma femme quand je l'ai demandée en mariage. Les leaders qui ont le plus de succès sont ceux qui sont « réels ». Les gens aiment entendre les leaders parler naturellement de leur cœur plutôt que lire des discours ennuyeux qui disent toutes les choses justes. Personne ne veut suivre quelqu'un qui fait semblant !

2. Croyez totalement dans votre but.

Vous devez croire dans l'avenir que votre leadership crée. Si vous faites une demande en mariage à quelqu'un, vous devez croire que vous allez vous donner un bel avenir, à vous-même et à la jeune femme.

3. Allez-vous là où vous essayez d'amener les gens à vous suivre.

Vous ne pouvez pas amener les gens à prier si vous ne priez pas vous-même. J'ai trouvé plus facile de faire prier les gens simplement en les amenant à une réunion de prière. Quand mes fidèles me voient prier, ils sont très motivés pour prier. Les pasteurs qui disent à leurs fidèles de faire une chose quand ils en font une autre n'obtiennent pas souvent de bons résultats.

Chapitre 80

Ajoutez à la vérité la grâce pour obtenir plus de fidèles

Et la parole a été faite chair, et elle a habité parmi nous, pleine de grâce et de vérité ; et nous avons contemplé sa gloire, une gloire comme la gloire du Fils unique venu du Père.

Jean 1:14

La gloire de Jésus Christ est dans sa présentation de la vérité avec la grâce. La vérité sans la grâce est dangereuse. La vérité sans la grâce éliminera la plupart des disciples du Christ. La plupart des chrétiens échoueraient si Dieu n'agissait avec nous que sur la base de la vérité. Avouons-le, combien de chrétiens font vraiment ce que le pasteur leur dit de faire ? Combien de chrétiens marchent dans l'amour et se pardonnent les uns les autres ? Si l'église devait éliminer ses membres fautifs, la plupart des églises seraient vides. Le roi David l'a bien décrit dans Psaume 130:3 :

Si tu gardais le souvenir des iniquités, Éternel, Seigneur, qui pourrait subsister ?

Psaume 130:3

Un bon leader joint toujours la vérité à la grâce quand il s'occupe de ses fidèles. Joindre la vérité à la grâce permettra à certains de vos fidèles d'améliorer leur comportement et de devenir de grands ministres. Cependant, avec certains, même la grâce de Dieu ne les change pas. J'ai beaucoup de fils et de filles dans le ministère qui ont bien tourné après un mélange de grâce et de vérité appliqué à leur vie. La vérité sans la grâce aurait éliminé la plupart des ministres et des leaders merveilleux qui travaillent avec moi aujourd'hui.

Quatre exemples pour joindre la grâce à la vérité

1. Jésus connaissait la vérité sur Judas, mais il y joint la grâce.

Jésus aurait pu agir sur Judas parce qu'il connaissait la vérité, que Judas était un traître ! Jésus a permis à Judas de bénéficier de la grâce de Dieu. Il a joint la vérité à la grâce pour donner une chance à Judas, mais Judas a fini par se détruire.

Je permets aux gens de se détruire si tel est leur destin. Je ne suis pas pressé de prouver quoi que ce soit. Je crois que les gens finiront soit par améliorer leur comportement soit par se détruire. Quand les gens viennent me voir avec des accusations contre un pasteur, je leur dis : « Si je confronte cette personne, il va nier l'accusation. Je vais laisser la grâce de Dieu et le temps agir. S'il est destiné à se détruire, il le fera. S'il est destiné à améliorer son comportement, il le fera ! »

2. Jésus connaissait la vérité sur Pierre, mais il y joignit la grâce.

Jésus savait que Pierre était ouvert à des influences de satanique et mondaine, mais il travailla quand même avec lui. Jésus ne s'est pas séparé de Pierre.

Mais Jésus, se retournant, dit à Pierre : Arrière de moi, Satan ! Tu m'es en scandale ; car tes pensées ne sont pas les pensées de Dieu, mais celles des hommes.

Matthieu 16:23

Jésus connaissait la vérité sur Pierre, qu'il dormait pendant les réunions de prière. Mais la grâce de Dieu permit à Jésus de continuer de travailler avec Pierre. Jésus ignora les faiblesses de Pierre.

Et il vint vers les disciples, qu'il trouva endormis, et il dit à Pierre : Vous n'avez donc pu veiller une heure avec moi !

Matthieu 26:40

Jésus connaissait la vérité sur Pierre. Jésus savait que Pierre allait l'abandonner, mais il travailla quand même avec lui. Jésus ne s'est pas séparé de Pierre. Il lui a pardonné.

Jésus répondit : Tu donneras ta vie pour moi ! En vérité, en vérité, je te le dis, le coq ne chantera pas que tu ne m'aies renié trois fois.

Jean 13:38

Jésus connaissait la vérité sur Pierre, qu'il allait quitter le ministère et retourner dans le travail séculier. Après toute la formation que Pierre avait reçue, il a abandonné le ministère et est retourné à la pêche. Jésus n'a pas changé les plans qu'il avait pour Pierre.

Simon Pierre, Thomas, appelé Didyme, Nathanaël, de Cana en Galilée, les fils de Zébédée, et deux autres disciples de Jésus, étaient ensemble. Simon Pierre leur dit: Je vais pêcher. Ils lui dirent : Nous allons aussi avec toi. Ils sortirent et montèrent dans une barque, et cette nuit-là ils ne prirent rien.

Jean 21:2-3

Toutes ces mauvaises choses sur Pierre étaient vraies, mais la gloire du Christ est dans la gloire de la vérité présentée avec la grâce. Et nous avons contemplé sa gloire, la gloire du Fils unique du Père, plein de grâce et de vérité. En fin de compte, Pierre s'est avéré être un grand leader de l'église. Voilà ce que la vérité jointe à la grâce peut faire.

3. Jésus connaissait la vérité sur Thomas, mais il y joignit la grâce.

Thomas ne croyait pas que le Christ pouvait ressusciter des morts. Et Jésus le savait. La vérité sur ce grand apôtre était qu'il ne croyait pas à la résurrection. La grâce de Dieu a donné à Thomas une autre occasion de devenir croyant. Et il le devint. Un mélange de grâce et de vérité a donné naissance à un autre disciple ardent.

Huit jours après, les disciples de Jésus étaient de nouveau dans la maison, et Thomas se trouvait avec eux. Jésus vint, les portes étant fermées, se présenta au milieu d'eux, et dit : La paix soit avec vous !

Puis il dit à Thomas : Avance ici ton doigt, et regarde mes mains ; avance aussi ta main, et mets-la dans mon côté ; et ne sois pas incrédule, mais crois. Thomas lui répondit : Mon Seigneur et mon Dieu ! Jésus lui dit : Parce que tu m'as vu, tu as cru. Heureux ceux qui n'ont pas vu, et qui ont cru !

Jean 20:26-29

4. **Jésus connaissait la vérité sur les dix disciples, mais il y joignit la grâce.**

Jésus connaissait la vérité sur ses disciples. Il savait que ses disciples l'abandonneraient quand il aurait le plus besoin d'eux.

...Alors tous les disciples l'abandonnèrent, et prirent la fuite.

Matthieu 26:56

Beaucoup des disciples de Jésus retournèrent à leur emploi séculier après le départ de Jésus.

Simon Pierre, Thomas, appelé Didyme, Nathanaël, de Cana en Galilée, les fils de Zébédée, et deux autres disciples de Jésus, étaient ensemble. Simon Pierre leur dit : Je vais pêcher. Ils lui dirent : Nous allons aussi avec toi. Ils sortirent et montèrent dans une barque, et cette nuit-là ils ne prirent rien.

Jean 21:2-3

La grâce de Dieu a amené Jésus à ignorer les imperfections, les faiblesses et les erreurs de ses disciples. Il a ignoré leurs défauts et a permis à ses hommes de devenir de puissants apôtres. Si vous ignorez les défauts de vos disciples, si vous travaillez avec eux et priez pour eux, vous porterez plus de fruit.

Le leadership est l'art d'ignorer les fautes

On peut aussi décrire le leadership comme l'art d'ignorer les fautes. Il est presque impossible de diriger efficacement sans oublier intentionnellement les fautes, les erreurs, et les défauts des autres. C'est parce que Dieu vous a appelé à diriger des humains et pas des anges. Si Dieu vous avait appelé à diriger un groupe d'anges, vous n'auriez pas besoin d'ignorer les fautes. Je me demande parfois pourquoi les humains trouvent si difficile d'ignorer les erreurs des autres.

Je remercie le Seigneur pour ceux qui ont accepté et continuent d'accepter mes lacunes. Beaucoup de gens sympathiques avec qui je travaille ont des défauts. Ce n'est pas que je ne vois pas leurs lacunes, mais je me rends compte que je dois leur donner de nombreuses occasions de grandir. Si vous coupez les mains de votre enfant parce qu'il a touché quelque chose que vous lui avez demandé de ne pas toucher, pourra-t-il jamais grandir pour devenir un citoyen responsable? Quand il serait adulte, il n'aurait ni bras ni jambes, parce que vous auriez amputé tous ses membres pour ses nombreuses erreurs pendant l'enfance ! Un leader est quelqu'un qui ignore volontairement les défauts flagrants et donne aux gens la possibilité de grandir.

Ne doutez pas de ceux en qui vous investissez. Regardez l'avenir et sachez que tout ce que vous avez semé sera certainement moissonné. Si vous avez passé du temps à enseigner et à former les gens, ils vont grandir pour être des leaders responsables. Si vous avez investi dans la vie des gens, cela va certainement rapporter. Ne vous sentez pas dépassé par les lacunes de ceux en qui vous avez confiance. Donnez-leur du temps. Un leader est un père. Et tout père croit qu'un jour son fils deviendra quelqu'un de grand.

Chapitre 81

Les huit plus grandes décisions d'un leader

1. **Être né de nouveau**

    Le commencement de la sagesse est la crainte de Dieu. La première décision de votre vie est de choisir Jésus comme votre Sauveur. Toute autre décision est une folie.

2. **Être un chrétien engagé**

    Vous avez plusieurs choix. Vous pouvez être engagé dans l'éducation, la politique ou le sport. Quelqu'un qui choisit d'être engagé avec le Christ en donnant son temps et son énergie découvrira qu'il a pris l'une des plus grandes décisions de sa vie.

3. **Choisir la Bible comme votre livre le plus important**

    Mettez tous les livres que vous connaissez à gauche, mais mettez la Bible toute seule à droite. La Bible est différente de tout autre livre sur cette terre.

    À la page 15 de *The New Testament Documents,* F.F. Bruce a dit : « La preuve de nos écrits du Nouveau Testament est tellement plus grande que la preuve de nombreux écrits d'auteurs classiques, dont personne ne songe à questionner l'authenticité. Et si le Nouveau Testament était un recueil de textes profanes, leur authenticité serait généralement considérée comme étant au-dessus de tout soupçon. C'est un fait curieux que les historiens sont souvent beaucoup plus disposés à accepter le Nouveau Testament que beaucoup de théologiens ».

4. **Épouser la bonne personne**

    La personne que vous épousez se révélera être un défi pour vous. Cette décision est l'une des plus importantes que vous ne prendrez jamais.

5. **Choisir la bonne église**

L'église à laquelle vous appartenez fait une très grande différence.

6. **Suivre la bonne personne**

Que vous le croyiez ou non, tout le monde suit quelqu'un. Nous avons tous des héros ou des mentors tacites ou manifestes qui nous inspirent. Celui que vous choisissez fera toute la différence dans votre vie. Paul conseilla les membres de son église à le suivre.

Soyez mes imitateurs, comme je le suis moi-même de Christ.

1 Corinthiens 11:1

En sorte que vous ne vous relâchiez point, et que voue imitiez ceux qui, par la foi et la persévérance, héritent des promesses.

Hébreux 6:12

7. **Choisir la bonne ville, le bon pays et les bonnes personnes avec qui vivre**

Puisque votre succès est lié à un endroit, votre choix de lieu de résidence est très important. Prenez cette décision très tôt dans votre vie et vous ferez l'expérience d'un grand succès en tant que leader.

8. **Choisir vos amis**

Votre choix d'amis est l'une des décisions les plus importantes de votre vie. Que vous le vouliez ou non, vos amitiés aident à façonner votre avenir. Montrez-moi vos amis et je vous prédirai votre avenir.

Chapitre 82

Choisissez soigneusement vos mentors

Le lendemain, Jean était encore là, avec deux de ses disciples ; et, ayant regardé Jésus qui passait, il dit : Voilà l'Agneau de Dieu. Les deux disciples l'entendirent prononcer ces paroles, et ils suivirent Jésus.

Jean 1:35-37

Quand les disciples de Jean découvrirent que Jésus était l'Agneau de Dieu, ils décidèrent de Le suivre. Ils préférèrent Jésus Christ à Jean Baptiste, parce qu'ils reconnaissaient en lui une onction plus grande et plus haute. En effet, un mentor est quelqu'un qui est pour vous un conseiller, un guide, un accompagnateur, un enseignant et un tuteur. Votre mentor est une image de votre avenir. Il y a plusieurs façons de prédire l'avenir. L'une des façons est simplement de regarder le mentor de quelqu'un. L'avenir de ces disciples changea le jour où ils choisirent Jésus pour mentor.

Vous pourriez prédire l'avenir de Josué en regardant son mentor Moïse. Vous pourriez aussi prévoir l'avenir de Pierre, de Jacques et de Jean en regardant leur mentor Jésus. Vous pourriez prédire l'avenir d'Élisée en regardant son mentor Élie.

Quelqu'un qui a vécu longtemps, qui a réalisé beaucoup de choses, qui a travaillé fidèlement pour le Seigneur et qui est resté marié avec succès serait un bon mentor.

Huit choses qu'un leader devrait savoir sur les mentors

1. **Ce n'est pas toute personne qui réussit qui peut être votre mentor.**

Ce n'est pas n'importe qui dans le monde qui peut être votre mentor. Dieu a choisi certaines personnes pour être vos mentors.

L'art du leadership

2. Vous pouvez avoir un mentor de loin.

Quelqu'un qui ne vous connaît même pas peut être votre mentor. La plupart de mes mentors ne me connaissent pas personnellement. Ils sont mes mentors par leurs livres et leurs cassettes.

3. On peut prédire votre avenir en regardant votre mentor.

Vous pourriez prédire l'avenir de Pierre, de Jacques et de Jean en regardant leur mentor Jésus.

4. Vous pouvez avoir un mentor dans une mesure plus ou moins grande, selon votre proximité avec lui.

Jésus n'a pas touché tout le monde de la même manière. Il est apparu à cinq cents personnes après sa résurrection d'entre les morts. Cent vingt personnes attendaient l'Esprit Saint dans la chambre haute. Et il avait douze disciples qui le suivaient partout. Il y avait aussi beaucoup de femmes qui l'assistaient de leurs biens.

> **Ensuite, Jésus allait de ville en ville et de village en village, prêchant et annonçant la bonne nouvelle du royaume de Dieu.**
>
> **Les douze étaient avec de lui et quelques femmes qui avaient été guéries d'esprits malins et de maladies :**
>
> **Marie, dite de Magdala, de laquelle étaient sortis sept démons, Jeanne, femme de Chuza, intendant d'Hérode, Susanne, et plusieurs autres, qui l'assistaient de leurs biens.**
>
> **Luc 8:1-3**

Puis il avait Marie, sa mère, et Marie-Madeleine, qui se tinrent près de la croix pendant ses derniers moments sur terre. Le noyau principal était composé de Pierre, de Jacques et de Jean. Puis il avait Pierre à la tête de son équipe. Il avait aussi Jean qu'il aimait spécialement.

5. **Presque tout personnage de la Bible qui a réussi avait un mentor.**
   a. Le mentor de Jésus était le Père.
   b. Jésus était le mentor de Pierre, de Jacques et de Jean.
   c. Le mentor de Josué était Moïse.
   d. Le mentor d'Élisée était Élie.
6. **Vous ne pouvez pas être le mentor de quelqu'un de fier.**

   Vous ne pouvez pas avoir un mentor si vous êtes trop fier pour apprendre de quelqu'un d'autre.
7. **Il y a des mentors naturels et spirituels.**

   Moïse avait un mentor naturel, Pharaon. Il a appris le leadership et le gouvernement avec Pharaon. David a aussi étudié le leadership et le gouvernement à la cour de son mentor, le démoniaque roi Saül. Ce furent des mentors naturels donnés par Dieu pour former ses serviteurs dans les choses naturelles. Après cette formation naturelle, la formation spirituelle a eu lieu. J'ai reçu ma formation naturelle de mes parents et de mon éducation formelle.

   Ma formation médicale fut pour moi une partie essentielle de ma préparation au ministère.
8. **Votre mentor est un être humain.**

   Choisissez les bonnes choses et laissez les mauvaises. Quand on vous sert un repas et que vous n'aimez pas quelque chose sur l'assiette, vous mangez ce que vous aimez et laissez le reste !

Chapitre 83

Inspirez les gens

Je n'ai désiré ni l'argent, ni l'or, ni les vêtements de personne. Vous savez vous-mêmes que ces mains ont pourvu à mes besoins et à ceux des personnes qui étaient avec moi. Je vous ai montré de toutes manières que c'est en travaillant ainsi qu'il faut soutenir les faibles, et se rappeler les paroles du Seigneur, qui a dit lui-même : Il y a plus de bonheur à donner qu'à recevoir. Après avoir ainsi parlé, il se mit à genoux, et il pria avec eux tous. Et tous fondirent en larmes, et, se jetant au cou de Paul, ils l'embrassaient.

Actes 20:33-38

Un leader est quelqu'un qui inspire les gens autour de lui. Les êtres humains sont émotifs ! Étudiez de près les résultats de presque toutes les élections, et vous découvrirez que les gens votent selon leurs émotions. Certaines régions du pays votent en bloc pour certains candidats.

Un vrai leader doit reconnaître la nature émotionnelle de l'être humain et doit diriger les gens en gardant cela à l'esprit. Vous devez pouvoir parler d'une façon qui inspire les gens à vous suivre. Comment pourriez-vous amener les gens à donner leur vie pour le Seigneur si vos discours sont sans vie et sans émotion ? Remarquez comment les gens pleuraient après le sermon de Paul.

Et tous fondirent en larmes, et, se jetant au cou de Paul...

Actes 20:37

Décidez d'être un leader qui inspire et motive. Mettez de côté vos discours sans vie et parlez de votre cœur. Entrainez-vous jusqu'à ce que cela vous vienne naturellement et facilement. Je le répète, pour faire cela, vous devez fonctionner du fond de votre cœur. Pierre dit :

...ce que j'ai, je te le donne...

Actes 3:6

Vous ne pouvez pas motiver les gens si vous n'êtes pas motivé vous-même. Vous ne pouvez pas toucher les émotions de quelqu'un, à moins de ressentir vous-même de l'émotion pour ce que vous faites.

Chapitre 84

Trouvez des solutions et résolvez les problèmes

Ne cherchez pas d'excuses ! N'expliquez pas pourquoi le travail n'est pas fini ! Trouvez des solutions ! Trouver des solutions et résoudre les problèmes vous distinguera des autres. L'une des dernières instructions que je donne à mon personnel quand je pars en voyage est : « Résolvez les problèmes, je reviendrai ». Je suis heureux d'avoir des gens qui peuvent résoudre les problèmes. Toute tâche que vous confierez a des problèmes qui lui sont associés. Celui qui peut résoudre les problèmes quand ils se présentent est vraiment précieux et vraiment un leader !

Quand je confie une tâche à quelqu'un, je m'attends à ce qu'il revienne me voir la tâche accomplie. Malheureusement, de nombreux employés ne reviennent qu'avec plus de problèmes. Je les regarde parfois avec étonnement quand ils me racontent tous les problèmes qu'ils ont rencontrés. La plupart du temps, je leur dis juste de résoudre ces problèmes et de revenir avec des résultats.

La grandeur d'un employé est dans sa capacité à trouver les solutions à tous les problèmes qui se présentent dans le travail.

La tâche de Moïse fut de faire sortir le peuple d'Égypte et de le conduire en Terre Promise. Il rencontra certes toutes sortes de problèmes. Tout d'abord, il y a eu la mer Rouge, puis ils ont manqué d'eau et de nourriture. Ensuite, ils ont trouvé de l'eau, mais elle était amère. Après cela, Moïse a commencé à avoir des problèmes de gestion. Les gens ont commencé à se plaindre et à murmurer. Puis il a eu des problèmes d'insubordination avec ses employés et les membres de sa famille. Comme vous pouvez le voir, pour conduire son peuple hors d'Égypte, Moïse a dû pouvoir résoudre toutes sortes de problèmes.

Le monde est aussi plein de problèmes insolubles. Il y a des problèmes partout ; il y a des difficultés à chaque tournant. Tout le monde cherche quelqu'un qui puisse les faire avancer.

Moïse se tint près de la mer Rouge et fit face à une crise. L'armée égyptienne avançait et était sur ses talons. Comment pourrait-il avancer ? Mais Moïse trouva une solution.

Moïse étendit sa main sur la mer. Et l'Éternel refoula la mer par un vent d'orient, qui souffla avec impétuosité toute la nuit ; il mit la mer à sec, et les eaux se fendirent. Les enfants d'Israël entrèrent au milieu de la mer à sec...
Exode 14:21-22

Si vous êtes pasteur, l'un des problèmes difficiles auquel vous ferez face sera de trouver comment faire grandir votre église. Vous devez vous efforcer de conduire le peuple vers la croissance et la prospérité. Ce n'est pas facile, mais c'est le travail du leader. Un pasteur qui réussit est quelqu'un qui a résolu le problème de faire grandir l'église.

Si vous êtes un homme d'affaires, vous serez confronté à la difficulté de faire des bénéfices face à une rude concurrence. Votre travail est de mener votre entreprise au succès. Si vous êtes un leader politique, vous serez confronté à la corruption, à l'action collective et à la trahison à tous les niveaux. Comment pouvez-vous faire quelque chose de bon à partir d'une situation désespérée ? Souvenez-vous que c'est le travail du leader de trouver des solutions et de résoudre les problèmes.

Dix problèmes que les grands leaders doivent résoudre

1. **Isaac résolut le problème de la famine et de la faim qui existait en son temps.**

   Isaac sema dans ce pays, et il recueillit cette année le centuple ; car l'Éternel le bénit.
   Genèse 26:12

L'art du leadership

2. **Moïse résolut le problème de l'esclavage qui existait en son temps.**

   Moïse et Aaron se rendirent ensuite auprès de Pharaon, et lui dirent : Ainsi parle l'Éternel, le Dieu d'Israël : Laisse aller mon peuple, pour qu'il célèbre au désert une fête en mon honneur.

   Exode 5:1

3. **Moïse résolut le problème de n'avoir ni lois écrites ni système de gouvernement en son temps.**

   Moïse descendit de la montagne de Sinaï, ayant les deux tables du témoignage dans sa main, en descendant de la montagne ; et il ne savait pas que la peau de son visage rayonnait, parce qu'il avait parlé avec l'Éternel.

   Exode 34:29

4. **Josué résolut le problème d'être bloqué dans le désert pendant quarante ans.**

   Moïse, mon serviteur, est mort ; maintenant, lève-toi, passe ce Jourdain, toi et tout ce peuple, pour entrer dans le pays que je donne aux enfants d'Israël.

   Josué 1:2

5. **David résolut le problème du géant Goliath qui menaçait l'existence d'Israël.**

   David dit aux hommes qui se trouvaient près de lui : « Que fera-t-on à celui qui tuera ce Philistin, et qui ôtera l'opprobre de dessus Israël ? Qui est donc ce Philistin, cet incirconcis, pour insulter l'armée du Dieu vivant ? »

   1 Samuel 17:26

6. **Joseph résolut le problème de la famine qui arrivait.**

   Que Pharaon établisse des commissaires sur le pays, pour lever un cinquième des récoltes de l'Égypte pendant les sept années d'abondance.

Qu'ils rassemblent tous les produits de ces bonnes années qui vont venir ; qu'ils fassent, sous l'autorité de Pharaon, des amas de blé, des approvisionnements dans les villes, et qu'ils en aient la garde.

Ces provisions seront en réserve pour le pays, pour les sept années de famine qui arriveront dans le pays d'Égypte, afin que le pays ne soit pas consumé par la famine.

Genèse 41:34-36

7. **Joseph résolut le problème de gérer la richesse d'une bonne saison.**

Joseph rassembla tous les produits de ces sept années dans le pays d'Égypte ; il fit des approvisionnements dans les villes, mettant dans l'intérieur de chaque ville les productions des champs d'alentour.

Joseph amassa du blé, comme le sable de la mer, en quantité si considérable que l'on cessa de compter, parce qu'il n'y avait plus de nombre.

Genèse 41:48-49

8. **Salomon résolut le problème de trouver une place permanente de culte pour le peuple de Dieu.**

Après avoir achevé de bâtir la maison, Salomon la couvrit de planches et de poutres de cèdre.

1 Rois 6:9

9. **Néhémie résolut le problème du temple détruit qui existait en son temps.**

Et je leur fis cette réponse : Le Dieu des cieux nous donnera le succès. Nous, ses serviteurs, nous nous lèverons et nous bâtirons ; mais vous, vous n'avez ni part, ni droit, ni souvenir dans Jérusalem.

Néhémie 2:20

10. Daniel résolut le problème créé par les rêves de Nebucadnetsar et de Beltschatsar.

> Voilà le songe. Nous en donnerons l'explication devant le roi.
>
> Daniel 2:36

La clé principale pour trouver les solutions et résoudre les problèmes

La clé principale est la sagesse. La Bible enseigne que Salomon était très sage, et qu'il devint l'homme le plus riche qui ait jamais vécu. Il devint un leader politique stable. Il eut la paix et la stabilité durant son règne. Ces choses sont venues par la sagesse de Dieu.

La sagesse peut-elle résoudre les problèmes ? La Bible a un enseignement sur une ville qui était en crise. Les forces ennemies l'encerclaient et il n'y avait d'espoir pour personne. Cependant, la délivrance vint pour cette ville par un homme pauvre mais sage. Les solutions aux situations impossibles viennent par la sagesse.

> **Il y avait une petite ville, avec peu d'hommes dans son sein ; un roi puissant marcha sur elle, l'investit, et éleva contre elle de grands forts. Il s'y trouvait un homme pauvre et sage, qui sauva la ville par sa sagesse. Et personne ne s'est souvenu de cet homme pauvre.**
>
> **Ecclésiaste 9:14-15**

Deux façons de recevoir la sagesse

1. La sagesse vient par la lecture.

Lisez les livres des Proverbes et de l'Ecclésiaste tous les jours et demandez à Dieu de vous donner la sagesse pour les affaires de la vie. Croyez-moi. La vie est pleine de situations impossibles. La vie est pleine de problèmes sans solutions. C'est pourquoi Dieu suscite des leaders pour aider à apporter des réponses à des questions sans réponses.

2. La sagesse vient par la prière.

La prière la plus importante d'un leader est la prière pour recevoir la sagesse. Un leader doit constamment demander à Dieu la sagesse.

Si quelqu'un d'entre vous manque de sagesse, qu'il la demande à Dieu, qui donne à tous simplement et sans reproche, et elle lui sera donnée.

Jacques 1:5

Chapitre 85

Soyez un penseur

Tout bon médecin doit pouvoir diagnostiquer le problème de son patient. Faire un bon diagnostic représente quatre-vingts pour cent de la solution. Votre travail en tant que leader est de réfléchir au problème, d'écouter l'histoire, d'examiner la situation et de proposer une analyse de ce qui se passe. Quand vous ne pensez pas au travail que vous faites, souvent vous ne pouvez pas bien le faire. Vous devez être consumé par votre travail, et vous devez y penser tout le temps. Celui qui ne pense pas à son travail ne peut pas réussir. Comme quelqu'un a dit : « On se souviendra seulement de votre obsession ». Je remarque que certains de mes employés pensent à peine à leur travail. Ils ne se concentrent pas sur ce qu'ils font. Ils ne sont pas obsédés, et ça se voit.

Six avantages d'être un leader qui pense à son travail

1. Un grand penseur trouve toujours des solutions à des problèmes impossibles.

J'ai considéré ensuite toutes les oppressions qui se commettent sous le soleil ; et voici, les opprimés sont dans les larmes, et personne qui les console ! Ils sont en butte à la violence de leurs oppresseurs, et personne qui les console !
Ecclésiaste 4:1

2. Un leader qui pense à son travail trouve toujours des façons d'améliorer.

J'ai vu que tout travail et toute habileté dans le travail n'est que jalousie de l'homme à l'égard de son prochain. C'est encore là une vanité et la poursuite du vent.
Ecclésiaste 4:4

3. Un leader qui pense beaucoup à son travail entendra l'Esprit de Dieu lui chuchoter une direction.

J'ai regardé attentivement, et j'ai tiré instruction de ce que j'ai vu.
Proverbes 24:32

4. Un leader qui pense sera ouvert à des idées brillantes qui peuvent changer la vie.

J'ai aussi vu sous le soleil ce trait d'une sagesse qui m'a paru grande. Et j'ai dit : La sagesse vaut mieux que la force. Cependant la sagesse du pauvre est méprisée, et ses paroles ne sont pas écoutées.
Ecclésiaste 9:13.16

5. Un leader qui pense beaucoup trouvera de nouveaux buts et de nouvelles visions.

J'ai dit en mon cœur : Voici, j'ai grandi et surpassé en sagesse tous ceux qui ont dominé avant moi sur Jérusalem, et mon cœur a vu beaucoup de sagesse et de science.
Ecclésiaste 1:16

6. Un leader qui pense beaucoup recevra la sagesse.

J'ai appliqué mon cœur à rechercher et à sonder par la sagesse tout ce qui se fait sous les cieux : c'est là une occupation pénible, à laquelle Dieu soumet les fils de l'homme.
Ecclésiaste 1:13

Trois clés pour devenir un grand penseur

1. Attendre Dieu.

2. Lire des livres qui élargissent votre imagination et les frontières de la connaissance.

3. Réfléchir plus profondément à ce que vous voyez ou entendez.

Laissez votre esprit examiner les questions quand elles se présentent. Ne vous contentez pas de considérez les choses au niveau superficiel.

J'ai vu à quelle occupation Dieu soumet les fils de l'homme.

Ecclésiaste 3:10

Il est un mal grave que j'ai vu sous le soleil : des richesses conservées, pour son malheur, par celui qui les possède.

Ecclésiaste 5:13

Puis, j'ai considéré tous les ouvrages que mes mains avaient faits, et la peine que j'avais prise à les exécuter, et voici, tout est vanité et poursuite du vent, et il n'y a aucun avantage à tirer de ce qu'on fait sous le soleil.

Ecclésiaste 2:11

J'ai souvent eu à réfléchir à l'état des affaires de mon église. J'analyse constamment ce qui se passe, je prends donc constamment des décisions. Un jour, je discutais avec un de mes entrepreneurs et je lui dis : « Je suis la personne la plus importante à qui vous devez parler de ce projet ».

Je poursuivis : « Je pense plus à ce projet que les architectes ».

Un bon leader analyse tout le temps son travail et les problèmes qui y sont liés. La raison pour laquelle vous êtes inefficace en tant que leader est peut-être que votre cœur et votre esprit ne sont pas constamment concentrés sur votre mission.

Le roi Salomon a analysé le problème de la pauvreté autour de lui. Il a conclu (diagnostic) que le problème était essentiellement causé par le manque de travail. Il a compris que s'il pouvait traiter la question du sommeil et des bras croisés, il y aurait plus de prospérité.

J'ai regardé attentivement, et j'ai tiré instruction de ce que j'ai vu. Un peu de sommeil, un peu d'assoupissement, un peu croiser les mains pour dormir ! Et la pauvreté te surprendra, comme un rôdeur, et la disette, comme un homme en armes.

Proverbes 24:32-34

Chapitre 86

Reproduisez-vous dans les autres

Toi donc, mon enfant, fortifie-toi dans la grâce qui est en Jésus Christ.

2 Timothée 2:1

Être un bon leader implique de vous reproduire dans les autres. Dieu nous a créés à son image. Il a reproduit des images de lui-même en nous. Quand il nous voit marcher, il se voit lui-même.

Si vous avez un fils de quarante ans qui dépend de vous en tout, vous avez échoué en tant que leader. Mais si vous avez un fils de quarante ans qui n'a plus besoin de vous pour survivre, alors vous avez formé votre enfant avec succès. Le leadership n'est pas l'art de rendre des tonnes de gens dépendants d'une seule personne.

Jésus, le leader parfait, préparait constamment ses disciples pour le moment où il ne serait plus avec eux. Un bon leader est quelqu'un qui se reproduit dans les autres, pour ne plus être indispensable. Jésus a utilisé des expressions comme : « Quand le temps viendra », « Dans peu de temps » et « En ce jour-là ». À quel jour faisait-il allusion ? Au jour où il ne serait plus là. Tout leader doit se préparer pour ce jour-là.

Je vous ai dit ces choses, afin que, lorsque l'heure sera venue, vous vous souveniez que je vous les ai dites. Je ne vous en ai pas parlé dès le commencement, parce que j'étais avec vous. Maintenant je m'en vais vers celui qui m'a envoyé...

Jean 16:4-5

Encore un peu de temps, et vous ne me verrez plus...

Jean 16:16

En ce jour-là, vous ne m'interrogerez plus sur rien.

Jean 16:23

Plus votre leadership est réussi, plus vous aurez de fils et de filles. Votre absence n'aura pas d'importance, parce que vous vous serez reproduit dans beaucoup d'autres.

Cinq façons de vous reproduire dans les autres

1. **Soyez un père.**

   Quand vous avez un cœur de père, ceux qui vous fréquentent le font naturellement comme des fils.

2. **Soyez un enseignant.**

   Ne présumez pas que les gens vont apprendre par osmose. Vous devez vraiment leur enseigner ce que vous voulez qu'ils sachent.

3. **Soyez un ami.**

   Par l'amitié, vous enseignerez beaucoup de leçons de façon informelle.

4. **Exposez-les aux défis du ministère.**

   L'expérience vous enseigne ce que cent années de scolarité ne peuvent faire.

5. **Envoyez-les dans le ministère.**

   Il y a certaines choses qu'on ne peut apprendre que si on est envoyé.

**À Tite, mon enfant légitime en notre commune foi…
Je t'ai laissé en Crète, afin que tu mettes en ordre ce qui reste à régler, et que, selon mes instructions, tu établisses des anciens dans chaque ville.**

Tite 1:4-5

Chapitre 87

Soyez un leader qui peut

Caleb fit taire le peuple, qui murmurait contre Moïse. Il dit : Montons, emparons-nous du pays, nous y serons vainqueurs !

Nombres 13:30

Vingt-cinq affirmations de quelqu'un qui peut

1. Tout est possible.

   Car rien n'est impossible à Dieu.
   Luc 1:37

2. Travaillons dur.

3. Essayons. Donnons-lui une chance.

4. Nous n'avons rien à perdre.

   Élisée dit : Écoutez la parole de l'Éternel ! Ainsi parle l'Éternel : Demain, à cette heure, on aura une mesure de fleur de farine pour un sicle et deux mesures d'orge pour un sicle, à la porte de Samarie. L'officier sur la main duquel s'appuyait le roi répondit à l'homme de Dieu : Quand l'Éternel ferait des fenêtres au ciel, pareille chose arriverait-elle ? Et Élisée dit : Tu le verras de tes yeux; mais tu n'en mangeras point. Il y avait à l'entrée de la porte quatre lépreux, qui se dirent l'un à l'autre : Quoi ! Resterons-nous ici jusqu'à ce que nous mourions ?
   2 Rois 7:1-3

5. Copions celui qui a réussi.

   En sorte que vous ne vous relâchiez point, et que voue imitiez ceux qui, par la foi et la persévérance, héritent des promesses.
   Hébreux 6:12

6. Je le ferai, même si personne ne m'aide.
7. Nous sommes aussi bons que ceux qui l'ont fait.
8. Il n'est pas trop tard pour apprendre quelque chose de nouveau.
9. Faisons le changement maintenant.
10. Il n'est pas trop tard pour commencer.
11. Commençons dès maintenant.
12. Travaillons jusqu'à ce que ce soit terminé.
13. Ne rentrons pas chez nous avoir d'avoir fini.
14. Je n'abandonnerai jamais.
15. Je n'ai pas le temps pour l'opposition.
16. Dieu est le même, il nous aidera de la même façon.

Jésus Christ est le même hier, aujourd'hui, et éternellement.
Hébreux 13:8

17. Pourquoi pas ?
18. Je survivrai.
19. Je brillerai.
20. Je ne resterai pas à terre éternellement.

Ne te réjouis pas à mon sujet, mon ennemie ! Car si je suis tombée, je me relèverai ; si je suis assise dans les ténèbres, l'Éternel sera ma lumière.
Michée 7:8

21. Mes ennemis seront déçus.
22. Je veux votre opinion.

Jésus, étant arrivé dans le territoire de Césarée de Philippe, demanda à ses disciples : Qui dit-on que je suis, moi, le Fils de l'homme ?

Matthieu 16:13

23. Même si mon commencement est petit, ma fin sera grande.
24. Allons-y.
25. Essayons le nouveau plan.

Les secrets d'un leader qui peut

1. Ça ne gène pas un leader qui peut de faire partie de la minorité.

   Mais les hommes qui y étaient allés avec lui dirent : Nous ne pouvons pas monter contre ce peuple, car il est plus fort que nous.

   Nombres 13:31

2. Un leader qui peut a une opinion indépendante sur ce qu'il faut faire.

   Caleb fit taire le peuple, qui murmurait contre Moïse. Il dit : Montons, emparons-nous du pays, nous y serons vainqueurs !

   Nombres 13:30

3. Un leader qui peut voit ce qui est bon et positif.

   Et parlèrent ainsi à toute l'assemblée des enfants d'Israël : le pays que nous avons parcouru, pour l'explorer, est un pays très bon, excellent.

   Nombres 14:7

4. Un leader qui peut passe aussitôt à l'action.

   Caleb fit taire le peuple, qui murmurait contre Moïse. Il dit : Montons, emparons-nous du pays, nous y serons vainqueurs !

   Nombres 13:30

5. Un leader qui peut sait que tout projet peut, et devrait commencer immédiatement pour réussir.

Caleb fit taire le peuple, qui murmurait contre Moïse. Il dit : Montons, emparons-nous du pays, nous y serons vainqueurs !

Nombres 13:30

Il sait que les visions souvent meurent quand elles sont retardées.

6. Un leader qui peut est loyal envers son père.

Josué fut fidèle envers Moïse.

Et, parmi ceux qui avaient exploré le pays, Josué, fils de Nun, et Caleb, fils de Jephunné, déchirèrent leurs vêtements.

Nombres 14:6

7. Un leader qui peut ne permet pas aux gens négatifs de l'influencer, mais c'est lui plutôt qui les influence.

Et, parmi ceux qui avaient exploré le pays, Josué, fils de Nun, et Caleb, fils de Jephunné, déchirèrent leurs vêtements.

Nombres 14:6

8. Un leader qui peut a foi en Dieu.

Si l'Éternel nous est favorable, il nous mènera dans ce pays, et nous le donnera : c'est un pays où coulent le lait et le miel.

Nombres 14:8

9. Un leader qui peut est prêt à se battre.

10. Un leader qui peut est prêt à mourir.

11. Un leader qui peut est prêt à prendre un risque.

12. Un leader qui peut ne se voit pas comme une sauterelle.

> Et nous y avons vu les géants, enfants d'Anak, de la race des géants : nous étions à nos yeux et aux leurs comme des sauterelles.
>
> **Nombres 13:33**

13. Un leader qui peut n'est pas populaire quand il se trouve dans une communauté arriérée et rétrograde.

> **Toute l'assemblée parlait de les lapider, lorsque la gloire de l'Éternel apparut sur la tente d'assignation, devant tous les enfants d'Israël.**
>
> **Nombres 14:10**

14. Un leader qui peut n'est pas intimidé par l'ennemi.

> **Seulement, ne soyez point rebelles contre l'Éternel, et ne craignez point les gens de ce pays, car ils nous serviront de pâture, ils n'ont plus d'ombrage pour les couvrir, l'Éternel est avec nous, ne les craignez point !**
>
> **Nombres 14:9**

15. Un leader qui peut a un esprit d'audace.

16. Un leader qui peut a un esprit d'aventure et de découverte qui conduit au développement.

17. Un leader qui peut sera justifié à long terme.

> **Toute l'assemblée parlait de les lapider, lorsque la gloire de l'Éternel apparut sur la tente d'assignation, devant tous les enfants d'Israël.**
>
> **Nombres 14:10**

Chapitre 88

Acceptez la réalité de la solitude

Dans ma première défense, personne ne m'a assisté, mais tous m'ont abandonné. Que cela ne leur soit point imputé !

2 Timothée 4:16

La nature même du leadership fait de vous un solitaire. Être leader, c'est être en avance sur la foule. Les leaders sont des solitaires. Beaucoup de décisions leur reviennent. Ils n'ont personne pour les aider quand il s'agit de certaines choses.

La solitude est la voie de tous les leaders. Ils n'ont souvent personne avec qui partager leurs problèmes. Ils ne peuvent pas exprimer ouvertement leurs craintes. Beaucoup de fidèles pensent que leurs leaders sont courageux, mais un leader honnête vous parlera des craintes réelles qui ravagent son esprit tous les jours.

Beaucoup de fidèles pensent que leurs leaders vivront pour toujours. Mais le leader craint souvent qu'il pourrait subitement mourir. À qui le leader peut-il parler de ses problèmes conjugaux ? Qui pourrait comprendre que le pasteur a aussi un problème ? Personne ! C'est ce qui rend les leaders solitaires. Les leaders doivent s'associer à d'autres leaders. Tout ce qu'ils ont appartient aux autres.

Quand un leader arrive avec une nouvelle vision, de vieux amis s'en vont souvent. Une fois de plus, le leader est laissé tout seul. Quand le Seigneur envoyait un message aux Églises d'Asie, le message fut envoyé aux leaders des églises. Les leaders sont souvent seuls quand ils entendent Dieu leur parler. La Bible nous dit comment Moïse monta sur la montagne et attendit Dieu pendant quarante jours et quarante nuits.

Le mot « consacré » veut dire « mis à part ». Si vous avez été consacré comme leader, cela veut dire que vous avez été mis à part à bien des égards. C'est la responsabilité d'un leader. C'est la raison pour laquelle les leaders sont souvent beaucoup plus payés que les fidèles. C'est une manière de les compenser pour ce que leur coûte le leadership.

Huit leaders qui ont fait l'expérience de la solitude

1. Jésus a prié seul au jardin de Gethsémani pendant que tous les autres dormaient.

    Puis, ayant fait quelques pas en avant, il se jeta sur sa face, et pria ainsi : Mon Père, s'il est possible, que cette coupe s'éloigne de moi ! Toutefois, non pas ce que je veux, mais ce que tu veux. Il revint, et les trouva encore endormis; car leurs yeux étaient appesantis. Il les quitta, et, s'éloignant, il pria pour la troisième fois, répétant les mêmes paroles.

    Matthieu 26:39,43-44

    Il alla tout seul sur la croix alors que tout le monde s'enfuit en courant.

    Alors tous les disciples l'abandonnèrent, et prirent la fuite..

    Matthieu 26:56b

2. Élie était seul dans le désert quand les corbeaux vinrent le nourrir.

    C'est là qu'il entendit l'appel de Dieu.

    Pour lui, il alla dans le désert où, après une journée de marche, il s'assit sous un genêt, et demanda la mort, en disant : C'est assez ! Maintenant, Éternel, prends mon âme, car je ne suis pas meilleur que mes pères. Il se coucha et s'endormit sous un genêt. Et voici, un ange le toucha, et lui dit : Lève-toi, mange.

    1 Rois 19:4-5

3. Jean Baptiste mena une vie solitaire dans le désert.

    On le décrit comme une voix criant dans le désert.

Selon ce qui est écrit dans le livre des paroles d'Ésaïe, le prophète : C'est la voix de celui qui crie dans le désert : Préparez le chemin du Seigneur, Aplanissez ses sentiers.

Luc 3:4

Ne soyez pas déprimé si vous semblez être une voix solitaire dans un désert. Cela fait partie de l'appel au leadership.

4. David passa de nombreuses années solitaires à fuir le roi Saul.

Même les gens de l'extérieur pouvaient voir qu'il était seul.

David se rendit à Nob, vers le sacrificateur Achimélec, qui accourut effrayé au-devant de lui et lui dit : Pourquoi es-tu seul et n'y a-t-il personne avec toi ?

1 Samuel 21:1

5. Jonah fut la seule personne jetée par-dessus bord.

Il entra seul dans le ventre du poisson. Il pria de ce trou noir et Dieu l'entendit.

Jonas, dans le ventre du poisson, pria l'Éternel, son Dieu.

Jonas 2:1

6. Noé fut le seul à entrer dans l'arche.

Le monde entier était plein de méchanceté. Aucune autre famille humaine ne le suivit.

L'Éternel dit à Noé : Entre dans l'arche, toi et toute ta maison ; car je t'ai vu juste devant moi parmi cette génération.

Genèse 7:1

7. Abraham fut choisi et mis à part de sa famille.

Dieu le mit à part dans une vie de solitude loin de son pays et de la famille qu'il connaissait.

> L'Éternel dit à Abram : Va-t-en de ton pays, de ta patrie, et de la maison de ton père, dans le pays que je te montrerai.
>
> **Genèse 12:1**

8. Moïse était seul quand il rencontra le Seigneur dans le Buisson ardent.

   Il était aussi seul quand il gravit la montagne.

   > **Moïse s'approchera seul de l'Éternel ; les autres ne s'approcheront pas, et le peuple ne montera point avec lui.**
   >
   > **Exode 24:2**

Chapitre 89

N'oubliez pas ceux qui vous ont aidé

> Souviens-toi de tout le chemin que l'Éternel, ton Dieu, t'a fait faire pendant ces quarante années dans le désert, afin de l'humilier et de t'éprouver, pour savoir quelles étaient les dispositions de ton cœur et si tu garderais ou non ses commandements.
>
> Deutéronome 8:2

Le Seigneur fit sortir les Israélites d'Égypte et les mit en garde contre l'oubli de tout ce qu'il avait fait pour eux.

Dans le monde naturel, il est important de se rappeler qui vous a engendré. Il est important de vous souvenir de votre mère et de votre père. Rappelez-vous ce qu'ils vous ont fourni. Vous devez vous rappeler qui vous a aidé à aller à l'école et qui a mis de la nourriture dans votre assiette pour de nombreuses années. Malheureusement, avec le temps, beaucoup de gens oublient d'où ils viennent. Ils oublient aussi comment ils en sont venus à avoir les bénédictions qu'ils ont. D'autres veulent qu'on pense qu'ils ont réussi tout seul sans apport extérieur.

> **Lorsque tu mangeras et te rassasieras, tu béniras l'Éternel, ton Dieu, pour le bon pays qu'il t'a donné. Garde-toi d'oublier l'Éternel, ton Dieu, au point de ne pas observer ses commandements, ses ordonnances et ses lois, que je te prescris aujourd'hui. Lorsque tu mangeras et te rassasieras, lorsque tu bâtiras et habiteras de belles maisons, lorsque tu verras multiplier ton gros et ton menu bétail, s'augmenter ton argent et ton or, et s'accroître tout ce qui est à toi, prends garde que ton cœur ne s'enfle, et que tu n'oublies l'Éternel, ton Dieu, qui t'a fait sortir du pays d'Égypte, de la maison de servitude.**
>
> **Deutéronome 8:10-14**

Un bon leader est quelqu'un qui se souvient de qui l'a inspiré, motivé et influencé. Un bon leader est quelqu'un qui se souvient de ses enseignants. Un des premiers principes du serment du médecin est que les médecins se souviennent de leurs enseignants. Le souvenir est important dans tous les domaines de la vie. Un bon leader se souvient de celui qui a cru en lui quand il n'était rien. Un bon leader se souvient de celui qui l'a aidé financièrement et l'a conseillé.

Quand les leaders oublient, ils deviennent souvent rebelles. Les pasteurs qui ont de mauvais souvenirs ne prêchent souvent pas bien, parce qu'ils ne peuvent pas témoigner de ce que Dieu a fait. Ma prédication est pleine de témoignages de ce par quoi le Seigneur m'a fait passer. Un leader qui a une mauvaise mémoire n'a pas de vraie compassion. Il ne se souvient pas d'où il vient. Quand il voit quelqu'un dans le même état où il était quelques années auparavant, il ne peut pas communiquer avec cette personne. C'est malheureux ! La Bible nous enseigne que Dieu nous fait passer par certaines situations pour qu'un jour nous puissions aider les autres.

Si nous sommes affligés, c'est pour votre consolation et pour votre salut ; si nous sommes consolés, c'est pour votre consolation.

2 Corinthiens 1:6

Paul dit très clairement que les expériences qu'il avait eues étaient pour le bénéfice des autres. Une caractéristique dangereuse d'un leader à la mauvaise mémoire est qu'il peut se moquer de ceux qui l'ont jadis aidé. Il peut même mépriser ceux qui sont en dessous de lui.

Toutes ces caractéristiques ont des conséquences dangereuses. C'est pourquoi j'enseigne qu'un bon leader doit avoir une bonne mémoire. J'essaie de me souvenir des moments difficiles que j'ai eus dans le ministère. J'essaie de me souvenir des erreurs que j'ai faites dans le ministère. Cela me donne beaucoup de compassion pour ceux qui viennent après moi. Je me souviens des jours où j'ai été ridiculisé et critiqué par tout le monde, parce que j'avais démarré une nouvelle église. C'est pourquoi j'ai beaucoup de sympathie envers les nouveaux pasteurs.

Chapitre 90

Traduisez vos visions en réalité

Quand il n'y a pas de révélation, le peuple est sans frein...

Proverbes 29:18

Les visions donnent vie à un leader. Je prie toujours pour des visions et des rêves, pour savoir quoi faire. Quels rêves avez-vous ? Si vous êtes un leader, vous pourrez traduire ces rêves en réalité. Tout le monde a des rêves. Mais quand un leader rêve, cela doit devenir réalité. J'ai un rêve de beaucoup d'âmes sauvées. J'ai un rêve de beaucoup d'églises établies. J'ai un rêve d'accomplir mon ministère. Je crois que je peux voir ces rêves devenir réalité.

Que faites-vous de vos rêves ? S'il y a un leader en vous, levez-vous et payez le prix pour que vos rêves deviennent réalité.

Pourquoi vos visions et vos rêves sont-ils importants

1. **Vos visions et vos rêves viennent de l'Esprit Saint.** Vous ne pouvez pas ignorer quelque chose qui vient de Dieu.

   Mais c'est ici ce qui a été dit par le prophète Joël : Dans les derniers jours, dit Dieu, je répandrai de mon Esprit sur toute chair ; vos fils et vos filles prophétiseront, vos jeunes gens auront des visions, et vos vieillards auront des songes.

   Actes 2:16-17

2. **Vos visions et vos rêves sont une image de ce que Dieu vous destine.** Dieu vous les donne pour vous amener à faire Sa volonté.

   Joseph eut un songe, et il le raconta à ses frères, qui haïrent encore davantage.

   Genèse 37:5

3. **Vos visions et vos rêves vous feront faire les bonnes choses, et vous amèneront à prendre les bonnes décisions pour votre vie.** Si vous suivez ces visions et ces rêves, vous serez obligés de fréquenter certaines personnes et d'accepter certaines choses dans votre vie.

Il eut encore un autre songe, et il le raconta à ses frères. Il dit : J'ai eu encore un songe ! Et voici, le soleil, la lune et onze étoiles se prosternaient devant moi.

Genèse 37:9

Chapitre 91

Allez-y en premier, et les gens vous suivront n'importe où

Alors Jésus dit à ses disciples : Si quelqu'un veut venir après moi, qu'il renonce à lui-même, qu'il se charge de sa croix, et qu'il me suive.

Matthieu 16:24

J'ai mis toutes mes forces à préparer pour la maison de mon Dieu de l'or pour ce qui doit être d'or, de l'argent pour ce qui doit être d'argent, de l'airain pour ce qui doit être d'airain, du fer pour ce qui doit être de fer, et du bois pour ce qui doit être de bois, des pierres d'onyx et des pierres à enchâsser, des pierres brillantes et de diverses couleurs, toutes sortes de pierres précieuses, et du marbre blanc en quantité.

De plus, dans mon attachement pour la maison de mon Dieu, je donne à la maison de mon Dieu l'or et l'argent que je possède en propre, outre tout ce que j'ai préparé pour la maison du sanctuaire.

1 Chroniques 29:2-3

Les chefs des maisons paternelles, les chefs des tribus d'Israël, les chefs de milliers et de centaines, et les intendants du roi firent volontairement des offrandes.

1 Chroniques 29:6

Ceux qui possédaient des pierres les livrèrent pour le trésor de la maison de l'Éternel entre les mains de Jehiel, le Guerschonite.

1 Chroniques 29:8

Si vous allez vous-même quelque part, les gens seront prêts à vous y suivre. En 1990, j'ai quitté ma profession médicale et ai embrassé la voie du ministère. Aujourd'hui, il y a plusieurs autres médecins qui m'ont suivi sur la même voie. Qu'ils puissent prospérer ou pas dans le ministère n'avait pas d'importance. Ils ont été amenés à prendre leur croix et à aller où que cela conduise. Pourquoi d'autres médecins et professionnels m'ont-ils suivi sur cette voie ? Parce que j'y suis allé en premier et les ai appelé à me suivre !

La clé principale pour conduire les gens n'importe où est de marcher vous-même sur cette voie. Jésus n'a jamais dit à ses disciples de faire ce que lui-même n'a pas fait.

Quand une jeune femme décide de suivre un jeune homme pour le reste de sa vie, elle le suit en fait n'importe où. Vous souvenez-vous de vos vœux de mariage ? « Pour le meilleur ou pour le pire, dans la prospérité et l'adversité ». Épouser quelqu'un, c'est convaincre quelqu'un de vous suivre n'importe où. Ce qui est spécial dans le mariage, c'est que vous y allez ensemble.

Aujourd'hui, je veux que vous vous demandiez si vous êtes vraiment un leader. Les gens sont-ils prêts à vous suivre dans la prospérité ou l'adversité ? Vous êtes-vous demandé pourquoi vos fidèles ne font pas certaines choses ? C'est peut-être que vous n'avez pas donné l'exemple. Ils craignent d'aller là où aucun homme n'a marché. Ils se disent : « Si vous n'y allez pas, pourquoi devrais-je aller ? »

Jésus fut un leader si bon qu'il obtint de ses disciples de le suivre sur la croix. Il leur dit en fait : « Prenez votre croix et suivez-moi ». En d'autres termes : « Allons à la morgue et couchons-nous y ensemble ». Il avait le pouvoir de dire cela, parce que lui-même avait pris sa croix. Convainquez les gens d'aller n'importe où en y allant le premier.

Développez l'art de convaincre naturellement les gens à vous suivre n'importe où il est nécessaire d'aller.

Pierre lui répondit : Quand il me faudrait mourir avec toi, je ne te renierai pas. Et tous les disciples dirent la même chose.
Matthieu 26:35

Jésus fut un bon leader. Il obtint de ses disciples de pouvoir le suivre jusqu'à la mort.

Chapitre 92

Faites que vos fidèles vous aiment. Assurez-vous qu'ils ne vous en veulent pas

Un bon leader est entouré de serviteurs disposés. Un bon leader est entouré de gens heureux de réaliser ses désirs. Si vous êtes leader, regardez dans les yeux ceux qui vous suivent. Leurs yeux brillent-ils d'empressement ou de ressentiment et d'amertume ? Le roi David fut entouré de beaucoup d'hommes puissants. Beaucoup d'entre auraient donné leur vie pour lui s'il le leur avait demandé.

David eut un désir, et il dit : Qui me fera boire de l'eau de la citerne qui est à la porte de Bethléhem ? Alors les trois vaillants hommes passèrent au travers du camp des Philistins, et puisèrent de l'eau de la citerne qui est à la porte de Bethléhem.

Ils l'apportèrent et la présentèrent à David; mais il ne voulut pas la boire, et il la répandit devant l'Éternel.

2 Samuel 23:15-16

Qu'est-ce qui rendit les hommes de David si prêts à donner leur vie pour qu'il puisse boire un peu d'eau ?

Regardez dans les yeux ceux que vous souhaitez diriger. Est-ce qu'ils vous aiment ? Sont-ils vraiment heureux d'être avec vous et de vous suivre ? Que pouvez-vous faire pour que vos fidèles soient vraiment prêts à vous obéir et à vous suivre ?

Tous les êtres humains ont le désir implicite de se sentir importants, aimés et respectés.

Comment faire que vos fidèles vous aiment et ne vous en veulent pas

1. **Faites que les gens se sentent véritablement respectés par vous.**

Quand un sentiment de valeur et de respect authentique est présent, vous avez bien avancé pour amener vos fidèles à vous aimer. Les gens aiment naturellement ceux qui les respectent.

2. **Transformez les gens qui vous suivent en hommes éminents, distingués, célébrés et impressionnants.**

Jésus a fait de ses disciples les grands apôtres que nous connaissons. Il leur a promis des demeures au Ciel ainsi que de nombreuses autres récompenses. C'est ainsi que Jésus a traité ses disciples. Pas étonnant qu'ils soient morts pour lui.

Un vrai leader veut que les gens qu'il dirige deviennent grands. Quand les gens que vous dirigez sentent qu'en vous suivant ils deviendront grands dans cette vie, ils resteront très volontiers près de vous. Posez-vous cette question : que représentent ceux qui suivent ? Vont-ils devenir grands ? Peuvent-ils prospérer dans le système que vous avez créé ? Peuvent-ils devenir des hommes puissants dans le ministère que vous dirigez ? Serez-vous le seul à faire l'expérience d'un certain niveau d'importance dans le ministère ?

3. **Sacrifiez-vous pour vos fidèles.**

Un vrai leader a des fidèles disposés. Décidez dès aujourd'hui de rendre les gens autour de vous enthousiastes par rapport à leur travail et leur association avec vous. Pour ce faire, vous devrez vous sacrifier pour les rendre heureux. Vous devez leur donner un avenir et une espérance. Quand une congrégation voit un pasteur construire un bâtiment d'église pour eux, ils deviennent beaucoup plus enthousiastes par rapport à l'église. Mais s'ils voient le pasteur acquérir de belles choses uniquement pour lui-même, leur disposition à le suivre sera gravement compromise. *Payer de bons salaires et assurez-vous que tout le monde qui travaille pour vous a une maison, une voiture et assez d'argent.*

Chapitre 93

Guettez le mécontentement et traitez-le de manière décisive

Le mécontentement dispersera vos fidèles. Celui qui perd une élection la perd parce que les gens ne sont plus contents de son leadership. « Être content » veut dire « *être satisfait, heureux, apaisé et ravi* » de quelque chose. Cela veut aussi dire « *être heureux, réjoui, enchanté, captivé, charmé et ravi* » de ce que vous avez. Surveillez le niveau de contentement de vos fidèles en tout temps. Je veux travailler avec des gens qui sont ravis, captivé, charmés et ravis par leur travail avec moi dans le ministère.

Le mécontentement est un mauvais esprit auquel on doit faire face. Vous ne pouvez pas diriger les gens qui ne sont pas réjouis, satisfaits et ravis d'être avec vous. Aucune circonstance n'est parfaite. Le contentement est un produit du cœur et non un produit de la situation de quelqu'un. Je connais des gens qui n'ont pas beaucoup, mais qui sont très heureux.

La manifestation du mécontentement

La plus grande manifestation du mécontentement consiste à rouspéter et à murmurer. Les mécontents comparent ce qu'ils ne devraient pas comparer.

> **...mais, en se mesurant à leur propre mesure et en se comparant à eux-mêmes, ils manquent d'intelligence.**
> **2 Corinthiens 10:12**

À chaque fois que les gens se concentrent sur ce que les autres ont, ils deviennent mécontents. Dans l'histoire ci-dessous, le maître avait promis de bons salaires à ses travailleurs. Au début, ils ne se plaignaient pas du salaire, parce qu'ils pensaient qu'il était juste. À la fin de la journée cependant, de nouveaux travailleurs furent employés et reçurent le même salaire.

Car le royaume des cieux est semblable à un maître de maison qui sortit dès le matin, afin de louer des ouvriers pour sa vigne. Il convint avec eux d'un denier par jour, et il les envoya à sa vigne. Il sortit vers la troisième heure, et il en vit d'autres qui étaient sur la place sans rien faire. Il leur dit : Allez aussi à ma vigne, et je vous donnerai ce qui sera raisonnable. Et ils y allèrent.

Il sortit de nouveau vers la sixième heure et vers la neuvième, et il fit de même. Étant sorti vers la onzième heure, il en trouva d'autres qui étaient sur la place, et il leur dit : Pourquoi vous tenez-vous ici toute la journée sans rien faire ? Ils lui répondirent : C'est que personne ne nous a loués. Allez aussi à ma vigne, leur dit-il.

Quand le soir fut venu, le maître de la vigne dit à son intendant : Appelle les ouvriers, et paie-leur le salaire, en allant des derniers aux premiers. Ceux de la onzième heure vinrent, et reçurent chacun un denier. Les premiers vinrent ensuite, croyant recevoir davantage ; mais ils reçurent aussi chacun un denier.

En le recevant, ils murmurèrent contre le maître de la maison, et dirent : Ces derniers n'ont travaillé qu'une heure, et tu les traites à l'égal de nous, qui avons supporté la fatigue du jour et la chaleur. Il répondit à l'un d'eux : Mon ami, je ne te fais pas tort ; n'es-tu pas convenu avec moi d'un denier ? Prends ce qui te revient, et va-t'en. Je veux donner à ce dernier autant qu'à toi. Ne m'est-il pas permis de faire de mon bien ce que je veux ? Ou vois-tu de mauvais œil que je sois bon ?

Matthieu 20:1-15

Soudain, le mécontentement montra sa face hideuse. Les premiers travailleurs n'étaient plus satisfaits de leur salaire. Beaucoup de gens sont contents de ce qu'ils ont jusqu'au moment où ils regardent ce que le voisin a. Je suis heureux de ce que Dieu m'a donné. Je n'ai peut-être pas ce que Benny Hinn, Oral Roberts ou T.D. Jakes a, mais je suis content de ce que Dieu m'a donné. Si je commence à me comparer à certaines de ces personnes, je vais commencer à penser que je n'ai pas assez. Si vous commencez à vous comparer à quelqu'un d'autre, vous dégénérerez dans le mécontentement. Vous devenez quelqu'un qui se plaint, qui a des doutes et qui est ingrat.

Soyez un sage leader et détectez ce chancre dès qu'il apparaît. Vos fidèles ne sont pas égaux et il est impossible de récompenser tout le monde de la même façon. Dès que vos fidèles commencent à rouspéter et à se plaindre, vous risquez comme Moïse de perdre le contrôle et votre mission peut échouer.

Trois façons de faire face au mécontentement

1. Donnez de bons salaires et soyez sûr que les gens obtiennent quelque chose de bon.

Si les gens ne sont généralement pas assez rémunérés, ils ont une cause légitime d'être mécontent. Dans les limites de votre contexte, donnez aux gens une bonne rémunération. Ceux qui vous suivent doivent non seulement avoir de l'espoir pour l'avenir, mais ils doivent aussi être heureux maintenant. Si vous êtes le manager d'une entreprise, demandez-vous si vos employés sont heureux maintenant. C'est bien de faire de belles promesses pour l'avenir, mais qu'en est-il de maintenant ? Jésus n'a pas seulement promis des bénédictions pour l'avenir, Il a aussi offert le contentement et la satisfaction pour maintenant !

Pierre se mit à lui dire : Voici, nous avons tout quitté, et nous t'avons suivi. Jésus répondit : Je vous le dis en vérité, il n'est personne qui, ayant quitté, à cause de moi et à cause de la bonne nouvelle, sa maison, ou ses frères, ou ses sœurs, ou sa mère, ou son père, ou ses enfants, ou ses terres, ne reçoive au centuple, présentement dans ce siècle-ci, des maisons, des frères, des sœurs, des mères, des enfants, et des terres, avec des persécutions, et, dans le siècle à venir, la vie éternelle.

Marc 10:28-30

Il y avait des maisons et de la prospérité pour maintenant et la vie éternelle pour l'avenir. Si vous voulez être un bon manager, offrez quelque chose maintenant et faites une promesse pour l'avenir. Telle fut la stratégie de Jésus. Remerciez Dieu pour les promesses de l'avenir. Mais les gens veulent aussi quelque chose maintenant !!

2. **Enseignez le contentement.**

L'enseignement de la Parole de Dieu combat la déception qui vient de Satan. L'enseignement guérira toujours les traces curables de mécontentement dans votre organisation.

Si donc nous avons la nourriture et le vêtement, cela nous suffira.

1 Timothée 6:8

Ne vous livrez pas à l'amour de l'argent ; contentez-vous de ce que vous avez ; car Dieu lui-même a dit : Je ne te délaisserai point, et je ne t'abandonnerai point.

Hébreux 13:5

3. **Reconnaissez le mécontentement incurable et renvoyez ceux qui en souffrent.**

Heureux l'homme qui ne marche pas selon le conseil des méchants, qui ne s'arrête pas sur la voie des pécheurs, et qui ne s'assied pas en compagnie des moqueurs.

Psaume 1:1

Il y a des gens qui aiment tellement l'argent que rien de ce vous faites pour eux ne pourra jamais les satisfaire.

Celui qui aime l'argent n'est pas rassasié par l'argent, et celui qui aime les richesses n'en profite pas...

Ecclésiaste 5:10

De telles personnes reçoivent des salaires élevés et plus d'avantages, mais ils ne manifestent aucune gratitude. Quand ils reçoivent un bonus supplémentaire ou un cadeau, ils font juste une remarque inintelligible, du style : « Je vais le prendre tel quel ! » En d'autres termes : « Ce n'est pas assez bon, mais je vais m'en arranger ! »

J'ai eu une fois des employés qui rouspétaient constamment contre leurs salaires. J'ai compris qu'ils souffraient de mécontentement incurable. Un jour, je les ai appelés et leur ai dit : « Je pense que vous n'êtes pas heureux de vos salaires ».

J'ai demandé à mon administrateur de leur préparer une bonne indemnité de licenciement et je les ai envoyés. Après quelques mois sur le marché du travail séculier, l'un d'eux vint me voir et me dit : « Je me rends compte maintenant que quand j'étais avec vous, j'avais l'un des meilleurs emplois du pays ». J'étais heureux qu'il ait enfin eu cette révélation. Certains sont guéris de leur mécontentement seulement après avoir fait l'expérience des réalités de la vie.

Chapitre 94

Ne perdez pas votre temps avec ceux qui critiquent

Vingt choses que tout leader devrait savoir sur les critiques et ceux qui critiquent

1. **Celui qui critique est celui qui ne voit rien de bon dans ce que vous faites.**

Comment ceux qui critiquaient Jésus pouvaient ne pas avoir entendu ou vu son enseignement puissant et ses miracles ? Celui qui critique ne voit rien de bon dans ce que vous faites. C'est ainsi que les partis politiques de l'opposition se comportent. Quoiqu'il arrive, ils ne voient rien de bon dans le parti au pouvoir.

2. **Ceux qui critiquent sont souvent des gens frustrés qui n'ont pas réussi dans la vie.**

La frustration crée l'amertume. L'amertume se manifeste par la critique.

3. **Ceux qui critiquent sont souvent déçus et désillusionnés dans leur vie personnelle.**

N'oubliez pas de poser quelques questions sur celui qui vous critique le plus. Vous serez étonné de découvrir qu'il ou elle est quelqu'un d'immoral, qui ment et vole.

4. **Ceux qui critiquent sont souvent des gens qui construisent leur vie en détruisant les autres.**

Ces personnes n'ont réussi en rien. Tout ce qu'elles essaient de faire est d'entrainer tout le monde vers le bas, à leur niveau d'échec.

5. **Ceux qui critiquent ne vivent souvent pas longtemps.**

La Bible est très claire sur ce principe. Si vous aimez la vie, ne dites pas de paroles trompeuses.

Si quelqu'un, en effet, veut aimer la vie et voir des jours heureux, qu'il préserve sa langue du mal et ses lèvres des paroles trompeuses.

1 Pierre 3:10

6. **Ceux qui critiquent ont souvent des problèmes psychosociaux.**

    Ces personnes sont souvent rejetées et des mal aimés qui n'ont pas eu l'amour d'un père ou d'une mère. Leur critique est souvent un appel à l'attention.

7. **Jésus n'a pas réagi à ceux qui Le critiquaient.**

    Jésus a réagi à la faim et à la soif des multitudes, mais pas à la haine de ses ennemis.

    Et, ayant appris qu'il était de la juridiction d'Hérode, il le renvoya à Hérode, qui se trouvait aussi à Jérusalem en ces jours-là.

    Lorsque Hérode vit Jésus, il en eut une grande joie ; car depuis longtemps, il désirait le voir, à cause de ce qu'il avait entendu dire de lui, et il espérait qu'il le verrait faire quelque miracle.

    Il lui adressa beaucoup de questions; mais Jésus ne lui répondit rien. Les principaux sacrificateurs et les scribes étaient là, et l'accusaient avec violence.

    Luc 23:7-10

8. **La critique fait partie du ministère.**

    Le ministère sans critique n'existe pas. Jésus était parfait. S'il a été critiqué, accusé et tué, qu'arrivera-t-il pensez-vous à quelqu'un comme vous qui n'est pas parfait ?

9. **Il n'est pas possible d'être ministre sans être accusé.**

    Ça fait partie du lot. Jésus a promis des récompenses avec de la persécution.

    ...ne reçoive au centuple, présentement dans ce siècle-ci, des maisons, des frères, des sœurs, des mères, des

enfants, et des terres, avec des persécutions, et, dans le siècle à venir, la vie éternelle.

Marc 10:30

10. **Quelqu'un a dit : « La critique est le râle de celui qui a échoué ».**

Réfléchissez à ça !

11. **Je n'ai encore jamais rencontré quelqu'un qui critique et est une bonne personne.**

La critique semble être un symptôme de beaucoup d'autres maux en réserve dans un individu. Ce sont ceux qui sont souillés et incrédules qui voient des impuretés en tout.

Tout est pur pour ceux qui sont purs ; mais rien n'est pur pour ceux qui sont souillés et incrédules, leur intelligence et leur conscience sont souillées.

Tite 1:15

12. **Ceux qui critiquent essaient souvent de vous attirer dans une dispute ou un débat.**

Ne vous y trompez pas. Satan veut agiter vos émotions par des accusations et des critiques incroyables.

13. **Ceux qui critiquent essaient souvent de vous piéger par vos paroles.**

Ceux qui critiquent sont pleins de soupçons. Ils vous soupçonnent de toutes sortes de maux. Ils veulent des preuves supplémentaires pour justifier leurs soupçons.

14. **Vous pouvez apprendre quelque chose de vos critiques.**

Vos amis ne sont pas susceptibles de signaler vos erreurs. Vos ennemis sont plus susceptibles d'amplifier vos lacunes dans le but de vous faire tomber. Cela vaut la peine de remarquer ce qu'ils disent, pour pouvoir faire les ajustements nécessaires.

15. Les ennemis ne font pas de critique « constructive ».

Votre ennemi n'essaie pas d'édifier (construire) votre vie. Comment peut-il vous donner quoi que ce soit de « constructif » ? Il n'est pas faux de qualifier tout ce qui vient de votre ennemi de destructeur. Décidez de choisir la sagesse et la direction de cette critique dangereuse sans être contaminé.

16. Refusez d'écouter certaines critiques, parce que ce sont des flèches d'accusation visant à vous blesser le cœur.

Gardez votre cœur en toute diligence, car les problèmes de la vie viennent de lui.

17. Ceux qui critiquent sont souvent ignorants.

Beaucoup de critiques sont fondées sur des informations incomplètes. Beaucoup de gens qui critiquent sont des ignorants.

18. Ceux qui critiquent sont souvent inexpérimentés.

Beaucoup de critiques viennent d'hommes faux. Ce sont des hommes sans substance. Ils n'ont ni connaissance ni expérience.

19. Ceux qui critiquent administrent du poison qui se propage à ceux qui l'entendent.

Ceux qui vous critiquent vous haïssent souvent profondément. Ils veulent que les autres vous haïssent aussi.

20. Votre réponse à toute critique devrait être : « Point final, renvoyé ! »

C'est le conseil que me donnent mes enfants !

Chapitre 95

La familiarité est une urgence pour le leadership. Faites-y face de toute urgence

Vingt choses que tout leader devrait savoir sur la familiarité

1. **La familiarité est la maladie qui tue le ministère d'un prophète.**

   Mais Jésus leur dit : Un prophète n'est méprisé que dans sa patrie, parmi ses parents, et dans sa maison.

   Marc 6:4

2. **Ce fut l'antagoniste le plus puissant de l'onction pendant le ministère de Jésus.**

   Il ne put faire là aucun miracle, si ce n'est qu'il imposa les mains à quelques malades et les guérit.

   Marc 6:5

3. **La familiarité est produite par une interaction fréquente avec un leader.**

   ...D'où lui viennent ces choses ? Quelle est cette sagesse qui lui a été donnée, et comment de tels miracles se font-ils par ses mains ? N'est-ce pas le charpentier, le fils de Marie, le frère de Jacques, de Joses, de Jude et de Simon ? Et ses sœurs ne sont-elles pas ici parmi nous ? Et il était pour eux une occasion de chute.

   Marc 6:2-3

4. **La familiarité est produite quand on connait très bien un leader.**

   C'est pourquoi tout leader doit garder un certain degré de vie privée et de mystère.

Il ne put faire là aucun miracle, si ce n'est qu'il imposa les mains à quelques malades et les guérit.

Marc 6:5

5. **La familiarité donne naissance au mépris et au manque de respect.**

Les habitants de la ville natale de Jésus étaient en colère à cause de sa prédication. Ils n'étaient pas neutres. Ils furent scandalisés et pensaient que Jésus devait être réduit au silence.

Ils furent tous remplis de colère dans la synagogue, lorsqu'ils entendirent ces choses. Et s'étant levés, ils le chassèrent de la ville, et le menèrent jusqu'au sommet de la montagne sur laquelle leur ville était bâtie, afin de le précipiter en bas.

Luc 4:28-29

6. **L'amitié donne naissance à la familiarité.**

L'amitié de Jésus avec Pierre créa un problème de familiarité. Cela apparut quand Jésus demanda à Pierre son opinion sur son ministère.

Et vous, leur dit-il, qui dites-vous que je suis ? Simon Pierre répondit : Tu es le Christ, le Fils du Dieu vivant. Jésus, reprenant la parole, lui dit : Tu es heureux, Simon, fils de Jonas ; car ce ne sont pas la chair et le sang qui t'ont révélé cela, mais c'est mon Père qui est dans les cieux.

Matthieu 16:15-17

Pierre pensait qu'il avait le droit de dire des choses qu'il ne comprenait même pas.

7. **La promotion donne naissance à la familiarité.**

Jésus promut Pierre à la tête de l'église.

Et moi, je te dis que tu es Pierre, et que sur cette pierre je bâtirai mon Église, et que les portes du séjour des morts ne prévaudront point contre elle.

Matthieu 16:18

Parfois, quand les gens sont un peu élevés, ils pensent qu'ils sont égaux à leurs aînés et leurs enseignants. C'est malheureux.

8. **On détecte la familiarité quand les subordonnés font des commentaires sur certaines choses.**

C'est présomptueux. Le fait que votre leader ait discuté de choses personnelles avec vous ne veut pas dire que vous devez sortir du rang.

9. **On détecte la familiarité quand un subordonné essaie de corriger son leader.**

Pierre commença à se sentir « très libre ». Il pensait qu'il pouvait maintenant corriger Jésus.

Pierre, l'ayant pris à part, se mit à le reprendre, et dit : À Dieu ne plaise, Seigneur ! Cela ne t'arrivera pas.

Matthieu 16:22

Bien que le leader ait besoin de sa juste part de correction, le subordonné n'est pas qualifié pour le faire.

10. **On détecte la familiarité quand un fidèle essaie de diriger son leader.**

Pierre commença à faire des déclarations sur le ministère de Jésus. Pierre pensait que son amitié avec le Christ lui donnait le pouvoir de diriger et de corriger Jésus. Il pensait que sa conversation sur ce que les gens pensaient du Christ faisait de lui « un porte-parole ». Il pensait peut-être que Jésus avait besoin de son avis.

11. **Détectez rapidement les indications subtiles de la familiarité.**

Jésus remarqua très rapidement que Pierre n'était pas à sa place.

Un jour, j'entrai dans mon bureau, et il y avait un jeune pasteur qui avait une réunion avec d'autres pasteurs. Il était assis sur ma chaise à mon bureau et tout le monde était assis autour de lui. Il leur enseignait quelque chose comme si je menais la réunion.

Dès que je le vis, je sus que quelque chose n'allait pas. Je lui dis aussitôt : « Ne t'assoie plus jamais sur cette chaise. Ne t'assoie plus jamais à ce bureau ! » Puis je dis à tout le monde : « Si je ne suis pas ici, personne ne devrait jamais s'asseoir à mon bureau ou sur ma chaise ».

12. En termes clairs, remettez à sa place tout fidèle qui est trop familier.

Soudain, Jésus se transforma d'un Jésus doux et gentil en Jésus d'acier. Il réprimanda Son ami et associé de la façon la plus sévère possible. Il appela Pierre « Satan » ! Vous imaginez ! Il remit immédiatement Pierre à sa place.

13. Confrontez et faites face à la familiarité où que vous la trouviez.

Il y a des moments où je sens de la familiarité quand je prêche. J'y fais face et je rends chacun conscient de ce mauvais esprit.

14. Bâiller est un signe distinctif de familiarité.

Les prédicateurs et les enseignants doivent veiller aux bâillements, surtout quand les bâillements arrivent au début du message. Méfiez-vous des « premiers bâilleurs », ils souffrent généralement de familiarité.

15. Comme Jésus, tout leader devrait éviter les endroits où la familiarité a pris racine.

Après que Jésus ait détecté un esprit de familiarité à Nazareth, il transféra son siège à Capernaüm.

Il descendit à Capernaüm, ville de la Galilée ; et il enseignait, le jour du sabbat.

Luc 4:31

16. Tout leader devrait passer plus de temps où il est célébré et accueilli avec joie et enthousiasme.

Comme Jésus, tout leader devrait éviter les endroits où la familiarité a pris racine.

17. Distinguez clairement entre les leaders et les fidèles pour empêcher la familiarité.

Jésus dormait dans le bateau tandis que ses disciples ramaient et travaillaient dur.

Un jour, Jésus monta dans une barque avec ses disciples. Il leur dit : Passons de l'autre côté du lac. Et ils partirent. Pendant qu'ils naviguaient, Jésus s'endormit. Un tourbillon fondit sur le lac, la barque se remplissait d'eau, et ils étaient en péril.

Luc 8:22-23

Jésus monta sur un âne tandis que ses disciples marchaient. Jésus n'a pas embauché douze ânes pour eux.

18. Fixez des limites pour assurer un certain niveau de vie privée.

La vie privée chasse la familiarité. Si tout le monde sait tout sur vous, ne soyez pas surpris s'ils deviennent si familiers.

19. Rompez la monotonie. Introduisez de nouvelles idées. La monotonie donne naissance à la familiarité.

La répétitivité, la monotonie et l'uniformité sont le cadre idéal pour la familiarité. Les mêmes sermons donnés de la même façon par la même personne au même moment donnent naissance à la familiarité. Quand les gens voulurent que Jésus vienne prêcher de la même façon, il refusa d'entrer dans leur modèle monotone et décida d'aller dans la ville d'après. Il savait qu'ils allaient bientôt bâiller en l'entendant, alors il décida de voyager. Il est bon d'avoir des programmes annuels par exemple, mais il est parfois nécessaire de rompre la monotonie.

Et, quand ils l'eurent trouvé, ils lui dirent : Tous te cherchent. Il leur répondit : Allons ailleurs, dans les bourgades voisines, afin que j'y prêche aussi ; car c'est pour cela que je suis sorti. Et il alla prêcher dans les synagogues, par toute la Galilée, et il chassa les démons.

Marc 1:37-39

20. Ne faites pas toujours ce que les gens attendent de vous.

Ce sont ceux qui vous poussent à faire ce que vous avez toujours fait qui deviennent familiers. C'est parce que les gens savent ce que vous allez faire qu'ils deviennent familiers. Rappelez-vous : trop de connaissance donne naissance à la familiarité. Parfois, une réunion de prière ou un temps de louange à la place du sermon attendu aidera à briser la familiarité.

Chapitre 96

Ne menez que les combats que vous pouvez gagner

David se leva et s'enfuit le même jour loin de Saül. Il arriva chez Akisch, roi de Gath. Les serviteurs d'Akisch lui dirent : N'est-ce pas là David, roi du pays ? N'est-ce pas celui pour qui l'on chantait en dansant : Saül a frappé ses mille, et David ses dix mille ? David prit à cœur ces paroles, et il eut une grande crainte d'Akisch, roi de Gath. Il se montra comme fou à leurs yeux, et fit devant eux des extravagances ; il faisait des marques sur les battants des portes, et il laissait couler sa salive sur sa barbe.

Akisch dit à ses serviteurs : Vous voyez bien que cet homme a perdu la raison ; pourquoi me l'amenez-vous ? Est-ce que je manque de fous, pour que vous m'ameniez celui-ci et me rendiez témoin de ses extravagances ? Faut-il qu'il entre dans ma maison ?

1 Samuel 21:10-15

Dans cette histoire, David se rendit compte qu'il n'était pas en mesure de se battre contre le roi. Il changea de comportement et fit semblant d'être fou. Il fit même semblant d'être du côté des Philistins. Un vrai leader ne s'engage pas dans des batailles qu'il ne peut pas gagner. Jésus lui-même enseigna que vous devez calculer le coût avant d'aller à la guerre. J'ai vu des pasteurs s'engager dans des projets de construction qu'ils ne pourront jamais finir. Tout ce qu'ils font est mener un combat qu'ils ne peuvent pas gagner.

L'échec engendre l'échec. Le succès engendre le succès. Chacun de vos échecs démoralise vos fidèles. Vous devez éviter de vous mettre dans une situation « d'échec » autant qu'éviter un serpent.

Un vrai leader doit savoir pour quel cas aller devant les tribunaux. Vous ne devriez pas prendre la peine de lutter contre certaines choses en procès. Je connais personnellement des gens qui ont commis des crimes contre mon église et moi. J'en ai même des preuves, mais j'ai décidé de ne pas les combattre légalement. Pourquoi ? Je sais quand je ne vais pas gagner un combat !

Pourquoi perdre votre temps à jouer un match dans lequel l'arbitre est contre vous ? Tout sage leader doit éviter un match dans lequel l'arbitre et les juges de lignes sont ouvertement pour l'autre équipe ! À chaque fois que vous êtes sur le point de marquer un but, ils vont siffler « hors-jeu » ! À chaque fois que les autres vont marquer un but, ils vont siffler pour un pénalty contre vous. Le fait est que vous avez perdu le match avant même d'avoir commencé. Vous pouvez même avoir un score de 100-0 et entrer dans le Livre Guinness des Records pour vos efforts.

Quand le germe de la déloyauté entre dans le cœur d'un traître, essayer de changer son esprit est souvent une perte de temps. Vous êtes-vous jamais demandé pourquoi Jésus n'a jamais conseillé Judas Iscariote ? Il n'en valait pas le temps !

Quand quelqu'un remet sa démission, souvent je ne pose pas de questions. Pourquoi perdre votre temps à essayer de changer quelqu'un qui a pris sa décision ? Je ne veux pas qu'il reste plus longtemps que nécessaire. Parfois, ils veulent partir dans un mois, mais je les aide à partir immédiatement.

Êtes-vous leader ? Choisissez vos batailles avec soin et gagnez à chaque fois !

Chapitre 97

Servez-vous des symptômes et des signes pour vous guider

Voici ce que j'ai vu : c'est pour l'homme une chose bonne et belle de manger et de boire, et de jouir du bien-être au milieu de tout le travail qu'il fait sous le soleil, pendant le nombre des jours de vie que Dieu lui a donnés ; car c'est là sa part.

Mais, si Dieu a donné à un homme des richesses et des biens, s'il l'a rendu maître d'en manger, d'en prendre sa part, et de se réjouir au milieu de son travail, c'est là un don de Dieu.

Ecclésiaste 5:18-19

Vous remarquerez l'expression « voici ce que j'ai vu ». Le roi Salomon a souvent parlé de choses qu'il voyait.

Ma formation médicale m'a peut-être rendu sensible à la notion de symptômes et de signes. Les symptômes et les signes révèlent des choses cachées. Ils vous parlent de ce qui n'est pas évident.

Sept choses que vous pouvez détecter en vous servant de symptômes et de signes

1. **Servez-vous des symptômes et des signes pour détecter la déloyauté.**

Dans mon livre *Loyauté et déloyauté*, je partage plusieurs signes de déloyauté. La trahison est quelque chose qui ne s'annonce pas. Vous devez rechercher les signes. Si vous n'arrivez pas à voir les signes que les leaders sont censés remarquer, vous serez à la merci des traîtres.

2. Servez-vous des symptômes et des signes pour détecter la familiarité.

Vous pouvez détecter la familiarité en remarquant de petits changements dans les attitudes des gens. Leurs commentaires, le manque d'intérêt et les bâillements aux réunions sont tous des indicateurs importants.

3. Servez-vous des symptômes et des signes pour détecter la rétrogradation.

Dans mon livre *La rétrogradation,* je partage environ vingt-cinq symptômes de rétrogradation. Si vous vous servez de ces symptômes, vous pourrez détecter la rétrogradation à ses premiers stades.

4. Servez-vous des symptômes et des signes pour détecter le manque de pardon.

Beaucoup de gens prétendent avoir pardonné aux autres. En réalité, ils sont pleins d'amertume. Dans mon livre *Le pardon simplifié,* je décris les signes persistants du manque de pardon.

5. Servez-vous des symptômes et des signes pour superviser les employés.

Vous ne serez pas toujours présent pour voir si les gens travaillent bien ou pas. Je me sers de certains indicateurs pour surveiller les gens qui travaillent pour moi. Accomplir des objectifs en respectant un délai est l'indicateur le plus important pour moi.

6. Servez-vous des symptômes et des signes pour découvrir de futurs leaders.

Paul a fait cela. Dans 1 Timothée 3, il décrit les signes que Timothée devait chercher dans les leaders potentiels.

7. Servez-vous des symptômes et des signes pour détecter l'appel de Dieu dans la vie des gens.

Je pense que le plus grand signe de l'appel de Dieu est le désir du ministère. Je cherche toujours des gens qui désirent travailler pour Dieu.

Cher leader, gardez les yeux ouverts et voyez ce que les autres ne voient pas. Souvent, quand je vois les membres de mon église, je sais quand quelque chose ne va pas. Pourquoi ? Parce que je suis un leader. Je me sers des symptômes et des signes.

Chapitre 98

Soyez un leader loyal

Cinq personnes envers qui vous devez être loyal

Du reste, ce qu'on demande des dispensateurs, c'est que chacun soit trouvé fidèle.

1 Corinthiens 4:2

L'une des qualifications capitales d'un leader est la loyauté. Vous devez être loyal envers votre Dieu, votre église, votre conjoint et vos amis. Un leader doit aussi apprendre à être loyal envers ceux qui le suivent. Quand le temps de récompenser vos fidèles arrive, soyez fidèle et donnez les récompenses à ceux qui les méritent.

1. **Soyez loyal envers ceux qui ont travaillé pour vous.**

Ne retenez pas les bénédictions de ceux qui ont travaillé avec vous. Quand l'un de vos fidèles est en difficulté, montrez votre loyauté. Vos fidèles vous observent de près. Ils feront ce qu'ils voient. Si vous ne les trahissez pas quand ils sont en difficulté, ils ne vous trahiront pas quand vous serez en difficulté.

2. **Soyez loyal envers vos supérieurs.**

Un leader doit être loyal envers ses supérieurs. Quand David eut l'occasion de tuer Saül, il ne le fit pas ! Il fut loyal envers le roi. Il n'exécuta pas son propre père.

Abischaï dit à David : Dieu livre aujourd'hui ton ennemi entre tes mains ; laisse-moi, je te prie, le frapper de ma lance et le clouer en terre d'un seul coup, pour que je n'aie pas à y revenir. Mais David dit à Abischaï : Ne le détruis pas ! Car qui pourrait impunément porter la main sur l'oint de l'Éternel ? Et David dit : L'Éternel est vivant ! C'est à l'Éternel seul à le frapper, soit que

son jour vienne et qu'il meure, soit qu'il descende sur un champ de bataille et qu'il y périsse. Loin de moi, par l'Éternel ! De porter la main sur l'oint de l'Éternel ! Prends seulement la lance qui est à son chevet, avec la cruche d'eau, et allons-nous-en.

1 Samuel 26:8-11

Plusieurs années plus tard, David lui-même fit une erreur. Il tua l'un de ses soldats appelé Urie. David aurait pu perdre la vie par cette erreur. Beaucoup de ses leaders auraient pu se révolter. Mais ce ne fut pas le cas. Ses hommes furent loyaux envers l'autorité du roi. Ils refusèrent de tuer l'oint du Seigneur, parce qu'ils avaient appris cela par l'exemple.

3. Soyez loyal envers vos amis.

Un leader doit être loyal envers ses amis. Quand David devint roi, il se rendit compte que sa position était privilégiée. Quand il fut établi, il chercha à manifester de la bonté envers un vieil ami.

David dit : Reste-t-il encore quelqu'un de la maison de Saül, pour que je lui fasse du bien à cause de Jonathan ?

2 Samuel 9:1

Ces actes de loyauté envers ses amis montrèrent aux autres la véritable nature de leur leader. Un bon caractère est attrayant. Les gens sont plus enclins à suivre quelqu'un qui a bon cœur.

4. Soyez loyal envers votre conjoint.

Un leader doit être loyal envers son conjoint. Parce que le mariage est une chose difficile pour beaucoup, celui dont le mariage marche est salué comme un leader naturel. Vous devenez un leader naturel dans la société, parce que vos affaires domestiques sont sous contrôle. La loyauté envers votre conjoint implique la maîtrise de soi et l'amour chrétien. Tout le monde aimerait avoir un leader ayant de la maîtrise de soi et de l'amour.

Il faut donc que l'évêque soit irréprochable, mari d'une seule femme...

1 Timothée 3:2

5. Soyez loyal envers votre vision.

Un leader doit être loyal envers sa vision. Personne ne veut suivre quelqu'un qui est imprévisible. Il y a plusieurs années, j'ai déclaré que gagner des âmes et établir des gens dans le Christ m'intéressaient. Je fonctionne toujours avec la même vision. Beaucoup d'eau a coulé sous les ponts, mais la vision est toujours la même : une âme est une âme et elle est précieuse aux yeux de Dieu. Ce peut être un mendiant, un avocat ou un médecin : une âme est une âme et elle est précieuse aux yeux de Dieu. Ce peut être un vendeur de cacahouètes, une prostituée ou une infirmière : une âme est une âme et elle est précieuse aux yeux de Dieu.

Gardez la même vision. La Bible enseigne que vous ne devez pas vous associer à des gens sujets à des changements rapides et à des virages serrés. Il est dangereux d'être assis dans une voiture quand le chauffeur fait constamment des virages brusques.

Mon fils, crains l'Éternel et le roi ; ne te mêle pas avec les hommes remuants.

Proverbes 24:21

Êtes-vous un leader ? Soyez fidèle, stable, constant et loyal. Vous aurez beaucoup de fidèles.

Chapitre 99

Surmontez la haine et l'opposition

Six choses que tout chrétien devrait savoir sur l'opposition

1. Si vous ne pouvez pas gérer l'opposition, vous ne pouvez pas être leader.

À chaque fois que je me suis engagé dans la voie du leadership, j'ai rencontré une vive opposition. Si vous ne pouvez pas gérer les ennemis qui sont destinés à vous opposer, vous ne pouvez pas être un grand leader. Tout grand leader a beaucoup d'ennemis !

2. Plus le leader est grand, plus grandes sont la haine et l'opposition.

Considérez la vie d'Élie. Il fut haï par le roi et par l'épouse du roi. Il y avait un arrêt de mort sur sa vie. Élie fut haï et chassé à cause de son ministère.

> **Et Abdias dit : Quel péché ai-je commis, pour que tu livres ton serviteur entre les mains d'Achab, qui me fera mourir ? L'Éternel est vivant ! Il n'est ni nation ni royaume où mon maître n'ait envoyé pour te chercher ; et quand on disait que tu n'y étais pas, il faisait jurer le royaume et la nation que l'on ne t'avait pas trouvé. Et maintenant tu dis : Va, dis à ton maître : Voici Élie !**
>
> **1 Rois 18:9-11**

Nous savons tous qu'Élie fut l'un des plus grands prophètes. Plus votre leadership est grand, plus vous serez haï et chassé. La nature humaine ne peut pas supporter le succès d'un autre collègue. Si vous n'êtes pas prêt pour la haine et l'opposition, démissionnez immédiatement de votre poste de leadership. Si tout le monde dit du bien de vous, vous êtes probablement hypocrite.

Malheur, lorsque tous les hommes diront du bien de vous, car c'est ainsi qu'agissaient leurs pères à l'égard des faux prophètes.

Luc 6:26

3. **Toute nouvelle étape de leadership résulte en nouvelles flèches de haine et d'opposition.**

Toute étape d'un leadership fort rencontre un antagonisme réel. Quand j'ai démarré mon église, on m'a appelé par tous les noms que vous pouvez imaginer. Puisque Jésus lui-même fut accusé de se servir du pouvoir de Belzébuth, je considère que c'est un privilège d'être dénigré comme lui. Si vous ne voulez pas être critiqué, alors vous ne pouvez pas être leader. Quand Néhémie se lança à reconstruire les murs de Jérusalem, vous pourriez penser que tout le monde allait être content. Mais Sanballat et Tobija se levèrent pour s'opposer à lui.

Sanballat, le Horonite, Tobija, le serviteur ammonite, et Guéschem, l'Arabe, en ayant été informés, se moquèrent de nous et nous méprisèrent. Ils dirent : Que faites-vous là ? Vous révoltez-vous contre le roi ?

Néhémie 2:19

4. **L'opposition se présente souvent sous la forme d'accusations plausibles.**

Quand David parla de tuer Goliath, ses frères réagirent avec colère et l'accusèrent d'orgueil et de méchanceté. N'est-ce pas étonnant que les bons soient souvent étiquetés les plus méchants ?

Éliab, son frère aîné, qui l'avait entendu parler à ces hommes, fut enflammé de colère contre David. Et il dit : Pourquoi es-tu descendu, et à qui as-tu laissé ce peu de brebis dans le désert ? Je connais ton orgueil et la malice de ton cœur. C'est pour voir la bataille que tu es descendu.

1 Samuel 17:28

David dut gérer la haine de ses propres frères et de son père Saül. La haine et l'opposition font partie du leadership.

L'art du leadership

5. Endurcissez votre front contre l'opposition.

Ne les crains point, car je suis avec toi pour te délivrer, dit L'ÉTERNEL.

Jérémie 1:8

Ne soyez pas distrait ou découragé par l'opposition. Si la moindre opposition peut vous arrêter, vous êtes un leader médiocre.

Voici, j'endurcirai ta face, pour que tu l'opposes à leur face ; j'endurcirai ton front, pour que tu l'opposes à leur front. Je rendrai ton front comme un diamant, plus dur que le roc. Ne les crains pas, quoiqu'ils soient une famille de rebelles.

Ezéchiel 3:8-9

6. L'opposition est souvent un signe que vous suivez la volonté de Dieu.

Réjouissez-vous, voici une bonne nouvelle. Satan n'attaquerait pas un morceau de bois mort. Vous êtes maintenant une menace pour Satan, c'est pourquoi il vous attaque.

Or, tous ceux qui veulent vivre pieusement en Jésus Christ seront persécutés.

2 Timothée 3:12

Chapitre 100

Fréquentez toutes sortes de personnes, y compris ceux qui ne sont pas de votre « genre »

Vous savez, leur dit-il, qu'il est défendu à un Juif de se lier avec un étranger ou d'entrer chez lui ; mais Dieu m'a appris à ne regarder aucun homme comme souillé et impur.

Actes 10:28

Pierre était si rigide dans sa compréhension du leadership qu'il limitait son ministère à un petit groupe de Juifs. Mais Dieu avait un plan plus grand pour lui. Dieu voulait qu'il touche beaucoup d'autres personnes. Alors que vous lisez ce livre, je sens que Dieu veut vous donner un ministère plus étendu. Ne soyez pas myope. Il y a plus de gens différents de vous que de gens comme vous.

Un leader est quelqu'un qui essaie d'amener les gens à le suivre. Il me semble que les leaders oublient parfois qu'ils sont censés avoir des fidèles. Si vous êtes un leader, vous devez vous assurer que vous avez des gens qui vous suivent. Sinon, vous n'êtes pas un leader. Vous devez vous rendre compte que votre « genre » de personnes est une espèce limitée sur cette terre. Vous ne risquez pas de trouver beaucoup de gens dans votre groupe d'âge, avec votre histoire, votre couleur ou votre accent. Si vous voulez réussir en tant que leader, vous devez vous rendre compte très tôt que vous devez pouvoir fréquenter toutes sortes de personnes, surtout ceux qui ne sont pas comme vous. Avec les faibles vous devez vous faire faible, et avec les forts vous devez vous faire fort.

J'ai été faible avec les faibles, afin de gagner les faibles. Je me suis fait tout à tous, afin d'en sauver de toute

manière quelques-uns. Je fais tout à cause de l'Évangile, afin d'y avoir part.

1 Corinthiens 9:22-23

Mon père est originaire du Ghana et ma mère de Suisse. Je suis né en Angleterre, mais j'ai vécu au Ghana toute ma vie. Je ne suis ni noir ni blanc. Pendant mon enfance, la plupart de mes amis avaient des parents européens ou un mélange de blanc et de noir. C'est parce que ma mère est suisse et avait donc beaucoup d'amis européens.

Mon père était un homme hors du commun. Il aimait la musique classique, il jouait au bridge et avait des chevaux de course. Pour cette raison, beaucoup de ses amis n'étaient pas ghanéens. Beaucoup de ses amis étaient britanniques, indiens ou libanais. Pendant mon enfance, j'aimais pratiquer le tennis de table, le squash, l'équitation et la natation. Je peux vous assurer qu'il y a très peu de gens dans le monde avec le même milieu que moi. Pas parce que je suis spécial, mais parce que c'est une combinaison inhabituelle de culture et de circonstances.

Si j'ai été élevé pour être leader, pouvez-vous me dire combien de personnes auront un passé similaire à ce que je viens de vous partager ? Pas beaucoup ! Pour devenir leader pour beaucoup, je dois fréquenter ceux qui n'ont pas mon milieu. Beaucoup de mes amis ont eu un passé très différent. Mais je les fréquente naturellement et facilement.

Si vous êtes pasteur et que vous avez reçu peu d'éducation, levez-vous et fréquentez toutes sortes de gens, y compris les riches. Vous aurez certainement besoin de riches dans votre église. Ne chassez pas tous les gens instruits à cause de votre manque d'éducation. Vous pouvez vous enseigner vous-même !

Vous considérez-vous comme un leader ? Demandez-vous : « Quel genre de personne suis-je ? Quel genre de personne ne suis-je pas ? » Prenez la décision de fréquenter tous les genres de personnes.

Chapitre 101

Ne soyez pas surpris par l'ingratitude

Jésus leur dit : Je vous ai fait voir plusieurs bonnes œuvres venant de mon Père : pour laquelle me lapidez-vous ?

Jean 10:32

Jésus connut l'ingratitude. Une foule ingrate de Juifs le mit à mort. Tout leader se retrouve face à face avec l'ingratitude. Les gens ne sont pas reconnaissants pour les services que vous leur rendez. Vous ne mettrez pas longtemps à le découvrir. Il y a plusieurs années, j'ai découvert que les gens que j'aimais pouvaient se retourner contre moi et me faire du mal. Des hommes que j'avais formés ne se souvenaient pas que je les avais aidés. Malgré tout, j'ai continué à croire dans les gens et à leur faire confiance. Je n'ai pas le choix. Si je commence à exercer des représailles en raison de l'ingratitude, je vais perdre ma place dans le ministère.

J'ai vu des pasteurs chassés de la ville, après vingt ans de ministère. C'est pourquoi la constitution de mon église ne donne à personne le droit de m'expulser sous aucun prétexte. Je l'ai déjà vu faire et je sais que si on autorise la nature humaine à suivre son cours, ma fin ne sera pas meilleure que celle de mon Seigneur. Jésus a été assassiné pour Ses bonnes actions. Il a été échangé pour un voleur armé. Mais il n'a jamais réagi à l'esprit mauvais d'ingratitude.

N'attendez pas la reconnaissance des gens. Un leader attend les récompenses de Dieu.

Sachant que chacun, soit esclave, soit libre, recevra du Seigneur selon ce qu'il aura fait de bien.

Éphésiens 6:8

L'Écriture nous enseigne que vos récompenses dépendent de Dieu et non pas de ceux que vous avez aidés. Dieu est le seul qui puisse vous récompenser adéquatement. N'attendez pas grand chose des gens, attendez vos récompenses de Dieu.

Il y a plusieurs années, j'ai arrêté d'attendre que les gens me félicitent après une prédication. Peu m'importe si les gens me félicitent ou pas ! Je n'attends pas d'appréciation des hommes. Mon devoir est de prêcher la Bible. J'ai fait mon devoir. Quand j'ai décidé de ne pas chercher l'approbation des hommes, j'ai éprouvé un sentiment de liberté. J'étais libre des hommes et je devais rendre des comptes au Seigneur.

Chapitre 102

Laissez les gens vous connaître, pour qu'ils puissent vous faire confiance et vous suivre

Ce qui était dès le commencement, ce que nous avons entendu, ce que nous avons vu de nos yeux, ce que nous avons contemplé et que nos mains ont touché, concernant la parole de vie, (car la vie a été manifestée, et nous l'avons vue et nous lui rendons témoignage, et nous vous annonçons la vie éternelle, qui était auprès du Père et qui nous a été manifestée).

1 Jean 1 :1-2

Laissez les gens savoir que vous êtes réel ! Tout le monde suivra volontiers un leader authentique.

Pourquoi Jésus est-il venu dans ce monde ? Il est venu pour que nous puissions Le connaître et Lui faire confiance. C'est pourquoi Il nous a permis de L'entendre, de Le voir et de Le toucher. A-t-on la possibilité de vous entendre, de vous voir ou de vous approcher ? Êtes-vous un surhomme mystérieux sans défauts ? L'ouverture amène beaucoup de fidèles.

Êtes-vous un leader ? Vous devez alors laisser les gens vous connaître tel que vous êtes vraiment. Personne ne veut suivre un mystère. Un mystère parle d'inconnu. Quelqu'un de mystérieux semble être de mauvaise augure.

Qui veut suivre quelqu'un de mystérieux dans une vallée sombre où quelque chose de mal peut lui arriver ? Permettez-moi de vous dire un secret important concernant le leadership. *Plus vous êtes ouvert, plus les gens suivront volontiers votre leadership.* Je n'ai pas dit : plus vous êtes parfait, plus les gens vous suivront. Tout le monde sait que son voisin n'est pas parfait.

Ce n'est pas un secret qu'il n'y a personne de parfait sur terre. Quelqu'un qui est ouvert et honnête sur ses faiblesses est plus susceptible d'avoir des fidèles. Si vous êtes pasteur, laissez les gens savoir que vous êtes réel ! Tout le monde suivra volontiers un leader authentique.

Chapitre 103

Influencez les gens en montrant l'exemple

C'est lui qui, dans les jours de sa chair, ayant présenté avec de grands cris et avec larmes des prières et des supplications à celui qui pouvait le sauver de la mort, et ayant été exaucé à cause de sa piété.

Hébreux 5 :7

Et nous, nous continuerons à nous appliquer à la prière et au ministère de la parole.

Actes 6 :4

Vous vous demandez peut-être pourquoi je viens de citer ces passages des Écritures. Quel rapport y a-t-il entre les deux ? Le premier parle de la vie de prière de Jésus quand il était sur Terre. Le second parle de la vie de prière de Pierre après le départ de Jésus. Jésus a enseigné à Ses disciples à prier par l'exemple. Pierre a été influencé par la vie de prière de Jésus.

Il y a de nombreuses années, j'ai entendu un homme me conseiller d'écouter ce que le prêtre dit, mais de ne pas suivre son exemple. Comme c'est étrange ! C'est très difficile de suivre les paroles de quelqu'un et pas son exemple. Il y avait un vieux proverbe chinois imprimé dans le laboratoire de physiologie dans mon ancienne école de médecine.

Il disait : « *J'entends et j'oublie, je vois et je me souviens, je fais et je comprends* ». Ce proverbe nous parle du pouvoir d'influencer les gens par ce qu'ils voient. Vous n'oubliez jamais ce que vous voyez. Saviez-vous que vous ne retenez environ que onze pour cent de ce que vous entendez ?

Jésus n'a pas seulement enseigné sur la prière. Il a Lui même prié. Il a vécu la prière. C'est pourquoi Pierre était si déterminé à ne pas se laisser distraire de sa vie de prière. De nombreux ministres d'aujourd'hui ne connaissent pas l'importance de la prière. Ils n'ont jamais vécu avec quelqu'un qui priait. Ils n'ont jamais vu quelqu'un prier. Souvenez-vous que votre exemple est plus important que vos paroles.

Cher ami, voulez-vous être un leader ? Souvenez-vous s'il vous plaît que votre exemple est plus important que vos paroles !

Chapitre 104

Reconnaissez votre désir comme un symptôme de votre appel au leadership

Êtes-vous un leader ? Pouvez-vous devenir un leader ? La réponse est oui ! Dans ce chapitre, je vais vous montrer certains symptômes qui révèlent le leader qui est en vous. Paul a écrit à Timothée et lui a dit de chercher ceux qui avaient des qualités de leadership.

Un désir

...Si quelqu'un aspire à la charge...
1 Timothée 3:1

Il est intéressant de remarquer que Paul voulait des gens qui aspiraient à la charge. Timothée reçut l'instruction de rechercher certaines qualités chez ceux qui avaient le désir de la charge. Un désir de diriger est un symptôme du leader qui est en vous. Un désir d'aider les autres est un excellent symptôme que Dieu vous a donné le don du leadership. Un désir de servir les autres avec les bonnes choses que vous avez est un grand signe de leadership.

Frères, le vœu de mon cœur et ma prière à Dieu pour eux, c'est qu'ils soient sauvés.
Romans 10:1

Paul avait un désir d'aider les Juifs. Il était constamment accablé par ce désir. Tout véritable leadership découle de la charge d'aider les gens que vous aimez. Le plus grand signe du leadership est la charge et le désir qui poussent le leader à l'action. Cette charge, ce désir accablant, est la caractéristique commune à tous les grands leaders.

Je dis la vérité en Christ, je ne mens point, ma conscience m'en rend témoignage par le Saint Esprit : J'éprouve

une grande tristesse, et j'ai dans le cœur un chagrin continuel. Car je voudrais moi-même être anathème et séparé de Christ pour mes frères, mes parents selon la chair.

Romains 9:1-3

Certains passent par des difficultés dans la vie. Après s'être remis de leur douleur, ils ont un fort désir d'aider les autres à éviter la douleur et la souffrance par lesquelles ils sont passés. Un vrai père veut que ses enfants aient ce qu'il n'a pas pu avoir. Un vrai leader veut que ses fidèles se portent mieux que lui. Jésus a dit :

En vérité, en vérité, je vous le dis, celui qui croit en moi fera aussi les œuvres que je fais, et il en fera de plus grandes...

Jean 14:12

Jésus voulait que ses disciples fassent de plus grandes choses que lui. Si vous n'avez pas le désir d'aider les gens à devenir grand, vous n'êtes peut-être pas un leader. Si vous avez juste un désir de vous aider vous-même, ce n'est pas du leadership ! Le leadership est un désir d'aider les autres à accomplir de grandes choses pour eux-mêmes. Celui qui a un désir de gagner à tout prix ceux qui sont perdus est un leader pour la cause de l'Évangile.

Dans les premiers jours de mon ministère, je ne savais même pas ce qu'était la charge de pasteur, d'évangéliste ou d'apôtre. Je pensais que c'étaient des positions farfelues que je ne pourrais jamais occuper. Tout ce que je voulais faire était d'aider les gens à rencontrer Jésus. Tout ce que je voulais faire était d'aider les gens à grandir dans le Christ. Je sentais que quand les gens auraient grandi dans le Seigneur, beaucoup de leurs problèmes disparaitraient. Un désir d'aider les gens est un symptôme de l'appel de Dieu.

Mauvaise utilisation du leadership

Il y a des gens qui ont un désir d'argent, de puissance et de gloire. Sans le savoir, ils ont l'intention de se servir de la position de leader pour obtenir ces choses. Ce n'est pas du leadership ! C'est ce que j'appelle l'art du vampire. Un vampire est une chauve-souris qui boit du sang, ou, chez les hommes, quelqu'un qui se nourrit impitoyablement des autres.

Beaucoup de pays du monde ont été dotés de leaders vampires qui ont aspiré la richesse de leurs nations. Malheureusement, certaines églises ont également eu des leaders qui ont aspiré la richesse et la vie de l'église comme des vampires. *Un vampire n'est pas un leader et un leader n'est pas un vampire !* Pierre a mis en garde contre cela dans sa lettre à l'église.

Voici les exhortations que j'adresse aux anciens qui sont parmi vous, moi ancien comme eux, témoin des souffrances de Christ, et participant de la gloire qui doit être manifestée : Paissez le troupeau de Dieu qui est sous votre garde, non par contrainte, mais volontairement, selon Dieu ; non pour un gain sordide, mais avec dévouement ; non comme dominant sur ceux qui vous sont échus en partage, mais en étant les modèles du troupeau.

1 Pierre 5:1-3

De toute évidence, les leaders aux mauvaises motivations n'étaient pas rares à l'époque de Pierre. Ils ne sont certainement pas rares à notre époque. Dieu recherche des hommes et des femmes qui accepteront de reprendre le flambeau du leadership et d'en payer le prix. Ce désir en vous d'aider les autres est le signe d'un appel de Dieu sur votre vie. Il est temps d'aider. Dieu veut vous élever pour faire exactement cela. Alors que vous lisez ce livre, puisse l'onction de conduire venir sur vous au nom de Jésus.

Chapitre 105

Ne courrez pas d'une urgence à l'autre

Deux types de leadership

1. Le leadership d'urgence

Il implique de courir d'une crise à l'autre. Ce n'est pas un style efficace de leadership. La résolution d'une crise donne un faux sentiment de sécurité à celui qui pratique le leadership d'urgence. Après avoir résolu une crise, il sent qu'il a accompli quelque chose de grand. Mais il ne sait pas que la prochaine crise est en préparation. Les pasteurs qui résolvent des crises de leadership, des crises financières, des crises de rébellion, des crises de dettes, des crises de dissidents, sont pleinement engagés tout le temps. Mais il y a une meilleure façon de faire !

2. Le leadership préventif

Le leadership préventif implique un style de leadership qui empêche l'apparition de toutes ces crises. Il y a moins de crises avec ce style de leadership. Ceux qui sont impliqués dans le leadership préventif ont moins de conférences de formation, de camps de bergers, de séminaires d'enseignement, etc. Ces leaders sont plus détendus et ils contrôlent mieux leurs églises ou organisations.

Sept étapes vers le leadership préventif

1. Enseignez aux gens ce que vous voulez qu'ils sachent.

J'ai découvert qu'on peut enseigner presque tout. Vous pouvez obtenir ce que vous désirez de vos subordonnés en les enseignant. Tout sujet sur Terre est enseigné par quelqu'un. Apprenez à enseigner pour atteindre le résultat que vous désirez.

2. Formez les gens à être loyaux.

La déloyauté est l'une des causes des crises dans les organisations. Les rebelles et les traîtres arrivent à déstabiliser des églises entières. Vous pouvez réduire vos crises en mettant l'accent sur la loyauté.

3. Organisez régulièrement des conférences, des retraites et des camps.

Ce sont des occasions d'enseignement et de discussion.

4. N'empruntez pas d'argent.

Les dettes créent l'incertitude ! La possibilité que votre monde puisse s'écrouler sur vous à cause des dettes est inquiétante. Je déteste les dettes. Je n'emprunte pas. Et je ne vous conseillerais pas d'emprunter de l'argent. On peut vivre sans dette.

Ne devez rien à personne, si ce n'est de vous aimer les uns les autres ; car celui qui aime les autres a accompli la loi.

Romains 13:8

5. Faites la distinction entre les demandes sans importance mais urgentes et les tâches importantes mais non urgentes.

Jésus a été convoqué d'urgence pour s'occuper de Lazare, mais c'était plus important pour lui de faire d'autres choses. Il ne s'est pas précipité dans des activités non prévues, à moins qu'elles ne soient absolument nécessaires. *Il est important qu'un leader soit capable de faire la distinction entre les demandes qui nécessitent ou non d'abandonner des activités prévues.* Un leader sage ne se précipite pas dans des activités non prévues, à moins qu'elles ne soient absolument nécessaires.

Il y avait un homme malade, Lazare, de Béthanie, village de Marie et de Marthe, sa sœur. (C'était cette Marie qui oignit de parfum le Seigneur et qui lui essuya les pieds avec ses cheveux, et c'était son frère Lazare qui était malade).

Les sœurs envoyèrent dire à Jésus : Seigneur, voici, celui que tu aimes est malade. Après avoir entendu cela, Jésus dit : Cette maladie n'est point à la mort ; mais elle est pour la gloire de Dieu, afin que le Fils de Dieu soit glorifié par elle. Or, Jésus aimait Marthe, et sa sœur, et Lazare. Lors donc qu'il eut appris que Lazare était malade, il resta deux jours encore dans le lieu où il était.

Jean 11:1-6

Un pasteur a beaucoup de tâches importantes non urgentes à faire. Un pasteur doit passer du temps dans la prière et dans la Parole. Prier et étudier la Parole ne semble pas aussi urgent qu'assister un mourant à l'hôpital. Attendre Dieu ne semble pas aussi urgent que d'écrire des chèques ou de régler des questions administratives. Pourtant, un leader qui s'occupe de ses tâches non urgentes mais importantes réalisera plus de choses.

6. N'en faites pas trop.

Il y a des limites à ce que vous pouvez faire avec votre vie. En faire trop veut dire que vous vous chargez de choses que Dieu ne vous a pas envoyé faire. Cela crée du stress et des crises. Les évangélistes qui deviennent pasteurs ont une crise de leadership après l'autre. Ils sont incapables de se consacrer à une tâche que Dieu ne leur a pas demandé. Dieu ne vous demande pas de tout faire. Nous ne sommes pas aussi essentiels que nous le pensons. Si nous étions si importants que cela, aucun jeune pasteur ne mourrait jamais ! Tout compte fait, si nous étions si importants, Jacques, le frère de Jean, ne serait pas mort au milieu de son ministère. Faites votre part et laissez le reste à Dieu. N'avez-vous jamais lu où Dieu dit que vous devez vous reposer ?

Il y a donc un repos de sabbat réservé au peuple de Dieu. Car celui qui entre dans le repos de Dieu se repose de ses œuvres, comme Dieu s'est reposé des siennes. Efforçons-nous donc d'entrer dans ce repos, afin que personne ne tombe en donnant le même exemple de désobéissance.

Hébreux 4:9-11

7. Déléguez quand vous le pouvez.

Jésus a exercé son ministère pendant trois ans et a délégué le reste du travail à ses disciples. Il ne se faisait pas d'illusions sur ce qu'il pouvait accomplir lui-même. Il n'a même pas essayé d'aller au-delà des frontières d'Israël pour son ministère. Il a délégué cet aspect de son ministère à ses disciples.

Vous souvenez-vous que Jésus a envoyé ses disciples aux extrémités de la terre ? Avez-vous remarqué que Jésus n'a pas essayé d'aller aux extrémités de la terre ? Il a délégué le travail d'aller aux extrémités de la terre aux disciples. Il n'a pas essayé de prouver à personne qu'Il pourrait aller lui-même aux extrémités de la terre.

Son rôle fut d'exercer son ministère aux Juifs et de mourir sur la croix. Le travail de Jésus est défini dans Matthieu 15 : 24. Il avait l'intention de s'en tenir à sa mission. Il nous a délégué le reste.

Il répondit : Je n'ai été envoyé qu'aux brebis perdues de la maison d'Israël.

Matthieu 15 :24

Chapitre 106

Rappelez vous toujours : « Personne n'est gagnant tant que tout le monde n'est pas gagnant ! »

Quand j'étais à l'école de médecine, cette vérité se fit très réelle pour moi. Nos examens de fin d'année étaient très stressants. L'un des moments les plus tendus de ma vie fut quand j'ai attendu mes résultats finaux. Par la grâce de Dieu, j'ai réussi chaque examen. Cependant, il y avait toujours un ami ou un autre qui avait échoué. J'ai découvert qu'à moins d'avoir tous réussi, notre joie n'était jamais vraiment complète. Comment pouvez-vous vous réjouir quand votre meilleur ami doit recommencer l'année ? Comment pouvez-vous vous réjouir quand six deviennent médecins et qu'un doit recommencer l'année ?

Tout leader doit se rappeler que personne n'est gagnant tant que nous ne sommes pas tous gagnants. Si votre mariage marche, vous ne serez jamais pleinement heureux à moins que le mariage de votre ami ne marche aussi.

Cinq leçons qui nous enseignent que « Personne n'est gagnant tant que tout le monde n'est pas gagnant »

1. Jacob eut douze fils et perdit Joseph à l'esclavage.

Même si après perdu Joseph, il lui restait encore onze enfants, il ne pouvait pas se réjouir. Jacob était sage. Il savait que personne n'est gagnant tant que nous ne sommes pas tous gagnants.

> **Jacob la reconnut, et dit : C'est la tunique de mon fils ! Une bête féroce l'a dévoré ! Joseph a été mis en pièces ! Et il déchira ses vêtements, il mit un sac sur ses reins, et il porta longtemps le deuil de son fils. Tous ses fils et toutes ses filles vinrent pour le consoler ; mais il**

ne voulut recevoir aucune consolation. Il disait : C'est en pleurant que je descendrai vers mon fils au séjour des morts ! Et il pleurait son fils. Les Madianites le vendirent en Égypte à Potiphar, officier de Pharaon, chef des gardes.

Genèse 37:33-36

2. Jésus enseigna l'histoire du berger qui a laissé les quatre-vingt-dix-neuf brebis pour chercher celle qui était perdue.

Que vous en semble ? Si un homme a cent brebis, et que l'une d'elles s'égare, ne laisse-t-il pas les quatre-vingt-dix-neuf autres sur les montagnes, pour aller chercher celle qui s'est égarée ? Et, s'il la trouve, je vous le dis en vérité, elle lui cause plus de joie que les quatre-vingt-dix-neuf qui ne se sont pas égarées.

Matthieu 18:12-13

3. Jésus enseigna l'histoire de la femme qui a balayé toute la maison pour trouver une pièce de monnaie perdue.

Ou quelle femme, si elle a dix drachmes, et qu'elle en perde une, n'allume une lampe, ne balaie la maison, et ne cherche avec soin, jusqu'à ce qu'elle la retrouve ?

Luc 15:8

4. Jésus enseigna l'histoire du père du fils prodigue qui avait un autre fils, mais attendait plein d'espoir le retour du prodigue.

Car mon fils que voici était mort, et il est revenu à la vie ; il était perdu, et il est retrouvé. Et ils commencèrent à se réjouir.

Luc 15:24

5. Jésus enseigna l'histoire du banquet qui n'a pas commencé avant que tous les sièges n'aient été occupés.

... Alors le maître de la maison irrité dit à son serviteur : Va promptement dans les places et dans les rues de la ville, et amène ici les pauvres, les estropiés, les aveugles et les boiteux.

Le serviteur dit : Maître, ce que tu as ordonné a été fait, et il y a encore de la place. Et le maître dit au serviteur : Va dans les chemins et le long des haies, et ceux que tu trouveras, contrains-les d'entrer, afin que ma maison soit remplie.

Luc 14:21-23

Chapitre 107

Connaissez le nom de beaucoup de personnes

...et les brebis entendent sa voix ; il appelle par leur nom les brebis qui lui appartiennent, et il les conduit dehors.

Jean 10:3

L**es gens suivront quelqu'un qui les connaît par leur nom ! Il est très important que le leader connaisse le nom de ceux avec qui il travaille. Personne n'est un numéro ou un objet. Si vous voulez diriger les gens, essayer de vous souvenir de leur nom et appelez-les par leur nom.

Cinq raisons pour lesquelles vous devriez connaître beaucoup de gens par leur nom

1. **Tout leader qui réussit connait beaucoup de gens par leur nom.**

2. **Les gens se sentent spéciaux quand vous connaissez leur nom.**

   Tout le monde gravite là où il se sent spécial. Les gens ne se sentent pas ignorés ou méprisés quand vous les appelez par leur nom.

3. **Quand vous connaissez les gens par leur nom, ils pensent que vous êtes amical et humain.**

   Les gens sont attirés par quelqu'un qui est amical et chaleureux.

4. **Connaître les gens par leur nom vous relie à eux d'une façon personnelle.**

   Cela crée le lien entre le leader et le fidèle.

5. **Connaître les gens par leur nom vous rend plus proche d'eux.**

Je m'étonne parfois quand des pasteurs ont peut-être seulement une soixantaine de membres mais ne peuvent pas se souvenir de tous les noms. Si vous ne pouvez pas vous rappeler le nom des gens, ils ne vont pas vouloir vous suivre. Quand vous connaissez quelqu'un par son nom, il sent que vous êtes vrai et que vous êtes assez proche. Les gens sont moins enclins à suivre une figure de proue lointaine.

Le roi David fut un grand leader. L'une des raisons pour lesquelles il était aimé est qu'il était assez proche des gens qu'il dirigeait.

Mais tout Israël et Juda aimaient David, parce qu'il sortait et rentrait à leur tête.

1 Samuel 18 :16

Chapitre 108

Investissez en vous-même

Veille sur toi-même et sur ton enseignement ; persévère dans ces choses, car, en agissant ainsi, tu te sauveras toi-même, et tu sauveras ceux qui t'écoutent.

1 Timothée 4 :16

Tout leader qui investit en lui-même s'assurera de rester le leader..

Trois raisons pour lesquelles tout leader doit investir en lui-même

1. À cause de la loi de détérioration

Selon cette loi, tout se décompose naturellement. Rien sur terre ne reste dans sa saine condition d'origine pour longtemps. C'est pourquoi la Bible nous avertit que la couronne (votre position de leader) n'est pas garantie pour toujours.

Connais bien chacune de tes brebis, donne tes soins à tes troupeaux ; car la richesse ne dure pas toujours, ni une couronne éternellement.

Proverbes 27:23-24

2. À cause de la loi de la longueur d'avance.

Il n'y a pas de leadership à moins d'avoir une longueur d'avance. Je m'investis constamment pour avoir au moins une longueur d'avance sur mes fidèles. Sans cela, je tomberais de ma position.

3. À cause de la loi qui veut que vous preniez soin de vous avant de prendre soin de quelqu'un d'autre.

À chaque fois qu'il y a un problème dans un avion, on dit aux adultes de prendre soin d'eux-mêmes avant de prendre soin de leurs enfants. Paul dit la même chose. Vous ne pouvez pas sauver les autres à moins de vous sauver vous-même. Un médecin ne peut pas soigner les autres s'il est malade. L'aveugle ne peut pas conduire un aveugle

> Veille sur toi-même et sur ton enseignement ; persévère dans ces choses, car, en agissant ainsi, tu te sauveras toi-même, et tu sauveras ceux qui t'écoutent.
>
> 1 Timothée 4:16

Sept façons pour tout leader de s'investir

1. Lisez la Bible chaque jour.

En 1986, je suis allé à Londres en tant qu'étudiant. Je me suis acheté une chose : une Bible de référence spéciale. J'ai utilisé tout ma maigre bourse d'étudiant pour investir en moi. Je n'ai jamais regretté cet investissement.

> ...mais celui qui sème pour l'Esprit moissonnera de l'Esprit...
>
> Galates 6:8

2. Lisez des livres chrétiens chaque jour.

Lisez des livres sur des choses que vous ne connaissez pas.

3. Écoutez des cassettes audio.

Quand on les additionne, les heures passées à écouter des cassettes sont équivalentes à plusieurs semestres de cours à l'université.

4. Assistez à des séminaires, des conférences et des services religieux.

Elles feront de vous une meilleure personne.

5. Dépensez plus d'argent pour vos livres que pour vos vêtements et vos cheveux.

6. Regardez des cassettes vidéo d'hommes oints de Dieu qui enseignent la sagesse.

7. Constituez-vous une bibliothèque personnelle de livres et de cassettes.

Chapitre 109

Appréciez et gérez le temps

Rachetez le temps, car les jours sont mauvais.

Éphésiens 5:16

Dieu nous enseigne à apprécier le temps. En effet, nos jours sont comptés. Si vos jours sont comptés, aujourd'hui vous rapproche de votre fin. La Parole de Dieu nous enseigne à appliquer nos cœurs à la sagesse et à compter soigneusement notre temps.

Six façons de gérer votre temps

1. Faites la distinction entre ce qui est important et urgent.

Beaucoup de gens prétendent qu'ils ne peuvent pas faire certaines choses parce qu'ils n'ont pas le temps. Cependant, la réalité est qu'ils sont incapables de gérer leur temps. Vous appelez-vous leader ? Si vous êtes leader, vous devez pouvoir faire la distinction entre ce qui est important et urgent. *Beaucoup de choses qui sont urgentes ne sont pas importantes, et beaucoup de choses importantes ne sont pas urgentes.* Un vrai leader est quelqu'un qui élimine les choses sans importance et s'assure de faire ce qu'il est censé faire.

2. Ne vous impliquez pas dans des choses qui ne sont pas dans votre agenda.

Si vous êtes un leader, vous saurez que beaucoup de bonnes choses ne sont pas nécessairement les choses que vous devez faire. J'ai décidé de passer du temps en prière et dans le ministère de la Parole. Même en écrivant ce livre, je suis sous pression de faire beaucoup d'autres choses. J'ai décidé qu'écrire ce livre est la chose la plus importante que je dois faire maintenant.

L'art du leadership

3. **Entourez-vous d'aides compétentes qui feront certaines tâches essentielles à votre place.**

Un employé responsable qui s'occupe de choses importantes pour vous est un atout précieux. On doit faire des choses à ma place pour que je puisse avoir le temps de faire ce que personne d'autre que moi ne peut faire.

Je supervise plus de deux cents églises ; vous pouvez imaginer le nombre de problèmes qui surgissent chaque jour. Je dois décider quoi faire : conseiller les gens, prier pour les gens, régler les problèmes financiers, résoudre des problèmes de gestion, et la liste continue. Avec l'aide d'administrateurs intelligents et de personnes qui résolvent les problèmes, je vais avoir du temps pour mon travail.

4. **Débarrassez-vous de ceux qui n'arrivent pas à faire les travaux qui leur sont délégués.**

Ces gens vont créer des problèmes pour vous et vous entraîner dans des domaines dont ils auraient dû s'occuper.

5. **Restez dans votre appel.**

Comment pouvez-vous développer l'art d'utiliser votre temps à bon escient ? Je veux partager avec vous un secret qui est, je crois, une clé pour gérer votre temps efficacement. C'est aussi un élément clé pour accomplir la volonté de Dieu. Saviez-vous que vous avez seulement soixante-dix ans à vivre (plus ou moins) ? Cela veut dire que vous avez seulement un temps limité pour servir le Seigneur. Dieu attend que vous fassiez certaines choses. Un vrai leader découvre ce qu'il est censé faire et s'y tient.

Restez dans votre appel. Ne vous aventurez pas sur le territoire des autres. Si vous êtes enseignant, enseignez la Parole. Si vous êtes pasteur, exercez votre ministère pastoral, n'essayez pas de devenir prophète.

6. **Évitez les relations sociales inutiles.**

Bavarder et être amical prend souvent le temps que vous pourriez avoir passé en communion avec votre Père céleste. Les gens diront peut-être que vous n'êtes pas très sympathique, mais vous savez ce que vous faites. Évitez de gâcher votre temps avec des programmes de télévision inutiles. Ce n'est pas que je ne peux pas me permettre d'acheter une télévision. C'est simplement que je n'aurai pas de temps à gâcher avec des programmes de télévision stupides !

Chapitre 110

Les grandes réalisations exigent une grande discipline

Être « discipliné » veut dire « se contrôler, se restreindre, être bien organisé, régulier, ordonné et réglé ».

Alors Jésus fut emmené par l'Esprit dans le désert, pour être tenté par le diable. Après avoir jeûné quarante jours et quarante nuits, il eut faim.

Matthieu 4:1-2

Jésus S'est soumis à la discipline stricte du jeûne pendant quarante jours et quarante nuits. C'est une réalisation de taille ! Celui qui a jeûné sans manger, même pendant trois jours et trois nuits, a découvert le terrible effort de maitrise de soi qui est requis.

Pour être un grand leader, vous devez être discipliné dans la prière, le jeûne et la lecture de la Bible. Il y a des moments où je reste dans une pièce pendant huit heures à prier le Seigneur. Je peux rester seul pendant des heures, en présence de l'Esprit Saint. Vous ne pouvez pas faire cela sans discipline.

Voulez-vous être un grand chef ? Il est temps de vous discipliner de toutes les façons possibles. Écrire ce livre implique une grande discipline. Pendant des heures et des heures, je mets sur papier les mots que vous lisez. Cela n'a pas été une tâche facile ! Mais je sais qu'il n'y aura pas de grandes réalisations sans grande discipline.

Sept choses dans lesquelles tout leader devrait être discipliné

1. Soyez discipliné et prenez un temps de recueillement quotidien

2. Soyez discipliné et passer des heures en prière

3. Soyez discipliné et lisez votre Bible tous les jours.
4. Soyez discipliné et lisez des livres chrétiens.
5. Soyez discipliné et jeûnez souvent.
6. Soyez discipliné et passez du temps à attendre le Seigneur.
7. Soyez discipliné et éliminez les relations sociales inutiles.

Chapitre 111

Appréciez chaque moment en présence d'un grand leader

Trois personnes qui ont apprécié leur communion avec de grands leaders

1. **Le disciple Jean a parlé de son interaction avec Jésus.**

Il a raconté comment il avait vraiment touché le Seigneur et L'avait entendu parler.

Ce qui était dès le commencement, ce que nous avons entendu, ce que nous avons vu de nos yeux, ce que nous avons contemplé et que nos mains ont touché, concernant la parole de vie, - car la vie a été manifestée, et nous l'avons vue et nous lui rendons témoignage, et nous vous annonçons la vie éternelle, qui était auprès du Père et qui nous a été manifestée -.

1 Jean 1:1-2

Ce fut la plus grande expérience de sa vie. Quelques moments en présence d'un grand leader vous apprendront beaucoup de choses.

2. **Élisée a refusé de s'éloigner de la présence d'Élie.**

Il savait combien il était important pour lui de rester à proximité. À quatre reprises, il refusa de s'en aller.

Élie dit à Élisée : Reste ici, je te prie, car l'Éternel m'envoie jusqu'à Béthel. Élisée répondit : L'Éternel est vivant et ton âme est vivante ! Je ne te quitterai point. Et ils descendirent à Béthel.

2 Rois 2:2

3. **Josué fut aussi grandement affecté par son interaction étroite avec Moïse.**

Rappelez-vous que Josué fut le seul à gravir la montagne avec Moïse.

L'Éternel dit à Moïse : Monte vers moi sur la montagne, et reste là ; je te donnerai des tables de pierre, la loi et les ordonnances que j'ai écrites pour leur instruction. Moïse se leva, avec Josué qui le servait, et Moïse monta sur la montagne de Dieu.

Exode 24:12-13

Tous les membres de l'équipe originale de Moïse « ont marché de travers » avec le temps. Aaron est passé au culte des idoles. Miriam devint déloyale et critique. Mais Josué était plein de sagesse de par sa proximité avec Moïse.

Josué, fils de Nun, était rempli de l'esprit de sagesse, car Moïse avait posé ses mains sur lui. Les enfants d'Israël lui obéirent, et se conformèrent aux ordres que l'Éternel avait donnés à Moïse.

Deutéronome 34:9

Sept choses à remarquer en présence de grands leaders

1. **Remarquez leur vision.**

   Vous serez inspiré pour avoir une plus grande vision.

2. **Remarquez leurs réalisations.**

   Cela vous montrera ce qui est possible.

3. **Remarquez leur attention.**

   Vous verrez le secret de la concentration à l'œuvre.

4. **Remarquez leur relation avec Dieu.**

   Cela vous inspirera pour être plus près de Dieu.

5. **Remarquez leur apparence et leur langage.**

Vous sentirez l'atmosphère de grandeur.

6. **Remarquez comment ils gèrent les situations.**

Vous recevrez la sagesse pour votre propre situation.

7. **Remarquez leurs faiblesses.**

Quand vous verrez leurs grandes réalisations malgré leurs faiblesses, vous serez encouragés.

Chapitre 112

Prenez les choses en main

Il monta dans la barque, et ses disciples le suivirent. Et voici, il s'éleva sur la mer une si grande tempête que la barque était couverte par les flots. Et lui, il dormait. **Les disciples s'étant approchés le réveillèrent, et dirent : Seigneur, sauve-nous, nous périssons ! Il leur dit : Pourquoi avez-vous peur, gens de peu de foi ? Alors il se leva, menaça les vents et la mer, et il y eut un grand calme. Ces hommes furent saisis d'étonnement : Quel est celui-ci, disaient-ils, à qui obéissent même les vents et la mer ?**

Matthieu 8:23-27

On appelait Jésus quand il y avait un problème. Il pleuvait et tout le monde se noyait. Quand on appelait Jésus, il prenait les choses en main. Je me souviens de ma première nuit tout seul en tant que médecin en charge aux urgences de l'hôpital Korle-Bu. Ce fut une expérience effrayante pour moi. J'étais nouveau médecin et j'étais censé montrer la voie et savoir quoi faire dans chaque cas. Tout au long de la nuit, on a apporté des gens inconscients, malades et même certains qui étaient morts. Mais je me suis montré à la hauteur et suis devenu le leader de la salle d'urgence. Comment ai-je fait ? J'ai fait ce que je pensais être juste d'après la formation que j'avais reçue. Avec le temps, cela est devenu plus facile.

Quand Saul est devenu un nouveau leader, Samuel lui a donné cette instruction : « Fais ce que tu penses être juste et le Seigneur sera avec toi ».

Lorsque ces signes auront eu pour toi leur accomplissement, fais ce que tu trouveras à faire, car Dieu est avec toi.

1 Samuel 10:7

Quelle est la clé pour prendre les choses en mains en tant que leader ? *La clé pour prendre les choses en main est simplement de prendre les choses en main.* Levez-vous et parlez avec assurance ! Faites ce que vous pensez est le meilleur et Dieu sera avec vous.

Chapitre 113

Maîtrisez l'art de collecter des fonds

Mais, pour ne pas les scandaliser, va à la mer, jette l'hameçon, et tire le premier poisson qui viendra ; ouvre-lui la bouche, et TU TROUVERAS UN STATÈRE. PRENDS-LE, et donne-le-leur pour moi et pour toi.

Matthieu 17:27

Collecter des fonds implique le naturel et le surnaturel. Tout leader doit développer l'art de collecter des fonds. Quand vous vous tenez devant l'assemblée pour collecter des fonds, vous devez vous servir à la fois du pouvoir et des compétences naturelles et surnaturelles.

Jésus a réussi à collecter des fonds pour payer Ses factures. Il s'est servi de méthodes à la fois naturelles et surnaturelles pour collecter l'argent dont il avait besoin. Collecter cet argent a demandé du travail acharné consistant à aller en mer et à pêcher. C'était la partie naturelle de la collecte de fonds. La partie surnaturelle de la collecte de fonds est quand Dieu vous procure surnaturellement tout ce dont vous avez besoin.

Tout leader va avoir besoin d'argent pour accomplir sa mission. Si vous ne savez pas comment collecter des fonds, vous ne réussirez pas. Le prophète Élisée fut un collecteur de fonds hardi. Il a rencontré une veuve sur le point de prendre son dernier repas. Élisée a convaincu cette femme de renoncer à son dernier repas pour son ministère. Quand la femme fit cela, elle reçut un grand miracle financier. Il a fallu un homme de Dieu hardi pour collecter des fonds pour l'œuvre du ministère.

Cinq clés pour une collecte de fonds réussie

1. La confiance.

J'en suis venu à accepter le fait qu'une partie de mon travail en tant que leader est de collecter des fonds. Je collecte souvent des fonds pour différents projets. Quelle est la clé pour collecter des fonds avec succès ? Les gens doivent vous faire confiance ! La confiance est quelque chose qui s'accumule au fil des années. Plus les gens vous font confiance, plus ils seront prêts à lâcher leur richesse. Il y a des gens qui me donneraient des milliers de dollars si je leur demandais. Ils me font confiance parce qu'ils ont été avec moi pendant de nombreuses années.

Cher leader, la clé de votre capacité à collecter des fonds est l'intégrité. À chaque fois que vous collectez des fonds dans un but précis, utilisez l'argent dans ce but précis. Avec le temps, les gens vous feront confiance.

2. Faites attention aux projets qui prendront beaucoup de temps à finir.

Si vous commencez quelque chose qui n'aura pas de fin, les gens vont penser que vous les avez trompés. Ils vont penser que vous avez collecté de l'argent et que vous vous en êtes servi pour autre chose.

3. Ne collectez pas des fonds pour des projets inappropriés.

Ne collectez pas de fonds pour répondre aux besoins personnels des pasteurs. Je vous conseille de ne pas collecter de fonds pour acheter des vêtements, des voitures ou pour financer des vacances pour le pasteur et sa femme. La congrégation ne sera pas heureuse de payer pour le luxe qu'ils n'ont pas eux-mêmes. Les gens préfèrent donner de l'argent pour le travail missionnaire, l'évangélisation et des projets de construction.

4. Ne collectez pas des fonds trop souvent.

La lassitude des donateurs s'installe quand la collecte de fonds est trop fréquente. Servez-vous de la dîme et des offrandes régulières pour la plupart des choses.

5. Soyez conscient de la règle des 80-20 quand vous collectez des fonds.

La plupart des gens peuvent donner très peu. Cependant, quelques personnes peuvent donner beaucoup plus. La règle des 80-20 nous dit que 80% de nos revenus proviennent de 20% de la population. Collectez des fonds chez les quatre-vingt pour cent, mais attendez-vous à beaucoup plus d'argent des vingt pour cent riches.

N'oubliez jamais ce fait. Un leader aura toujours besoin d'argent pour accomplir la vision de Dieu. Priez pour les financiers. Soyez intègre. Dieu vous aidera et vous ne manquerez jamais de rien !

Chapitre 114

Soyez miséricordieux

Heureux les miséricordieux, car ils obtiendront miséricorde !

Matthieu 5:7

Un leader est quelqu'un qui connaît l'importance de la miséricorde. Certains leaders politiques sont venus sur scène crachant du feu et du soufre. Ils ont jugé les autres pour des délits mineurs et les ont condamnés à mort. Des années plus tard, ils ont découvert que les membres de leur propre gouvernement faisaient des choses pires. S'ils devaient appliquer le même critère à ces personnes, ils devraient probablement exécuter tout leur gouvernement. Heureux les miséricordieux, car ils obtiendront miséricorde. Un leader sage sait qu'il aura peut-être besoin lui-même de miséricorde un jour. C'est pourquoi un vrai leader est miséricordieux envers ses fidèles.

Êtes-vous spirituel ?

Frères, si un homme vient à être surpris en quelque faute, vous qui êtes spirituels, redressez-le avec un esprit de douceur. Prends garde à toi-même, de peur que tu ne sois aussi tenté.

Galates 6:1

Ce passage de l'Écriture dit que les personnes spirituelles doivent veiller à être miséricordieuses. Avez-vous attrapé un voleur aujourd'hui ? S'il vous plaît soyez miséricordieux ! Je sais que vous avez du mal à envisager les circonstances dans lesquelles vous pourriez être accusé d'être un voleur un jour.

Je ne prédis pas que tout homme de Dieu tombera. Tout ce que je veux dire, c'est qu'il est sage d'être miséricordieux plutôt que de juger. La miséricorde triomphe du jugement. Vous aurez pour sûr besoin de la miséricorde de Dieu dans votre vie. Dieu regarde combien de miséricorde vous manifestez aux autres.

La bénédiction des miséricordieux est qu'ils obtiendront miséricorde. Un leader est quelqu'un d'humble qui sait qu'il est aussi capable de tomber un jour.

Il y a plusieurs années, j'ai rencontré un pasteur très enclin à critiquer Kenneth Hagin. Il me parla longuement et me décrivit les défauts de Kenneth Hagin. Il me donna alors un livre plein de critiques sur Kenneth Hagin. Pendant que ce pasteur parlait, j'étais stupéfait de l'esprit critique qu'il possédait. Quelques années plus tard, ce pasteur critique divorça de sa femme et perdit son ministère. Puis j'entendis qu'il était en prison. Il n'est pas nécessaire de porter des jugements. Êtes-vous un leader ? Soyez miséricordieux ; vous pourrez avoir besoin de miséricorde un jour.

Cinq fois Jésus manifesta de la miséricorde

1. Jésus manifesta de la miséricorde à la foule qui Le crucifia sur la croix.

Jésus dit : Père, pardonne-leur, car ils ne savent ce qu'ils font. Ils se partagèrent ses vêtements, en tirant au sort.

Luc 23:34

2. Jésus manifesta de la miséricorde à la femme prise en flagrant délit d'adultère.

Elle répondit : Non, Seigneur. Et Jésus lui dit : Je ne te condamne pas non plus : va, et ne pèche plus.

Jean 8:11

3. Jésus manifesta de la miséricorde à l'aveugle Bartimée et le guérit.

Il entendit que c'était Jésus de Nazareth, et il se mit à crier : Fils de David, Jésus AIE PITIÉ DE MOI !
Plusieurs le reprenaient, pour le faire taire ; mais il criait beaucoup plus fort : Fils de David, aie pitié de moi !

Marc 10:47-48

4. Jésus manifesta de la miséricorde au fou de Gadara.

Jésus ne le lui permit pas, mais Il lui dit : « Va dans ta maison, vers les tiens, et raconte-leur tout ce que le Seigneur t'a fait, et COMMENT IL A EU PITIÉ DE TOI ».

Marc 5:19

5. Jésus manifesta de la miséricorde en enseignant la miséricorde à ses compagnons

NE DEVAIS-TU PAS AUSSI AVOIR PITIÉ de ton compagnon, comme j'ai eu pitié de toi ?

Matthieu 18:33

Chapitre 115

Refusez les amitiés perfides

L'une des premières choses qu'un leader fait est de se faire des amis. Ce sont ces mêmes amis qui vous aideront. Les gens qui vous soutiennent deviendront vos fidèles. Êtes-vous quelqu'un qui se fait des amis ou qui disperse les gens ? Vos amitiés constituent une base pour des actes de loyauté, de soutien et même de sacrifice.

Quel est le secret pour avoir de véritables amis ? Soyez vous-même un véritable ami.

Celui qui a beaucoup d'amis les a pour son malheur, mais il est tel ami plus attaché qu'un frère.

Proverbes 18:24

N'oubliez jamais que vous récoltez ce que vous semez. Si vous êtes traître, des traîtres et des rebelles vous entoureront. Si vous êtes loyal, des gens loyaux vous entoureront.

Si vous êtes honnête, les malhonnêtes ne vous suivront pas. Si vous êtes saint, les impies ne seront pas à l'aise pour devenir vos amis. Comme le dit le proverbe : « Qui se ressemble s'assemble ».

Certains acceptent des rebelles bien connus et des perfides autour d'eux. Certains se plaisent même à avoir d'anciens ennemis pour assistants. Accueillir des perfides ne finira jamais bien. Le roi David le savait bien et il refusa d'accepter ces personnes dans son camp.

Pourquoi vous devez refusez des amis perfides

1. **Le roi David refusa sagement d'accepter les tueurs de Saül pour amis.**

Le troisième jour, un homme arriva du camp de Saül, les vêtements déchirés et la tête couverte de terre. Lorsqu'il fut en présence de David, il se jeta par terre et se prosterna.

David lui dit : D'où viens-tu ? Et il lui répondit : Je me suis sauvé du camp d'Israël.

David lui dit : Que s'est-il passé ? Dis-moi donc ! Et il répondit : Le peuple s'est enfui du champ de bataille, et un grand nombre d'hommes sont tombés et ont péri ; Saül même et Jonathan, son fils, sont morts.

David dit au jeune homme qui lui apportait ces nouvelles : Comment sais-tu que Saül et Jonathan, son fils, sont morts ?

Et le jeune homme qui lui apportait ces nouvelles répondit : Je me trouvais sur la montagne de Guilboa ; et voici, Saül s'appuyait sur sa lance, et voici, les chars et les cavaliers étaient près de l'atteindre.

S'étant retourné, il m'aperçut et m'appela. Je dis : Me voici !

Et il me dit : Qui es-tu ? Je lui répondis : Je suis Amalécite.

Et il dit : Approche donc, et donne-moi la mort ; car je suis pris de vertige, quoique encore plein de vie.

Je m'approchai de lui, et je lui donnai la mort, sachant bien qu'il ne survivrait pas à sa défaite. J'ai enlevé le diadème qui était sur sa tête et le bracelet qu'il avait au bras, et je les apporte ici à mon seigneur.

David saisit ses vêtements et les déchira, et tous les hommes qui étaient auprès de lui firent de même.

Ils furent dans le deuil, pleurèrent et jeûnèrent jusqu'au soir, à cause de Saül, de Jonathan, son fils, du peuple de L'ÉTERNEL, et de la maison d'Israël, parce qu'ils étaient tombés par l'épée.

David dit au jeune homme qui lui avait apporté ces nouvelles : D'où es-tu ? Et il répondit : Je suis le fils d'un étranger, d'un Amalécite.

DAVID LUI DIT : COMMENT N'AS-TU PAS CRAINT DE PORTER LA MAIN SUR L'OINT DE L'ÉTERNEL ET DE LUI DONNER LA MORT ?

ET DAVID APPELA L'UN DE SES GENS, ET DIT : APPROCHE, ET TUE-LE ! CET HOMME FRAPPA L'AMALÉCITE, QUI MOURUT.

Et David lui dit : Que ton sang retombe sur ta tête, car ta bouche a déposé contre toi, puisque tu as dit : « J'ai donné la mort à l'oint de L'ÉTERNEL » !

2 Samuel 1:2-16

2. **Le roi David maudit sagement son assistant Joab après que ce dernier ait assassiné Abner.**

Lorsque Abner fut de retour à Hébron, Joab le tira à l'écart au milieu de la porte, comme pour lui parler en secret, et là il le frappa au ventre et le tua, pour venger la mort d'Asaël, son frère. David l'apprit ensuite, et il dit : Je suis à jamais innocent, devant l'Éternel, du sang d'Abner, fils de Ner, et mon royaume l'est aussi.

QUE CE SANG RETOMBE SUR JOAB ET SUR TOUTE LA MAISON DE SON PÈRE ! QU'IL Y AIT TOUJOURS QUELQU'UN DANS LA MAISON DE JOAB, QUI SOIT ATTEINT D'UN FLUX OU DE LA LÈPRE, OU QUI S'APPUIE SUR UN BÂTON, OU QUI TOMBE PAR L'ÉPÉE, OU QUI MANQUE DE PAIN !

2 Samuel 3:27-29

3. **Absalom manqua de sagesse pour accepter Huschaï l'Arkien comme ami.**

Lorsque Huschaï, l'Arkien, ami de David, fut arrivé auprès d'Absalom, il lui dit : Vive le roi ! vive le roi ! Et Absalom dit à Huschaï : VOILÀ DONC L'ATTACHEMENT QUE TU AS POUR TON AMI ! POURQUOI N'ES-TU PAS ALLÉ AVEC TON AMI ?

Huschaï répondit à Absalom : C'est que je veux être à celui qu'ont choisi L'ÉTERNEL et tout ce peuple et tous les hommes d'Israël, et c'est avec lui que je veux rester. D'ailleurs, qui servirai-je ? Ne sera-ce pas son fils ? Comme j'ai servi ton père, ainsi je te servirai.

2 Samuel 16:16-19

4. Jéhu refusa sagement les avances de Jézabel et l'exécuta.

Jéhu entra dans Jizreel. Jézabel, L'ayant appris, mit du fard à ses yeux, se para la tête, et regarda par la fenêtre. Comme Jéhu franchissait la porte, elle dit : Est-ce la paix, nouveau Zimri, assassin de son maître ? Il leva le visage vers la fenêtre, et dit : Qui est pour moi ? Qui ? Et deux ou trois eunuques le regardèrent en s'approchant de la fenêtre.

Il dit : Jetez-la en bas ! Ils la jetèrent, et il rejaillit de son sang sur la muraille et sur les chevaux. Jéhu la foula aux pieds.

2 Rois 9:30-33

Chapitre 116

Travaillez plus dur que tous ceux qui vous entourent

Pour réussir en tant que leader, vous devrez travailler plus dur que tous ceux qui vous entourent. Si vous pensez qu'être leader veut dire profiter de plus en plus de belles choses, vous allez recevoir un rude choc. Si vous pensez qu'être leader veut dire se détendre comme un dirigeant « ventru », vous découvrirez que ce n'est pas le cas !

Un vrai leader est quelqu'un qui travaille plus dur que tout le monde autour de lui. Même si je suis à la tête d'une grande église et que j'ai beaucoup de personnes sous moi, je travaille souvent beaucoup plus dur que tous ceux que je dirige. Le leadership est un travail dur. Préparez votre esprit au travail dur ! Un pasteur doit prier plus que ses fidèles. Il doit être plus diligent que tout le monde. Il travaille souvent plus d'heures que ses fidèles. Remarquez comment Jésus travaillait plus dur que ses disciples.

Puis, ayant fait quelques pas en avant, il se jeta sur sa face, et pria ainsi : Mon Père, s'il est possible, que cette coupe s'éloigne de moi ! Toutefois, non pas ce que je veux, mais ce que tu veux. Et il vint vers les disciples, qu'il trouva endormis, et il dit à Pierre ! Vous n'avez donc pu veiller une heure avec moi !

Veillez et priez, afin que vous ne tombiez pas dans la tentation ; l'esprit est bien disposé, mais la chair est faible. Il revint, et les trouva encore endormis ; car leurs yeux étaient appesantis. Puis il alla vers ses disciples, et leur dit : Vous dormez maintenant, et vous vous reposez ! Voici, l'heure est proche, et le Fils de l'homme est livré aux mains des pécheurs.

Matthieu 26 :39-41, 43,45

Remarquez comment Jésus priait pendant que ses disciples dormaient. Il a travaillé plus dur que ses disciples. Étant le leader, il comprenait l'enjeu. Cette nuit-là, il travailla plus que tous les autres. Les vrais leaders sont souvent délaissés par leurs fidèles et travailleurs alors qu'ils avancent péniblement dans la nuit, fournissant de plus en plus d'efforts.

Beaucoup de gens ne comprennent pas pourquoi les leaders hauts placés sont beaucoup plus payés que leurs subordonnés. Beaucoup d'ignorants se rebellent contre cette réalité. Ils ne savent pas que les leaders qui réussissent travaillent en fait plus dur que tout le monde. Il y a même certaines maladies comme les ulcères, les crises cardiaques, les maladies cardiaques, et l'hypertension artérielle qui sont associées aux cadres supérieurs. Leurs horaires de travail donnent effectivement lieu à de nombreuses maladies liées au stress. Souvent, les privilèges des leaders hauts placés ne font qu'amortir l'effet de leurs vies de travail stressantes. Cher leader, bienvenue au monde du travail dur.

Chapitre 117

Commencez humble et finissez humble

Beaucoup de leaders commencent humbles et finissent fiers, plein d'eux-mêmes et de leurs réalisations.

L'orgueil précède la chute et c'est ce bouton d'autodestruction qui devient important dans la vie de nombreux leaders. Deux des plus grands leaders qui aient jamais vécu ont commencé humbles et fini humbles. Apprenez de leur exemple.

Jésus a commencé et fini Son ministère dans l'humilité

1. Jésus Christ a commencé son ministère dans une crèche.

    Et elle enfanta son fils premier-né. Elle l'emmaillota, et le coucha dans une crèche, parce qu'il n'y avait pas de place pour eux dans l'hôtellerie.
    Luc 2:7

2. Jésus Christ a fini son ministère sur une croix.

    Jésus s'écria d'une voix forte : Père, je remets mon esprit entre tes mains. Et, en disant ces paroles, il expira.
    Luc 23:46

Quatre étapes de l'humilité de Paul

Paul passa par quatre étapes d'humilité progressive.

1. Il déclara qu'il n'était inférieur à aucun des apôtres.

    …car je n'ai été inférieur en rien aux apôtres par excellence…
    2 Corinthiens 12:11

2. En avançant, il comprit qu'il était le moindre des apôtres.

> **Car je suis le moindre des apôtres, je ne suis pas digne d'être appelé apôtre, parce que j'ai persécuté l'Église de Dieu.**
>
> 1 Corinthiens 15:9

3. Après un certain temps, Paul pensa qu'il était le moindre de tous les saints.

> **À moi, qui suis le moindre de tous les saints...**
>
> Éphésiens 3:8

Comme vous le voyez, l'estime que Paul avait de lui-même ne cessa de diminuer alors qu'il acquérait plus d'expérience dans le ministère. Plus vous montez dans le Seigneur, plus vous réalisez qu'on peut se passer de vous. Vous découvrez que c'est la grâce de Dieu qui est à l'œuvre, et non pas vos propres efforts.

4. À la fin de son ministère, Paul décida qu'il était le premier des pécheurs.

> **...Jésus Christ est venu dans le monde pour sauver les pécheurs, dont je suis le premier.**
>
> 1 Timothée 1:15

Ce n'est pas parce que Paul avait commis un péché grave. Avec la maturité lui vint la prise de conscience de sa nature pécheresse et de fait, de celle de tous les hommes.

Ne laissez pas vos réalisations vous enorgueillir

Ne laissez pas vos réalisations changer l'opinion que vous avez de vous-même. Nebucadnetsar a fait une terrible erreur quand il marchait sur le toit de son palais. Il pensait avoir réalisé de grandes choses par sa propre force.

> **Au bout de douze mois, comme il se promenait dans le palais royal à Babylone, le roi prit la parole et dit :**

N'est-ce pas ici Babylone la grande, que j'ai bâtie, comme résidence royale, par la puissance de ma force et pour la gloire de ma magnificence ?

La parole était encore dans la bouche du roi, qu'une voix descendit du ciel : Apprends, roi Nebucadnetsar, qu'on va t'enlever le royaume.

Daniel 4:29-31

Quand Nebucadnetsar développa une opinion élevée de lui-même, Dieu le punit. Si vous êtes leader, ne faites pas de déclarations stupides sur vos réalisations. J'ai entendu des leaders politiques faire des déclarations très stupides après avoir été au pouvoir pendant un certain temps. Certains leaders pensent même qu'ils vivront pour toujours. Mais on peut très facilement vous évincer. Demandez à vos pères et à vos ancêtres s'ils ont vécu pour toujours.

Vos pères, où sont-ils ? Et les prophètes pouvaient-ils vivre éternellement ?

Zacharie 1:5

Ne vous moquez pas d'autres leaders

Maintenez une humble opinion de vous-même parce que vous êtes fait de chair. Ne riez pas d'un autre leader en difficulté. L'histoire nous a appris que les leaders critiques sont enclins à tomber. Ne vous moquez pas quand d'autres leaders tombent dans le péché. Quelle a été la réaction de David quand Saül fut tué dans la bataille ? A-t-il dit : « C'est bien fait pour lui ? » Non, il n'a pas dit ça ! Pleurez avec ceux qui pleurent et priez pour eux. Remarquez les mots d'un grand leader qui a déploré la chute d'un autre grand leader.

L'élite d'Israël a succombé sur tes collines ! Comment des héros sont-ils tombés ?

Ne l'annoncez point dans Gath, n'en publiez point la nouvelle dans les rues d'Askalon, de peur que les filles des Philistins ne se réjouissent, de peur que les filles des incirconcis ne triomphent.

Montagnes de Guilboa ! Qu'il n'y ait sur vous ni rosée ni pluie, ni champs qui donnent des prémices pour les offrandes ! Car là ont été jetés les boucliers des héros, le bouclier de Saül ; l'huile a cessé de les oindre.

2 Samuel 1:19-21

Chapitre 118

Convainquez les gens de croire en vous

…croyez en Dieu, ET CROYEZ EN MOI.
Jean 14:1

Jésus demanda aux gens de croire en Lui personnellement. Même s'ils croyaient en Dieu, Il avait besoin qu'ils croient aussi en Lui.

Jésus convainquit Nathaniel de croire en Lui. Nathaniel avait une conviction personnelle que Jésus était quelqu'un de bon et qu'il devrait le suivre.

Jésus, voyant venir à lui Nathanaël, dit de lui : Voici vraiment un Israélite, dans lequel il n'y a point de fraude. D'où me connais-tu ? lui dit Nathanaël. Jésus lui répondit : Avant que Philippe t'appelât, quand tu étais sous le figuier, je t'ai vu. Nathanaël répondit et lui dit : Rabbi, tu es le Fils de Dieu, tu es le roi d'Israël.
Jean 1:47-49

Personne ne peut vraiment suivre vos idées à moins de croire en vous. Les deux vont ensemble. L'une des raisons pour lesquelles les leaders doivent être ouverts est que les gens aient la possibilité de les connaître personnellement. Je m'étonne parfois de voir des prédicateurs ne rien dire sur leur vie personnelle. Se pourrait-il qu'ils n'ont pas d'exemple à donner ou aucun témoignage à partager ? Cher ami, les gens que vous dirigez ont besoin d'avoir foi en vous en tant que personne. Cela ne peut arriver à moins de vous ouvrir à eux. Les gens apprennent à connaître ce qui est dans votre cœur par vos paroles.

...car c'est de l'abondance du cœur que la bouche parle.

Matthieu 12:34

Quand les gens pourront s'identifier avec ce qui est dans votre cœur, ils iront plus facilement là où vous voulez. Ils seront prêts à faire ce que vous leur dites de faire. Je ne suis pas impressionné par ceux qui lisent des discours écrits pour eux. Je ne peux pas beaucoup connaître quelqu'un à moins de l'entendre parler du cœur. C'est le cœur qui compte vraiment. Quand les gens pourront sentir votre passion, votre énergie et votre vision, le leadership deviendra naturel. Si vous n'avez pas de passion pour rien ou pas d'énergie pour accomplir quelque chose, vous n'êtes pas un leader.

Priez pour avoir une passion et une certitude. Apprendre des règles sur la délégation, l'autorité et la direction ne transforme personne en vrai leader. Cela ne peut que développer le véritable leadership, qui vient du cœur. La raison pour laquelle il y a tant d'écoles et de livres sur le leadership et que nous avons pourtant si peu de leaders, est le leadership vient du cœur. Les gens ne vous suivront pas avec leur cœur à moins de croire en vous de leur cœur.

Sept façons de convaincre les gens de croire en vous

1. Soyez ouvert sur votre vie privée.

Quand il y a beaucoup de mystères autour de votre vie, les gens ne vont pas naturellement graviter vers vous.

2. Soyez honnête sur vos problèmes.

Tout le monde a des problèmes, y compris les leaders. Les gens se rassemblent autour de leaders qu'ils perçoivent comme réels. Un vrai leader est quelqu'un qui a les mêmes défis que tout le monde, mais qui les surmonte. Si vous avez des difficultés conjugales, admettez-les ouvertement et partagez comment Dieu vous aide, vous et votre conjoint, à les surmonter.

3. Prêchez de votre cœur.

Ne lisez jamais un sermon aux gens. J'ai entendu une fois un chef d'État se plaindre de son prêtre. Il dit : « Je fais des discours et je parle de mon cœur. Pourquoi un prêtre qui entend Dieu me lit-il son message ? » Quand vous lisez vos sermons, vos auditeurs peuvent douter de votre sincérité. Tout ce qui est écrit est soigneusement pensé. Ce que nous voulons entendre est ce qui est dans votre cœur

Je vous le dis : au jour du jugement, les hommes rendront compte de toute parole vaine qu'ils auront proférée.

Matthieu 12:36

4. Partagez vos expériences personnelles de Dieu.

Avoir une expérience personnelle de Dieu donne de la crédibilité et de l'autorité au leader. Après tout, votre leadership chrétien est basé sur votre relation avec Dieu. Si vous avez eu une visite d'un ange ou de Jésus, partagez-la et la présence impressionnante de Dieu sera rendue manifeste.

5. Dites aux gens ce que Dieu vous a dit.

Si Dieu vous a parlé, partagez-le. Être capable de dire aux gens que Dieu vous a dit quelque chose est une étape puissante de la foi. Cela montre que vous avez une commission personnelle du Seigneur. Les gens veulent suivre Dieu, donc si vous avez entendu Dieu vous parler, alors ils voudront vous suivre.

6. Sacrifiez-vous pour votre vision.

Les gens peuvent voir les sacrifices que vous faites en vue de ce que vous croyez. Votre sacrifice parlera plus fort qu'une centaine de sermons. J'ai sacrifié ma profession médicale pour le ministère. Cet acte à lui seul m'a donné plus de crédibilité que n'importe quoi d'autre. Les gens croient en vous quand ils voient votre sacrifice.

7. **Priez. La prière génère de l'autorité spirituelle. L'autorité est cette « aura magnétique, invisible et pas facile à définir qui entoure un homme de Dieu ».**

L'autorité émane de votre proximité avec Dieu. Plus vous êtes proche de quelqu'un, plus vous parlerez de lui avec confiance. Les gens vous croiront en raison de votre vie de prière. C'est un secret que beaucoup de gens qui ne prient pas ne connaissent pas. Les gens ne suivent pas les leaders qui ne prient pas. Votre prière privée amènera les gens à croire en vous.

Chapitre 119

Parlez beaucoup ou ne dites rien, selon à qui vous vous adressez

Un leader doit apprendre à parler plus ou moins, selon la personne à qui il s'adresse. Jésus Christ a parlé pendant des heures quand il était entouré d'auditeurs avides. Les gens venaient de kilomètres à la ronde pour l'entendre et se faire guérir. Il prêchait pendant des heures, si bien que les gens ne pouvaient plus rentrer chez eux.

Et il s'assembla un si grand nombre de personnes que l'espace devant la porte ne pouvait plus les contenir. Il leur annonçait la parole.

Marc 2:2

Comme Jésus se trouvait auprès du lac de Génésareth, et que la foule se pressait autour de lui pour entendre la parole de Dieu…

Luc 5:1

Quand Jésus était en présence de gens qui le haïssaient et le méprisaient, il ne disait rien. Il savait que les choses seraient révélées avec le temps.

Trois personnes auxquelles Jésus refusa de parler

1. Jésus n'eut rien à dire aux leaders religieux.

Alors le souverain sacrificateur, se levant au milieu de l'assemblée, interrogea Jésus, et dit : Ne réponds-tu rien ? Qu'est-ce que ces gens déposent contre toi ? Jésus garda le silence, et ne répondit rien…

Marc 14:60-61

2. **Jésus n'eut rien à dire au gouverneur Ponce Pilate.**

Pilate l'interrogea : Es-tu le roi des Juifs ? Jésus lui répondit : Tu le dis. Les principaux sacrificateurs portaient contre lui plusieurs accusations. Pilate l'interrogea de nouveau : Ne réponds-tu rien ? Vois de combien de choses ils t'accusent. Et Jésus ne fit plus aucune réponse, ce qui étonna Pilate.

Marc 15:2-5

3. **Jésus n'eut rien à dire à Hérode.**

Et, ayant appris qu'il était de la juridiction d'Hérode, il le renvoya à Hérode, qui se trouvait aussi à Jérusalem en ces jours-là. Lorsqu'Hérode vit Jésus, il en eut une grande joie ; car depuis longtemps, il désirait le voir, à cause de ce qu'il avait entendu dire de lui, et il espérait qu'il le verrait faire quelque miracle. Il lui adressa beaucoup de questions ; mais Jésus ne lui répondit rien. Les principaux sacrificateurs et les scribes étaient là, et l'accusaient avec violence.

Luc 23:7-10

Ce sont des gens qui haïssaient Jésus et il le savait. Il savait que rien de ce qu'il pouvait dire ne les ferait changer d'avis. Je préfère suivre l'exemple de Jésus que les conseils d'un expert en communication. J'ai laissé beaucoup de questions à Dieu et au temps. Il peut répondre au mieux à toute accusation. Vous remarquerez que Jésus fut accusé avec véhémence, mais il refusa de commenter ou de répondre à ces accusations. Ce n'est pas que Jésus ne pouvait pas parler. Nous voyons comment il a prêché le sermon sur la montagne. Nous voyons comment il a enseigné au bord de la mer. Nous voyons comment il prêchait si longtemps qu'il devait nourrir les gens après.

Beaucoup de pasteurs et de leaders ressentent le besoin de participer à des interviews et des discussions. Ils sentent qu'ils sont tenus de se justifier et d'améliorer leur image. Attention, je ne dis pas que c'est mal pour les pasteurs de parler à la presse ou d'être interviewé. Je veux dire que Jésus n'a pas pris la peine de parler à des interviewers hostiles et désapprobateurs qui de toute façon, ne changeraient jamais d'avis. Je conseillerais à tous les ministres de suivre l'exemple de Jésus Christ.

Trois raisons pour lesquelles les pasteurs ne sont pas obligés de parler à la presse

1. Les médias n'ont pas le pouvoir de faire ou de détruire un ministre de l'Évangile.

Je sais que beaucoup d'hommes des médias pensent qu'ils ont ce pouvoir. Pilate aussi pensait qu'il avait le pouvoir de détruire ou d'établir Jésus.

> **Pilate lui dit : Est-ce à moi que tu ne parles pas ? Ne sais-tu pas que j'ai le pouvoir de te crucifier, et que j'ai le pouvoir de te relâcher ?**
> **Jean 19:10**

Mais Jésus le corrigea.

> **Jésus répondit : Tu n'aurais sur moi aucun pouvoir, s'il ne t'avait été donné d'en haut. C'est pourquoi celui qui me livre à toi commet un plus grand péché.**
> **Jean 19:11**

De la même façon, de nombreux hommes de la presse pensent qu'ils ont le pouvoir de détruire un homme de Dieu ou une église s'ils veulent. Personne n'a le pouvoir de faire quoique ce soit à moins que Dieu ne le permette. Si Jésus avait pensé que son ministère était détruit par ces accusations sans réponse, il aurait pris la parole. Apprenez ce secret : personne ne peut détruire ce que Dieu a construit. Ces accusations ne servent que de base au jugement à venir de ces menteurs. On pourrait croire qu'ils ont détruit quelque chose, mais en réalité, personne ne peut détruire l'œuvre de Dieu.

2. Les pasteurs doivent réserver leurs paroles pour leurs congrégations qui vont vraiment les apprécier.

Les pasteurs doivent savoir que le lieu approprié pour l'exercice de leur ministère est dans l'église et pas avec des animateurs d'émissions railleurs qui méprisent votre existence. Quand des interviewers hostiles et tendancieux interrogèrent Jésus, il leur expliqua qu'Il n'avait rien de nouveau à dire. Il avait déjà dit à l'église tout ce qu'il avait à dire.

Le souverain sacrificateur interrogea Jésus sur ses disciples et sur sa doctrine. Jésus lui répondit : J'ai parlé ouvertement au monde ; j'ai toujours enseigné dans la synagogue et dans le temple, où tous les Juifs s'assemblent, et je n'ai rien dit en secret. Pourquoi m'interroges-tu ? Interroge sur ce que je leur ai dit ceux qui m'ont entendu; voici, ceux-là savent ce que j'ai dit.

Jean 18:19-21

Une telle réponse ennuierait la plupart des journalistes. Il irrita en effet les gens ce jour-là.

A ces mots, un des huissiers, qui se trouvait là, donna un soufflet à Jésus, en disant : Est-ce ainsi que tu réponds au souverain sacrificateur ? Jésus lui dit : Si j'ai mal parlé, fais voir ce que j'ai dit de mal ; et si j'ai bien parlé, pourquoi me frappes-tu ?

Jean 18:22-23

3. Un pasteur n'a pas besoin de se justifier devant les hommes.

Si vous êtes acceptable pour Dieu, vous n'avez pas besoin de paraître agréable à la société humaine. Vos efforts pour vous rendre plus acceptable pour les êtres humains peuvent en fait entraîner le mécontentement de Dieu.

Jésus leur dit : Vous, vous cherchez à paraître justes devant les hommes, mais Dieu connaît vos cœurs ; car ce qui est élevé parmi les hommes est une abomination devant Dieu.

Luc 16:15

Chapitre 120

Acceptez le principe de la hiérarchisation

Ils s'élancent comme des guerriers, ils escaladent les murs comme des gens de guerre ; chacun va son chemin, SANS S'ECARTER DE SA ROUTE.

Joël 2:7

Dix choses que tout leader devrait savoir sur la hiérarchisation

1. **Nous ne sommes pas créés pour être les mêmes. La hiérarchisation est la reconnaissance de cette réalité.**

Certaines idéologies politiques ont essayé de rendre tout le monde pareil. Dieu ne nous a pas créés pour être égaux. Un leader est quelqu'un qui comprend qu'il a une place dans l'ordre des choses.

2. **Votre rang définit votre niveau de fonctionnement.**

Il vous indique si vous êtes en haut ou en bas. Votre rang peut être désigné par Dieu ou par vos supérieurs.

3. **Le rang élimine la confusion au sein d'une organisation.**

4. **Le rang vous montre jusqu'où vous pouvez vous élever.**

Je connais des gens qui ont plus de croissance dans leurs ministères que moi. Je me réjouis avec eux de ce que le Seigneur fait. Je sais que je ne suis pas au plus haut niveau. Je respecte ceux qui sont au-dessus de moi.

5. **Le rang vous montre jusqu'où vous pouvez descendre.**

Comprenez qu'il y aura toujours des gens avec plus ou moins d'expérience que vous.

6. **Les rangs varient, et ils changent très souvent.**

   Une fois que vous comprenez que votre rang actuel n'est pas nécessairement votre position pour la vie, vous aurez l'espoir d'avancer à l'avenir.

7. **Vous devez complètement explorer chaque rang avant de passer au suivant.**

   Si Dieu vous place au rang de pasteur, explorez-le pleinement et découvrez tout ce qu'il y a dans la charge pastorale.

8. **Il y a des principes qui déterminent la promotion de rang en rang.**

   Par exemple, la fidélité et la fécondité au sein de votre rang sont très importantes pour la promotion.

9. **Un véritable changement de rang se produit quand Dieu vous promeut Lui-même.**

   Je dis à ceux qui se glorifient : Ne vous glorifiez pas ! Et aux méchants : N'élevez pas la tête !

   Psaume 75:4

   La promotion vient du Seigneur. Ma position dans le Seigneur est un don de Dieu, la vôtre aussi. Respectons-nous les uns les autres et Dieu nous promouvra à un rang supérieur.

10. **La promotion à un rang supérieur va souvent avec de nouvelles attaques. De nouveaux niveaux apportent de nouveaux démons.**

    Les problèmes de David ont commencé quand il a tué Goliath. En tuant Goliath, il est passé des rangs d'un jeune inconnu aux rangs d'un guerrier célèbre. C'est alors que Saül a commencé à « le regarder d'un sale œil » et à le persécuter.

    La promotion de Dieu vient avec la persécution. Vous devez connaître les implications d'un rang plus élevé. Je ne savais pas que Dieu m'élèverait là où je suis dans le ministère. Je ne m'attendais pas non plus à une telle persécution.

Acceptez le principe de la hiérarchisation

...ne reçoive au centuple, présentement dans ce siècle-ci, des maisons, des frères, des sœurs, des mères, des enfants, et des terres, avec des persécutions...

Marc 10:30

Chapitre 121

Transformez ceux qui vous entourent en des personnes meilleures

Car je sais que cela tournera à mon salut, grâce à vos prières et à l'assistance de l'Esprit de Jésus Christ.

Philippiens 1:19

Un bon leader change ses disciples. Les gens que vous influencez ne vous oublieront jamais. Ils vous seront pour toujours redevables. Si Dieu vous a dit d'être un leader, vous devez vous voir œuvrer dans la vie des gens que vous dirigez. Le leadership n'est pas juste le fait de s'appeler président ou directeur. Le leadership n'est pas une question d'arborer de beaux titres. Diriger, c'est œuvrer sur les gens jusqu'à ce qu'ils deviennent des personnes meilleures.

Après que Jésus ait conduit ses disciples pendant trois ans, leur vie avait été complètement transformée.

Lorsqu'ils virent l'assurance de Pierre et de Jean, ils furent étonnés, sachant que c'étaient des hommes du peuple sans instruction ; et ils les reconnurent pour avoir été avec Jésus.

Actes 4:13

Être avec un bon leader change votre vie pour toujours. Un bon leader change la vie de ses fidèles jusqu'à être inoubliable dans leur vie. Un bon leader affecte tellement la vie de ses fidèles qu'ils lui seront redevables. C'est ce qui s'est passé entre Paul et Philémon. L'apôtre Paul rappela à Philémon combien il avait affecté sa vie. Il lui dit qu'il lui devait la vie !

...pour ne pas te dire que tu te dois toi-même à moi.

Philémon 19

Huit façons de devenir un leader inoubliable

1. **Conduisez quelqu'un au Christ.**

   Quand vous conduisez quelqu'un au Christ, il vous sera pour toujours redevable de l'avoir amené au Seigneur.

2. **Amenez quelqu'un à être rempli de l'Esprit Saint.**

   Ils vous seront pour toujours redevables de les avoir conduits à la plus grande puissance et aide sur terre aujourd'hui.

3. **Établissez quelqu'un dans la Parole de Dieu.**

   Ils vous seront pour toujours redevables de les avoir conduits à la plus grande source de sagesse et de direction pour l'humanité. Je suis pour toujours redevable envers ma mère dans le Seigneur, qui m'a appris à prendre un temps de recueillement. Mon temps de recueillement quotidien avec la Parole de Dieu est devenu le plus grand secret de ma vie. Je suis définitivement redevable à celle qui m'a appris ce grand secret.

4. **Conduisez quelqu'un à la bonne église.**

   La bonne assemblée fait la différence entre chrétiens. C'est le facteur le plus important qui met au défi un chrétien de rester sur la bonne voie du salut.

5. **Aidez quelqu'un à trouver sa voie dans le ministère.**

   Le ministère est la plus haute vocation sur terre. C'est la meilleure vocation pour un homme. C'est le seul travail qui ait une valeur éternelle. Nous découvrirons tous qu'il n'y a pas de privilège plus élevé que d'être appelé à servir dans le ministère. C'est juste une question de temps.

6. **Aidez quelqu'un à se marier.**

   Trouver un partenaire de mariage est l'une des plus grandes décisions de la vie après avoir choisi le Christ. Cela vous fondera ou vous détruira. Si vous aidez quelqu'un à se marier à la bonne personne au bon moment, il vous sera redevable pour la vie!

7. **Aidez à sauver le mariage de quelqu'un.**

Le mariage est fragile comme du verre, il se casse facilement. Les mariages en difficulté sont très difficiles à guérir. Si vous avez réussi à guérir le mariage de quelqu'un, il se souviendra de vous pour la vie.

8. **Aidez quelqu'un à prendre les bonnes décisions au carrefour de sa vie.**

Les décisions font une grande différence dans la vie de quelqu'un. Par exemple, là où vous vivez, votre travail, votre école, etc. Si vous influencez quelqu'un dans la bonne direction, vous serez inoubliable pour lui.

…pour ne pas te dire que tu te dois toi-même à moi.

Philémon 19

Chapitre 122

Déménagez au bon lieu géographique

Beaucoup de gens perdent de précieuses années de leur vie à osciller entre un lieu et un autre. Où vous habitez est très important pour votre réussite. C'est parce que Dieu ne vous a pas appelé n'importe où, mais *quelque part* ! Personne ne réussit partout ! Même Jésus n'a pas réussi partout. Il n'est jamais resté là où on ne le voulait pas. Avant, je pensais que Jésus avait fait des miracles puissants partout, mais j'ai découvert que non. La Bible dit qu'il ne pouvait pas faire de miracles dans son propre pays.

Jésus partit de là, et se rendit dans sa patrie. Ses disciples le suivirent. Il ne put faire là aucun miracle, si ce n'est qu'il imposa les mains à quelques malades et les guérit.

Marc 6:1-5

Même là où il avait une bonne suite, Jésus eut différents niveaux de succès. Il fit beaucoup de miracles, mais il accomplit *la plupart* d'entre eux dans des villes particulières. Il y avait des lieux où il y avait plus de succès dans le ministère de Jésus. Soyez prêt à aller là où vous n'êtes jamais allé si Dieu vous y appelle. Nous aimons tous nos environnements familiers et nos zones de confort. La promotion de Dieu vous attend quand vous êtes prêt à obéir et à déménager pour son but.

Alors il se mit à faire des reproches aux villes dans lesquelles avaient eu lieu la plupart de ses miracles... Chorazin... Bethsaïda... Capernaüm...

Matthieu 11:20, 21,23

Sept personnes qui eurent du succès après leur déménagement

1. Le ministère de Jésus s'épanouit quand Il s'éloigna de son lieu de naissance et établit Son quartier général à Capernaüm.

Les gens de sa ville natale étaient en colère quand il prêchait.

Il se rendit à Nazareth, où il avait été élevé, et, selon sa coutume, il entra dans la synagogue le jour du sabbat. Il se leva pour faire la lecture. Ils furent tous remplis de colère dans la synagogue, lorsqu'ils entendirent ces choses.

Luc 4:16-28

Cependant, les gens de Capernaüm adoraient son ministère.
À Capernaüm, Jésus enseigna, prêcha et fit beaucoup de ses miracles.

Mais Jésus, passant au milieu d'eux, s'en alla. Il descendit à Capernaüm, ville de la Galilée ; et il enseignait, le jour du sabbat. On était frappé de sa doctrine ; car il parlait avec autorité.

Luc 4:31-32

J'ai vu les plus grands miracles de mon ministère à certains endroits. Je sais que Dieu a des endroits spécifiques où il fera de grandes choses.

2. Joseph eut du succès quand il déménagea pour vivre en Égypte.

Parfois, nous ne sommes pas disposés à aller là où Dieu veut. Comme Joseph, nous avons parfois y aller comme prisonniers.

On fit descendre Joseph en Égypte ; et Potiphar, officier de Pharaon, chef des gardes, Égyptien, l'acheta des Ismaélites qui l'y avaient fait descendre.

Genèse 39:1

3. Ruth eut du succès quand elle déménagea de Moab pour vivre à Jérusalem.

Ruth répondit : Ne me presse pas de te laisser, de retourner loin de toi ! Où tu iras j'irai, où tu demeureras je demeurerai ; ton peuple sera mon peuple, et ton Dieu sera mon Dieu.

Ruth 1:16

Parfois, les circonstances font déménager les gens. Ruth était devenue veuve. Sa vie était devenue amère. Ce sont ces circonstances mêmes qui la conduisirent à l'endroit où elle était destinée à devenir célèbre. Ruth est importante, parce qu'elle est devenue la grand-mère du roi David, le plus grand roi d'Israël. Ruth est aussi célèbre parce qu'elle était l'arrière-arrière grand-mère de Salomon, l'homme le plus riche qui ait jamais vécu.

4. Daniel eut du succès quand il se déplaça de Jérusalem à Babylone.

Il était destiné à devenir Premier ministre sous trois régimes différents. Daniel servit dans la plus haute fonction du gouvernement de Nebucadnetsar, le gouvernement de Beltschatsar et du Perse Darius. Dieu se sert de beaucoup de réfugiés économiques en provenance d'Afrique pour faire son œuvre dans l'Europe athée.

5. La vie d'Abraham changea quand il quitta son pays pour Canaan.

L'ÉTERNEL dit à Abram : Va-t-en de ton pays, de ta patrie, et de la maison de ton père, dans le pays que je te montrerai.

Genèse 12:1

Dieu voulait séparer Abraham de ses parents idolâtres. Il était nécessaire qu'Abraham s'éloigne. Il peut vous être nécessaire de déménager avant que la volonté de Dieu sur votre vie puisse se matérialiser.

6. Les affaires de Jacob prospérèrent quand il déménagea pour vivre avec son oncle Laban.

   Laban lui dit : Puissé-je trouver grâce à tes yeux ! Je vois bien que l'Éternel m'a béni à cause de toi. Cet homme devint de plus en plus riche ; il eut du menu bétail en abondance, des servantes et des serviteurs, des chameaux et des ânes.
   Genèse 30:27,43

7. Paul vécut parmi les païens après l'appel de Dieu.

   Son ministère était destiné aux païens et non aux Juifs, et il le savait. En tant que sage leader, il savait qu'il ne réussirait qu'en étant physiquement au bon endroit. Dès le début, Paul évita de rester à Jérusalem. Il passa le reste de sa vie parmi les païens. Ce fut l'une des clés du succès de Paul en tant que leader.

   ...de révéler en moi son Fils, afin que je l'annonçasse parmi les païens, aussitôt, je ne consultai ni la chair ni le sang, et je ne montai point à Jérusalem vers ceux qui furent apôtres avant moi, mais je partis pour l'Arabie. Puis je revins encore à Damas.
   Galates 1:16-17

Chapitre 123

Contrôlez vos instincts charnels

Les dangers de ne pas contrôler vos instincts naturels

Les dangers de ne pas contrôler vos instincts naturels sont très grands. La Bible décrit votre corps avec quatre adjectifs terribles. Chacune de ces choses attend de nous consommer si nous le permettons. Tout leader doit se prémunir contre la destruction qui vient par la chair.

1. **Si vous ne contrôlez pas vos instincts naturels, vous êtes en danger de corruption.**

    Ainsi en est-il de la résurrection des morts. Le corps est semé corruptible ; il ressuscite incorruptible.

    1 Corinthiens 15:42.

2. **Si vous ne contrôlez pas vos instincts naturels, vous êtes en danger de déshonneur.**

    Il est semé méprisable, il ressuscite glorieux ; il est semé infirme, il ressuscite plein de force.

    1 Corinthiens 15:43

3. **Si vous ne contrôlez pas vos instincts naturels, vous êtes en danger de faiblesse.**

    Il est semé méprisable, il ressuscite glorieux ; il est semé infirme, il ressuscite plein de force.

    1 Corinthiens 15:43

4. **Si vous ne contrôlez pas vos instincts naturels, vous êtes en danger de devenir naturel au lieu de spirituel.**

    Il est semé corps animal, il ressuscite corps spirituel. S'il y a un corps animal, il y a aussi un corps spirituel.

    1 Corinthiens 15:44

Dieu n'œuvre pas par des anges, il œuvre par les hommes et les femmes qui ont ce que j'appelle des « instincts charnels ».

Nous portons ce trésor dans des vases de terre, afin que cette grande puissance soit attribuée à Dieu, et non pas à nous.

2 Corinthiens 4:7

Les vases de terre de ce verset font référence à la chair. Vous devez d'abord vous contrôler avant d'essayer de contrôler les autres. Un leader doit apprendre à contrôler et diriger son désir naturel des choses charnelles. Si cet instinct charnel n'est pas maitrisé, vous découvrirez que vous ne pouvez diriger personne. Certains sont incapables de jeûner. Ils ne peuvent pas contrôler leur estomac. Vous ne pouvez pas être un bon leader si vous ne maitrisez pas vos instincts naturels.

Certaines femmes ont l'instinct naturel d'être jalouse ou querelleuse. Si vous ne maitrisez pas ces instincts charnels, alors vous ne pouvez dirigez personne. Je me souviens d'une église où le pasteur ne cessait d'avoir des enfants avec les membres de son église (autres que sa femme). Naturellement, les membres de l'église diminuèrent jusqu'à ce qu'il n'y ait presque plus personne. Le pasteur ne contrôlait pas ses instincts charnels.

Jésus surmonta Ses instincts charnels

Car nous n'avons pas un souverain sacrificateur qui ne puisse compatir à nos faiblesses ; au contraire, il a été tenté comme nous en toutes choses, sans commettre de péché.

Hébreux 4:15

Quand Jésus était dans le jardin de Gethsémani, ses instincts naturels le firent reculer devant l'idée de la croix. Cependant, il pria avec instance à ce sujet et put se contrôler. Il se dirigea vers la croix pour vous et pour moi. Même sur la croix, ses instincts naturels lui firent penser à appeler des anges pour le délivrer. Mais encore une fois, il se maitrisa.

C'est le fait de contrôler ces instincts naturels qui sépare les leaders des fidèles. Ne pensez pas que les leaders n'ont pas de sentiments, de tentations ni de désirs de la chair. Ils ont autant de ces bas instincts que tout le monde. La clé du leadership est de contrôler vos bas instincts. Si nous devions suivre nos instincts naturels, nous ne pourrions jamais prier, jeûner ou lire notre Bible.

L'apôtre Paul parla de la façon dont il contrôlait ses bas instincts naturels. Si Paul pouvait le faire alors nous le pouvons aussi.

Mais je traite durement mon corps et je le tiens assujetti, de peur d'être moi-même rejeté, après avoir prêché aux autres.

1 Corinthiens 9:27

Chapitre 124

Comprenez la différence entre l'idéal et la réalité

Quelqu'un d'expérimenté est quelqu'un qui connait la différence entre l'idéal et la réalité. L'« idéal » est comme les étoiles du ciel. Il nous dit où nous voulons aller. La réalité est ce qui est « sur le terrain ». Elle nous dit où nous sommes vraiment. Les connaissances théoriques vous diront ce qui est idéal, mais l'expérience vous dira ce qui est réel.

Les hommes politiques jeunes et inexpérimentés arrivent souvent sur la scène politique avec toutes sortes de philosophies idéalistes. Beaucoup ont des tendances communistes et socialistes. Avec le temps et l'expérience, ils se rendent souvent compte que les choses ne sont pas aussi simples qu'ils le pensaient. Vous trouverez souvent ces personnes passer à des idéologies capitalistes.

On voit aussi l'idéal et la réalité dans le ministère. Vous pensez peut-être que si vous faites certaines choses, vous obtiendrez certains résultats. Avec plus de maturité, vous découvrirez que ce n'est pas aussi simple que cela. On peut appliquer des principes sur la croissance de l'Église, mais l'église ne grandit toujours pas. C'est parce que l'idéal est différent de la réalité. L'expérience vous apprendra cela.

Il est idéal de vivre jusqu'à soixante-dix ans, mais j'ai vu de jeunes pasteurs mourir au cœur de la vie. Il est idéal que tout le monde soit guéri, mais ce n'est pas la réalité. Même Jésus n'a pas essayé de guérir tout le monde. L'expérience vous fera mûrir et vous transformera en leader plus capable.

Ne méprisez pas les leçons de maturité que vous apprenez. Ne changez pas vos théologies à cause de vos expériences. La Parole de Dieu est toujours vraie. Le fait est que nous ne connaissons pas tout. Il y a une raison pour laquelle la réalité est souvent différente de l'idéal. Il y a souvent d'autres facteurs à l'œuvre dont nous ne sommes pas conscients. Ce n'est pas tout ce que nous savons ou comprenons. Paul n'a pas tout compris. Il décrit cela comme le fait de voir à travers un miroir, d'une manière obscure.

Aujourd'hui nous voyons au moyen d'un miroir, d'une manière obscure, mais alors nous verrons face à face ; aujourd'hui je connais en partie, mais alors je connaîtrai comme j'ai été connu.

1 Corinthiens 13:12

Pourquoi l'idéal est différent de la réalité

1. **L'idéal est différent de la réalité à cause de notre forme humaine.**

   Comme un père a compassion de ses enfants, L'ÉTERNEL a compassion de ceux qui le craignent. Car IL SAIT DE QUOI NOUS SOMMES FORMÉS, Il se souvient que nous sommes poussière.

   Psaume 103:13-14

   Tant que nous vivrons dans ces corps terrestres, nous serons limités, fragiles et faibles. Toute organisation composée d'êtres humains est un organisme fragile et faible, car il est affecté par la faiblesse et la corruption humaine. C'est pourquoi on trouve le mal dans les églises, les gouvernements et autres institutions religieuses. Toutes ces institutions sont des institutions humaines et les faiblesses humaines y abondent.

   Si Dieu n'a pas confiance en ses serviteurs, s'il trouve de la folie chez ses anges, combien plus chez CEUX QUI HABITENT DES MAISONS D'ARGILE, qui tirent leur origine de la poussière, et qui peuvent être écrasés comme un vermisseau !

   Job 4:18-19

2. **L'idéal est différent de la réalité parce que la vie sur cette terre est pleine de vanité.**

   J'ai vu tout ce qui se fait sous le soleil ; et voici, tout est vanité et poursuite du vent.

   Ecclésiaste 1:14

Salomon dit que tout sur terre est vanité. Vous pouvez essayer de réaliser de grandes choses. Mais tout ce que vous réaliserez s'avérera vain. La vie est pleine de vanité. Cela veut dire que la vie est inutile, vide et sans valeur. En fait, le mot « vanité » évoque aussi le désir et l'envie. Toute notre vie sur terre est pleine de désir et d'envie. Nous passons notre vie à désirer, à envier et à essayer de nous saisir de choses qui sont hors de notre portée et tout finit dans le vide. C'est pourquoi nous réalisons beaucoup moins que les objectifs et les buts idéaux que nous nous fixons. Nous finirons à la même place de vide, de désir et d'inutilité.

3. L'idéal est différent de la réalité à cause de l'activité du diable.

Et pour que je ne sois pas enflé d'orgueil, à cause de l'excellence de ces révélations, il m'a été mis une écharde dans la chair, un ange de Satan pour me souffleter et m'empêcher de m'enorgueillir.

2 Corinthiens 12:7

L'activité du démon fut permise dans la vie de Paul. Cette activité du démon est ce qu'il décrit comme un ange de Satan. C'était un agent irrésistible et sans limite de détresse, de persécution, de tribulation et d'infirmité. Même si Paul faisait tout ce qui était bien, il dut quand même supporter cette activité du démon, qui réduisit sa vie d'une situation idéale à un état de détresse et de persécution.

4. L'idéal est différent de la réalité à cause des malédictions à l'œuvre sur terre.

Au milieu de la place de la ville et sur les deux bords du fleuve, il y avait un arbre de vie, produisant douze fois des fruits, rendant son fruit chaque mois, et dont les feuilles servaient à la guérison des nations.
IL N'Y AURA PLUS D'ANATHÈME...

Apocalypse 22:2-3

Les nations sont malades et elles ont besoin de guérison. Il y a des malédictions prononcées contre la terre, les gens et les nations. Ces malédictions sont des paroles de frustration, de diminution, pour blesser, des paroles d'obscurité et de misère. Ces paroles sont prononcées sur tous les plans idéaux des hommes et elles les détruisent et les font échouer. Beaucoup de gens commencent avec des idées idéales pour la vie, mais dès que la malédiction est activée, les plans idéaux sont dispersés et l'homme revient à la réalité. C'est peut-être comme revenir d'une lune de miel à la réalité de la maison, du travail et de la vie ordinaire !

L'idéalisme et les illusions

Le leadership exige souvent de la maturité. La maturité vient de l'expérience. Les expériences de la vie vous endurciront. La maturité est nécessaire pour le leadership. La maturité chasse les illusions et l'idéalisme.

Il ne faut pas qu'il soit un nouveau converti, de peur qu'enflé d'orgueil il ne tombe sous le jugement du diable.

1 Timothée 3:6

Vous êtes-vous jamais demandé pourquoi un candidat à une élection présidentielle doit avoir au moins quarante ans ? À quarante ans, l'expérience aura chassé les illusions et l'idéalisme. Avancez sur la route qui vous endurcira et vous rendra plus expérimenté. Apprenez de chaque expérience.

En écrivant ce livre, j'écoute de la musique de Keith Green. Je ne comprends pas pourquoi la vie d'une telle personne dut s'arrêter à vingt-huit ans. On peut difficilement comparer la passion, le zèle et l'onction de sa musique avec la musique chrétienne édulcorée d'aujourd'hui. Pourtant, Keith Green nous fut enlevé au cœur de sa vie. Il a laissé derrière lui une femme et de jeunes enfants. Pouvez-vous expliquer cela ? Pas moi ! Les choses cachées sont à l'Eternel. Soyez mûrs !

Les choses cachées sont à l'Éternel, notre Dieu ; les choses révélées sont à nous et à nos enfants, à perpétuité, afin que nous mettions en pratique toutes les paroles de cette loi.

Deutéronome 29:29

Chapitre 125

Identifiez les différents types d'employés dans votre organisation

Tous ceux qui les apprirent les gardèrent dans leur cœur, en disant : QUE SERA DONC CET ENFANT ? Et la main du Seigneur était avec lui.

Luc 1:66

Quand Jean le Baptiste est né, ils ont réalisé qu'un enfant était venu au monde. La question sur toutes les lèvres était : « Que sera donc cet enfant ? » Quel type d'être humain sera-t-il ? Voyez-vous, il y a différents types de personnes dans ce monde. Et il y a différentes sortes de personnes qui travaillent sous chaque leader. Il est important d'identifier les différents types d'employés qui existent.

Cinq types d'employés auxquels tout leader a affaire

1. **Les employés qui préfèrent le repos au travail.**

Dieu a travaillé six jours et s'est reposé un jour. Cela veut dire qu'il vaut mieux travailler que se reposer. Tout employé qui préfère le repos au travail n'a pas trouvé la tâche que Dieu lui a donnée.

2. **Les employés qui ne sont pas prêts à faire quelque chose de plus ou de nouveau.**

De tels employés ne sont pas utiles, ils veulent faire ce qu'ils ont toujours fait. Ils ne veulent pas de changement.

3. **Les travailleurs qui sont prêts à faire n'importe quel travail.**

Ces gens sont précieux. Ils sont prêts à apprendre. Ils veulent progresser. Ils veulent vous plaire.

4. **Les employés qui produisent des résultats.**

L'une des choses les plus précieuses dans un employé est sa capacité à produire des résultats.

5. **Les travailleurs qui sont consumés et obsédés par leur travail.**

C'est la forme la plus élevée de travailleurs. Appréciez-les et payez-les bien.

Sept choses que tout leader doit enseigner à son employé

1. **Enseignez à tout employé à écrire vos instructions pendant que vous parlez.**

2. **Enseignez à vos employés à répéter leurs instructions et à poser des questions sur les instructions que vous leur avez données.**

3. **Enseignez-leur à vous appeler, vous parler et vous consulter fréquemment.**

4. **Enseignez-leur à être prêt à changer d'emploi et à accepter de nouvelles responsabilités.**

5. **Enseignez-leur à s'habiller formellement pour le travail.**

N'avez-vous pas remarqué que les organisations les plus riches, comme les banques, instruisent leurs employés à s'habiller de façon très formelle ?

6. **Enseignez-leur à résoudre les problèmes qu'ils rencontrent dans l'exercice de leurs fonctions.**

Au lieu de signaler les problèmes, ils devraient rendre compte comment ils ont résolu ces problèmes !

7. **Enseignez-leur à réfléchir à leur travail quand ils sont chez eux.**

Quelqu'un qui pense à son travail quand il est chez lui est à la fois consumé et obsédé par son travail. Ces gens lisent des livres sur leur carrière. Ils dépensent de l'argent et passent leur temps à s'efforcer d'être mieux préparé pour leur tâche.

Comment être consumé par votre travail

1. Sachez que vous ne réussirez que dans les choses qui consument tout votre être.

2. Trouvez l'emploi qui ne vous rend pas conscient du temps.

   C'est la tâche que Dieu vous a donnée.

3. Continuez votre travail dans votre esprit, même quand vous êtes chez vous.

4. Achetez et lisez des livres sur votre travail.

5. Ayez plus d'amis qui sont dans votre genre de travail.

   Cela veut dire que même vos moments de loisirs se rapporteront à votre travail.

6. Dépensez de l'argent pour être mieux formé et préparé pour votre travail.

Chapitre 126

Développez l'art de garder les gens ensemble

Cinq clés pour garder les gens ensemble

1. **Ayez un fort désir de garder tout le monde ensemble.**
Battez-vous pour empêcher la perte d'une seule personne.
Le but de Jésus était de ne rien perdre aucun de ceux que Dieu Lui avait donnés.

Exercer le ministère de pasteur d'une église est l'art de garder les gens ensemble. À de nombreux moments de la vie d'une église, il y a des situations qui ont le potentiel de diviser les gens. Vous devez développer l'art de garder les gens ensemble. Quelle est la clé pour unir les gens ? Vous devez croire que les gens doivent être gardés ensemble. Si vous avez une attitude à la *« je m'en fiche pas mal »*, beaucoup de gens vont quitter votre équipe

Moïse garda les gens ensemble

> Les fils de Ruben et les fils de Gad avaient une quantité considérable de troupeaux, et ils virent que le pays de Jaezer et le pays de Galaad étaient un lieu propre pour des troupeaux. Ils ajoutèrent : Si nous avons trouvé grâce à tes yeux, que la possession de ce pays soit accordée à tes serviteurs, et ne nous fais point passer le Jourdain. Moïse leur dit : Si vous faites cela, si vous vous armez pour combattre devant l'Éternel, si tous ceux de vous qui s'armeront passent le Jourdain devant l'Éternel jusqu'à ce qu'il ait chassé ses ennemis loin de sa face, ...cette contrée-ci sera votre propriété devant l'Éternel.
>
> Nombres 32:1,5, 20-22

Moïse se trouva devant une situation délicate. Certaines des tribus d'Israël ne voulaient pas traverser le Jourdain. Elles voulaient rester là où l'herbe était bonne pour leur bétail, mais il y avait une guerre à mener. Ils avaient été ensemble jusqu'à ce moment-là et la nation d'Israël était sur le point de se diviser en deux. Dieu donna à Moïse la sagesse de garder Israël uni.

Moïse aurait pu maudire ces tribus et auraient pu leur dire d'aller au diable. Il aurait pu leur dire qu'elles étaient damnées. Mais il leur permit d'avoir la terre de leur rêve et en même temps de toujours faire partie d'Israël.

2. Aimez tous les gens que Dieu vous donne.

Une autre clé est de chérir et d'aimer sincèrement les gens. Quand vous aimez sincèrement quelqu'un, vous ne voulez pas facilement vous en séparer. Un leader doit avoir un véritable amour pour les gens. Les gens vont rester là où ils se sentent sincèrement aimés. Même s'il y a une raison pour vos fidèles de se séparer, votre amour pour tous les groupes les fera rester ensemble.

3. Utilisez la sagesse de Dieu pour gérer les situations délicates.

Alors deux femmes prostituées vinrent chez le roi, et se présentèrent devant lui. L'une des femmes dit : Pardon ! Mon seigneur, moi et cette femme nous demeurions dans la même maison, et je suis accouché près d'elle dans la maison. Trois jours après, cette femme est aussi accouché. Nous habitions ensemble, aucun étranger n'était avec nous dans la maison, il n'y avait que nous deux. Le fils de cette femme est mort pendant la nuit, parce qu'elle s'était couchée sur lui. Elle s'est levée au milieu de la nuit, elle a pris mon fils à mes côtés tandis que ta servante dormait, et elle l'a couché dans son sein ; et son fils qui était mort, elle l'a couché dans mon sein. Le matin, je me suis levée pour allaiter mon fils ; et voici, il était mort. Je l'ai regardé attentivement le matin ; et voici, ce n'était pas mon fils que j'avais enfanté.

L'autre femme dit : Au contraire ! C'est mon fils qui est vivant, et c'est ton fils qui est mort. Mais la première répliqua : Nullement ! C'est ton fils qui est mort, et c'est mon fils qui est vivant. C'est ainsi qu'elles parlèrent devant le roi. Le roi dit : L'une dit : C'est mon fils qui est vivant, et c'est ton fils qui est mort ; et l'autre dit : Nullement ! C'est ton fils qui est mort, et c'est mon fils qui est vivant. Puis il ajouta : Apportez-moi une épée. On apporta une épée devant le roi. Et le roi dit : Coupez en deux l'enfant qui vit, et donnez-en la moitié à l'une et la moitié à l'autre. Alors la femme dont le fils était vivant sentit ses entrailles s'émouvoir pour son fils, et elle dit au roi : Ah ! Mon seigneur, donnez-lui l'enfant qui vit, et ne le faites point mourir. Mais l'autre dit : Il ne sera ni à moi ni à toi ; coupez-le ! Et le roi, prenant la parole, dit : Donnez à la première l'enfant qui vit, et ne le faites point mourir. C'est elle qui est sa mère. Tout Israël apprit le jugement que le roi avait prononcé. Et l'on craignit le roi, car on vit que la sagesse de Dieu était en lui pour le diriger dans ses jugements.

1 Rois 3:16-28

Le roi Salomon fit face à une situation délicate. De quel côté était-il ? Plusieurs fois, les gens veulent dire que le leader soutient cette personne-ci ou celle-là. Pendant les sessions de conseil conjugal, on m'a souvent accusé d'être soit du côté des épouses soit des maris. Les gens veulent dire que vous êtes de ce côté ou de l'autre. La sagesse de Dieu est nécessaire pour gérer les situations délicates. Le mariage est une chose délicate. Gérez les crises conjugales avec soin et les couples de votre église resteront ensemble. Un vrai leader va voir sa capacité à gérer des situations délicates mise à l'épreuve. Si vous échouez, vos fidèles ne resteront pas ensemble.

4. Apportez la paix entre les gens.

La plupart des leaders de ce monde sont engagés dans le règlement de conflits. La réalité est que les humains ont tellement de conflits et de guerres entre eux qu'il n'y a jamais de paix. Tout leader devra apprendre l'art de faire la paix.

Recherchez la paix avec tous...

Hébreux 12:14

N'avez-vous pas remarqué que beaucoup de présidents veulent être ceux qui apportent la paix entre les factions en guerre ? Les présidents américains successifs ont voulu être ceux qui apporteraient la paix au Moyen-Orient. Ils prennent des photos célèbres où ils se tiennent entre des ennemis jurés. Ces images sont importantes pour eux, parce qu'elles témoignent de leur capacité à diriger. Toute personne qui peut apporter la paix à ce monde a des capacités de leadership.

Êtes-vous un leader ? Aidez-vous à apporter la paix entre les ennemis ? Alimentez-vous la haine et les conflits ? Un leader n'apporte pas plus de confusion, il apporte la paix.

5. Soyez en paix avec les autres.

Certains sont constamment en guerre. Ils trouvent à se quereller avec presque n'importe qui. Je connais les épouses de certains pasteurs qui ont chassé beaucoup de gens des églises de leur mari. Vous ne pouvez pas diriger les gens avec qui vous vous battez constamment. Vous pouvez vous demandez pourquoi personne ne vous suit. Comment les gens peuvent-ils suivre quelqu'un qui les poignarde constamment dans le dos ? Suivriez-vous quelqu'un qui se retourne à tout instant pour vous lancer une pierre ? Sûrement pas !

Avez-vous envie d'être leader ? Alors développez l'art d'être en paix avec ceux qui vous entourent. Ne les menacez pas sans cesse. Ne les effrayez pas avec des malédictions.

On m'a invité un jour à rendre visite à un homme de Dieu. Je ne voulais pas y aller. J'avais vu cet homme maudire les gens de nombreuses fois. Je me disais : « Il va peut-être me maudire aujourd'hui ». Je ne voulais pas être autour d'un homme qui lançait facilement des malédictions autour de lui.

L'art du leadership est l'art d'être en paix avec ceux qui vous entourent. Ne vous inquiétez pas du succès des autres. Ne luttez pas avec eux parce qu'ils ont quelque chose que vous n'avez pas. Soyez satisfait de ce que vous avez. Acceptez le succès des autres et ne luttez pas avec eux.

Quelle est la clé pour être en paix avec les autres ? Acceptez-les tels qu'ils sont. N'essayez pas de changer tout le monde autour de vous. Nous ne sommes que des humains et nous avons nos défauts.

Chapitre 127

Pensez constamment au jour où vous devrez rendre compte

Quatre questions auxquelles vous devez vous préparer

1. **Quelle quantité de travail avez-vous faite ?** Combien de personnes avez-vous gagnées au Christ ? Combien d'églises avez-vous construites ? Combien de croisades avez-vous organisées ? Combien de fois avez-vous prêché l'évangile ?

   Il appela dix de ses serviteurs, leur donna dix mines, et leur dit : Faites-les valoir jusqu'à ce que je revienne. Mais ses concitoyens le haïssaient, et ils envoyèrent une ambassade après lui, pour dire : Nous ne voulons pas que cet homme règne sur nous. Lorsqu'il fut de retour, après avoir été investi de l'autorité royale, il fit appeler auprès de lui les serviteurs auxquels il avait donné l'argent, afin de connaître COMMENT CHACUN L'AVAIT FAIT VALOIR.

   Luc 19:13-15

2. **Quel type de travail avez-vous fait ?** Quel genre de fruits avez-vous porté ? Avez-vous produit des chansons ou des sermons ? Avez-vous collecté des âmes ou des fonds ? Avez-vous construit des églises ou les avez-vous rejetées ?

   Car le jour la fera connaître, parce qu'elle se révèlera dans le feu, et le feu éprouvera CE QU'EST L'ŒUVRE DE CHACUN.

   1 Corinthiens 3:13

3. **Quelles choses secrètes ou cachées avez-vous faites ?** Avez-vous de bons ou de mauvais secrets ? Avez-vous caché le mal loin de la vue des autres ? Vos parties cachées sont des choses comme votre mariage, votre vie morale, votre vie

financière. Avez-vous fait de bonnes œuvres en secret ? Les aspects cachés de votre vie sont-ils de bonnes ou de mauvaises nouvelles ?

C'est pourquoi ne jugez de rien avant le temps, jusqu'à ce que vienne le Seigneur, QUI METTRA EN LUMIÈRE CE QUI EST CACHÉ DANS LES TÉNÈBRES, et qui manifestera les desseins des cœurs. Alors chacun recevra de Dieu la louange qui lui sera due.

1 Corinthiens 4:5

4. **Quelles ont été vos motivations ?** Quelle est la raison derrière les choses que vous avez faites ? Quelles sont les raisons pour lesquelles vous avez prêché des sermons ? Étiez-vous motivé par l'argent ? Étiez-vous motivé par la cupidité ou par la luxure ? Étiez-vous motivé par la gloire ou par votre amour de Dieu ?

C'est pourquoi ne jugez de rien avant le temps, jusqu'à ce que vienne le Seigneur, qui mettra en lumière ce qui est caché dans les ténèbres, et qui manifestera LES DESSEINS DES COEURS. Alors chacun recevra de Dieu la louange qui lui sera due.

1 Corinthiens 4:5

Tout leader devra rendre compte de ce qu'il ou elle fait. Êtes-vous prêt à rendre compte à Dieu pour les brebis qu'il vous a données ? Jésus ne cessait de dire qu'il n'avait perdu aucune des brebis que Dieu lui avait données, sauf le fils de perdition. Paul ne cessait de dire qu'il aurait à rendre compte. C'étaient des leaders qui pensaient constamment au jour où ils devraient rendre compte.

Obéissez à vos conducteurs et ayez pour eux de la déférence, car ils veillent sur vos âmes comme devant en rendre compte ; qu'il en soit ainsi, afin qu'ils le fassent avec joie, et non en gémissant, ce qui vous ne serait d'aucun avantage.

Hébreux 13:17

Le leadership est une grande responsabilité. Je me souviens il y a plusieurs années avoir regardé plusieurs chefs d'État et ministres ghanéens en train d'être exécutés par un peloton d'exécution. C'était pathétique de voir des gens importants humiliés et assassinés. La plupart des citoyens ordinaires n'ont pas reçu un tel traitement. C'est parce que la plupart des hommes ordinaires n'avaient pas pris la responsabilité de gouverner le pays. Cependant, ceux qui avaient pris la responsabilité du leadership durent payer de leur vie.

Si vous vous rappelez constamment que vous devrez rendre compte de votre leadership, vous deviendrez un meilleur leader. Rappelez-vous toujours que le jour où vous devrez rendre compte va venir. Cela vous fera faire la bonne chose. J'ai constamment à l'esprit que je devrai rendre compte à Dieu de mon ministère. Je sais que je devrai rendre compte des membres de mes églises. C'est pourquoi je fais de grands efforts pour m'occuper d'eux.

Êtes-vous un leader ? Pensez-vous constamment au jour où vous devrez rendre compte ? Faites-le s'il vous plaît ! C'est la clé de la plus grande motivation intérieure.

Les livres de Dag Heward-Mills

1. Loyauté et déloyauté
2. Loyauté et déloyauté - Ceux qui vous accuse
3. Loyauté et déloyauté - Ceux qui sont des fils dangereux
4. Loyauté et déloyauté - Ceux qui sont ignorant
5. Loyauté et déloyauté - Ceux qui oublient
6. Loyauté et déloyauté - Ceux qui vous quittent
7. Loyauté et déloyauté - Ceux qui prétendent
8. La croissance de l'Eglise
9. L'implantation de l'Eglise
10. La méga église (2ème Edition)
11. Recevoir l'onction
12. Etapes menant à l'onction
13. Les douces influences de l'onction
14. Amplifiez votre ministère par les miracles et les manifestations du Saint Esprit
15. Transformer votre ministère pastoral
16. L'art d'être berger
17. L'art de leadership (3ème Edition)
18. L'art de suivre
19. L'art de ministère
20. L'art d'entendre (2ème Edition)
21. Perdre, Souffrir, Sacrifier et Mourir
22. Ce que signifie devenir berger
23. Les dix principales erreurs que font les pasteurs
24. Car on donnera à celui qui a et à celui qui n'a pas on ôtera même ce qu'il a
25. Pourquoi les chrétiens qui ne paient pas la dime deviennent pauvres et comment les chrétiens qui paient la dime peuvent devenir riches.
26. La puissance du sang
27. Anagkazo
28. Dites-leur
29. Comment naître de nouveau et éviter l'enfer
30. Nombreux sont appelés
31. Dangers spirituels
32. La Rétrogradation
33. Nommez-le! Réclamez-le ! Prenez-le !
34. Les démons et comment les affronter
35. Comment prier
36. Formule pour l'humilité
37. Ma fille, tu peux y arriver
38. Comprendre le temps de recueillement
39. Ethique ministérielle (2ème Edition)
40. Laikos

Obtenez
votre copie en ligne aujourd'hui à
www.daghewardmills.fr

Facebook: Dag Heward-Mills
Twitter: EvangelistDag

www.ingramcontent.com/pod-product-compliance
Lightning Source LLC
Chambersburg PA
CBHW062145080426
42734CB00010B/1566